Crescimento e inflação
A economia brasileira em perspectiva

FUNDAÇÃO EDITORA DA UNESP

Presidente do Conselho Curador
Mário Sérgio Vasconcelos

Diretor-Presidente / Publisher
Jézio Hernani Bomfim Gutierre

Superintendente Administrativo e Financeiro
William de Souza Agostinho

Conselho Editorial Acadêmico
Luís Antônio Francisco de Souza
Marcelo dos Santos Pereira
Patricia Porchat Pereira da Silva Knudsen
Paulo Celso Moura
Ricardo D'Elia Matheus
Sandra Aparecida Ferreira
Tatiana Noronha de Souza
Trajano Sardenberg
Valéria dos Santos Guimarães

Editores-Adjuntos
Anderson Nobara
Leandro Rodrigues

FUNDAÇÃO PERSEU ABRAMO

Instituída pelo Diretório Nacional do Partido dos Trabalhadores em maio de 1996.

Diretoria

Presidente
Paulo Okamotto

Vice-presidente
Brenno Cesar Gomes de Almeida

Diretores
Elen Coutinho, Monica Valente,
Naiara Raiol, Alberto Cantalice,
Alexandre Macedo de Oliveira,
Carlos Henrique Árabe, Jorge Bittar,
Valter Pomar

Conselho editorial
Albino Rubim, Alice Ruiz, André Singer,
Clarisse Paradis, Conceição Evaristo,
Dainis Karepovs, Emir Sader, Hamilton
Pereira, Laís Abramo, Luiz Dulci, Macaé
Evaristo, Marcio Meira, Maria Rita Kehl,
Marisa Midori, Rita Sipahi, Tassia Rabelo,
Valter Silvério

Coordenador editorial
Rogério Chaves

Assistente editorial
Raquel Costa

PAUL SINGER

Crescimento e inflação
A economia brasileira em perspectiva

A crise do milagre
Guia da inflação para o povo

ORGANIZAÇÃO André Singer, Helena Singer e Suzana Singer
APRESENTAÇÃO Leda Paulani

COLEÇÃO PAUL SINGER VOLUME 6

© 2024 EDITORA UNESP

Direitos de publicação reservados a:

Fundação Editora da Unesp (FEU)
Praça da Sé, 108
01001-900 – São Paulo – SP
Tel.: (0xx11) 3242-7171
Fax: (0xx11) 3242-7172
www.editoraunesp.com.br
www.livrariaunesp.com.br
atendimento.editora@unesp.br

Fundação Perseu Abramo
Rua Francisco Cruz, 234 – Vila Mariana
04117-091 São Paulo – SP
Fone: (11) 5571 4299
www.fpabramo.org.br

DADOS INTERNACIONAIS DE CATALOGAÇÃO NA PUBLICAÇÃO (CIP)
DE ACORDO COM ISBD
Elaborado por Vagner Rodolfo da Silva – CRB-8/9410

S617c

Singer, Paul
　　Crescimento e inflação: a economia brasileira em perspectiva / Paul Singer; organizado por André Singer; Helena Singer; Suzana Singer; apresentação de Leda Paulani. – São Paulo: Editora Unesp; Fundação Perseu Abramo, 2024.

　　Inclui bibliografia.
　　ISBN: 978-65-5711-263-2 (Editora Unesp)
　　ISBN: 978-65-5626-139-3 (Fundação Perseu Abramo)

　　1. Economia. 2. Economia brasileira. 3. História econômica. 4. Política econômica. 5. Políticas econômicas. 6. Macroeconomia. 7. Teoria econômica. 8. Filosofia econômica. 9. Marxismo. 10. John Maynard Keynes. 11. Milagre econômico. 12. Ditadura. 13. Inflação. 14. Custo de vida. I. Singer, André. II. Singer, Helena. III. Singer, Suzana. IV. Paulani, Leda. V. Título.

2024-3850　　　　　　　　　　　　　　CDD 330
　　　　　　　　　　　　　　　　　　CDU 33

Editora afiliada

Associação de Editoriales Universitarias
de América Latina y el Caribe

Associação Brasileira de
Editoras Universitárias

Sumário

Coleção Paul Singer, *9*
Apresentação
Leda Paulani 11

A CRISE DO "MILAGRE"

Introdução, *27*

Na perspectiva histórica, *31*
I O "milagre brasileiro": causas e consequências, *31*
  1. Os "milagres" do capitalismo contemporâneo, *31*
  2. Os "milagres" alemão e japonês, *39*
  3. Brasil: "milagre" modelar para o Terceiro Mundo?, *46*
    3.1 As origens da inflação brasileira, *47*
    3.2 O ensaio geral do "milagre brasileiro", *49*
    3.3 A volta da inflação, *58*
    3.4 A abertura da economia ao capital estrangeiro, *66*
    3.5 As contradições do "desenvolvimentismo", *74*
    3.6 A solução da crise inflacionária, *80*
    3.7 A retomada do crescimento: o florescer do "milagre", *87*
    3.8 A acumulação do capital e as bases externas do "milagre", *93*
    3.9 O "milagre" brasileiro: até quando?, *102*

II A economia brasileira depois de 1964, *107*

    1. As mudanças institucionais, *107*

    2. Consequências do novo equilíbrio de forças entre as classes, *108*

    3. Decorrências do desenvolvimento capitalista dependente, *118*

    4. Decorrência da nova conjuntura internacional, *122*

    5. Há um novo modelo econômico no Brasil?, *130*

III Evolução da economia brasileira: 1955-1975, *133*

    1. Os anos de Juscelino Kubitscheck: O grande salto, *133*

    2. Crise econômica e política: o impasse e a solução, *141*

    3. O longo período de prosperidade, *149*

Momentos da conjuntura, *159*

  I As contradições do "milagre", *159*

    1. O milagre superou o ciclo?, *159*

    2. As crises no capitalismo, *163*

    3. O atual ciclo brasileiro, *172*

  II O Chile: uma inflação diferente, *181*

  III A inflação brasileira: o estado das coisas, *189*

  IV A economia em sua hora da verdade, *195*

  V Da inflação à recessão, *203*

  VI Vida, paixão e morte de um modelo, *209*

Referências bibliográficas, *215*

GUIA DA INFLAÇÃO PARA O POVO

Introdução, *221*

  I Custo de vida: o que é? como se mede?, *225*

  II Carestia e inflação, *229*

  III Moeda e preços, *233*

  IV A demanda por moeda para transações, *237*

    Transações, *238*

  V A demanda por moeda para contingências e para especulação, *241*

    Contingências, *241*

    Especulação, *242*

    VI   As causas "reais" da inflação, *245*
   VII   Causas econômicas, sociais e políticas da inflação, *249*
  VIII   Diagnóstico da inflação no Brasil, *253*
    IX   O combate monetário à inflação, *259*
     X   Os limites do combate à inflação, *263*
    XI   Como lutar contra o aumento do custo de vida, *267*

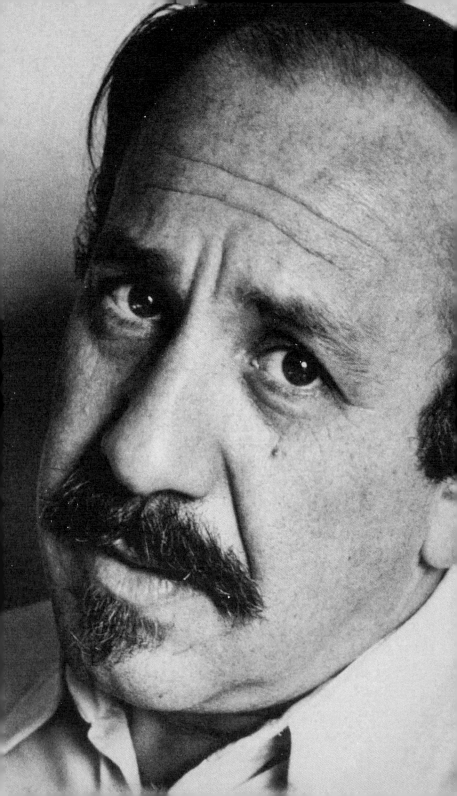

Coleção Paul Singer

Paul Singer nasceu em Viena, Áustria, em 1932. Em 1940, fugiu do nazismo levado pela mãe, viúva, para São Paulo. No Brasil, completou a escolaridade fundamental, tornando-se eletrotécnico no ensino médio. Antes de ingressar na Universidade de São Paulo (USP), em 1956, para estudar economia, foi operário e tornou-se militante socialista, condição que manteria para o resto da vida, tendo intensa participação partidária até a morte, em 2018.

Diplomado pela Faculdade de Economia e Administração (FEA) da USP, fez carreira acadêmica, a qual passou por doutorado em Sociologia, livre-docência em Demografia e titularidade na própria FEA, onde se aposentou em 2002. A segunda metade de sua existência foi marcada pela gestão pública, na qual exerceu os cargos de secretário do Planejamento do município de São Paulo (1989-1992) e secretário nacional de Economia Solidária do governo federal (2003-2016). Neles, teve oportunidade de implementar ideias e propostas que havia desenvolvido desde a juventude.

O legado dessa trajetória inclui 24 livros próprios e seis em coautoria, algumas dezenas de artigos científicos publicados em diversos países, várias centenas de textos e entrevistas a jornais, além de relatórios e comunicações orais, hoje no acervo do Instituto de Estudos Brasileiros (IEB) da USP. A Coleção Paul Singer, da Fundação Editora da Unesp, visa disponibilizar ao público uma seleção de trabalhos do autor, cuja obra se estendeu não somente a assuntos econômicos, mas relacionados à política, urbanismo, demografia, saúde e história, entre outros.

André Singer, Helena Singer e Suzana Singer

Apresentação

*Leda Paulani**

Os organizadores desta Coleção Paul Singer – André, Helena e Suzana Singer – me convidaram para fazer a apresentação do presente volume 6, o que, muito honrada, aceitei. Todavia, considerando o perfil de seu autor, confesso minha dificuldade em construir uma apresentação protocolar, dotada da sisudez acadêmica que normalmente caracteriza esse tipo de texto. Ao pensar em sua trajetória e seus tantos méritos, que extrapolam em muito sua atividade intelectual, impossível, ao menos para mim, reduzir este introito a meros comentários e descrição sumariada dos trabalhos aqui incluídos.

Em poucas palavras, impossível falar desta obra sem falar de seu autor, o prof. Paul Singer. Daí que esta apresentação ganhará, de quando em quando, um tom mais pessoal, principalmente porque, além de rezarmos pelo mesmo credo e termos a mesma esperança utópica na capacidade do homem de construir um mundo melhor

---

* Professora titular (sênior) do Departamento de Economia da Faculdade de Economia, Administração, Contabilidade e Atuária da USP (FEA-USP). Pesquisadora do Conselho Nacional de Desenvolvimento Científico e Tecnológico (CNPq).

do que este, tive o privilégio de conviver com ele, como aluna, na pós-graduação do Instituto de Pesquisas Econômicas da USP (IPE-USP) em 1985, e mais tarde como colega de docência, o que me permitiu perceber *in loco* que pessoa especial ele era.

Os trabalhos conjuntamente apresentados neste volume foram todos escritos entre 1972 e 1980, ou seja, cobrem o período que vai do último capítulo do assim dito "milagre econômico" até o início daquela que passou a ser chamada, na literatura sobre economia brasileira, de "a década perdida" (os anos 1980). Dois livros estão reunidos aqui, a saber, *A crise do milagre*, publicado pela primeira vez em 1976, e *Guia da inflação para o povo*, de 1980. O primeiro livro, por sua vez, é um conjunto de trabalhos que contém a reprodução de livro anterior, *O milagre brasileiro: causas e consequências*, de 1972, além de três ensaios e cinco artigos mais curtos, sendo estes últimos escritos, todos eles, para o jornal *Opinião*, semanário brasileiro da imprensa alternativa que, nos anos 1970, fazia clara oposição ao regime militar.

No livro *A crise do milagre*, o tema central é o milagre econômico, já que, começando pelo seu diagnóstico e consequências, elaborado no livro de 1972, os temas passam, nos ensaios e artigos seguintes, pela avaliação institucional e da perspectiva de classe da situação trazida pelo golpe de 1964, pelas contradições do milagre, pela recorrente questão inflacionária e pela análise da crise que começa ao final de 1973, esta última em meio a um alentado balanço de vinte anos da economia brasileira (1955-1975). Do ponto de vista do diagnóstico, Singer busca mostrar, já no livro de 1972, que o celebrado milagre não era afinal tão "milagroso" assim, mas assentava-se na péssima distribuição de renda – auxiliada em muito pelo regime autoritário que amordaçava os sindicatos – e na forma de inserção da economia brasileira na divisão internacional do trabalho, caracterizada, segundo nosso autor, desde 1968, pelo amplo influxo de capital estrangeiro do qual passou a dispor.[1] Nessa sua análise do início dos anos 1970,

---

[1] No último dos cinco artigos aqui reeditados e originalmente publicados no semanário *Opinião*, em que faz um balanço do "modelo" que esteve por trás do milagre, Singer cita ainda o estímulo às exportações – ao qual voltaremos à frente –, a expansão do crédito ao consumidor e a instituição da correção monetária, que

portanto, é a versão ufanista daquele período de elevado crescimento, tão a gosto dos militares, que estava sendo duramente colocada em xeque.

A postura corajosa não era nova na vida de Paul Singer. Ao contrário. Quando entrei na Faculdade de Economia, Administração, Contabilidade e Atuária da Universidade de São Paulo (FEA-USP), no último ano do milagre, 1973, seu nome já era bastante ouvido. Conhecido intelectual e militante socialista, economista e professor muito reputado de nossa escola, ele, no entanto, não estava ali presente, aposentado que fora compulsoriamente, em 1969, pela ditadura militar. Certamente foi por conta de textos como esse – que claramente afrontavam a prepotência dos ditadores –, além da declarada simpatia pelo socialismo, que ele fora perseguido e retirado da docência. Sobretudo para nós, jovens estudantes indignados com a tirania do regime militar, o prof. Singer representava o símbolo da resistência daqueles que sabem que a busca de um mundo mais justo passa pela luta permanente das regras contra o arbítrio e pela vigília constante da razão contra a força bruta.

No caso de Singer, certamente partidário da máxima de Gramsci de que "a verdade é revolucionária", essa vigília da razão significava a imperativa necessidade de que a conjuntura econômica e política fosse sempre avaliada tendo por base os fatos e dados de nossa realidade e a partir de uma análise teórica bem fundamentada. Foi por conta de sua firme adesão à economia política de extração marxiana que Singer conseguiu demonstrar no livro de 1972 não só como o aperto salarial resultante da opressão política sobre os trabalhadores fora importante e mesmo decisivo para o milagre, mas, mais ainda, como tal constrangimento fora crucial para o declínio do processo inflacionário anterior, do início dos anos 1960, e que abriu o caminho para a fase de crescimento acelerado.[2] Singer lembra, por exemplo, que os

---

preservava a poupança, como elementos também integrantes da receita que produziu os seis famosos anos de elevado crescimento do produto (p.209-10). O referido artigo foi publicado em 3 de janeiro de 1975.

2 Singer reconhece que a política anti-inflacionária dos militares não se restringiu ao arrocho salarial, pois contou também com medidas nas áreas monetária e fiscal. Destaca, no entanto, a importância do ataque aos salários. Como infor-

sindicatos perderam sua autonomia diante do poder estatal, que as greves por aumento de salário foram praticamente proibidas e que já em 1964, ano em que o custo de vida subiu mais de 80%, foram proibidos os reajustamentos salariais em intervalos menores do que um ano. Segundo ele, "o modo como essa política salarial foi posta em prática resultou numa redução ponderável do salário mínimo real e, por extensão, dos salários do pessoal menos qualificado, cujo nível está preso ao mínimo" (p.80).

Mas Singer observa também que a distribuição do "aperto" tampouco era igualitária dentro do próprio grupo de rendimentos do trabalho. Sempre olhando os dados e tomando por base as fontes oficiais, ele assevera que é possível "confirmar a hipótese de que a redução do salário mínimo real e a limitação dos reajustamentos na renovação dos contratos coletivos de trabalho descomprimiu a escala salarial, reduzindo em termos reais os seus níveis mais baixos, sem afetar ou afetando muito menos os níveis mais elevados" (p.84). Ou seja, não só a política econômica dos militares beneficiava muito mais "as classes possuidoras",[3] em detrimento dos trabalhadores, como, dentre os próprios trabalhadores, prejudicava principalmente aqueles de níveis salariais mais reduzidos em relação àqueles de níveis mais elevados.

Em poucas palavras, esse conjunto de alterações trazidas pelo golpe militar estava fazendo de um país já muito injusto do ponto de vista da repartição do produto, um país ainda mais injusto, onde os trabalhadores, sobretudo aqueles de renda mais baixa, além de ficarem constrangidos em seu direito de reivindicar melhores salários, estavam sendo bastante prejudicados na repartição dos frutos desse

---

mado, ele publica o livro *O milagre brasileiro: causas e consequências* em 1972 e diz, já, portanto, no quinto ano do suposto milagre, que, "basicamente, a inflação é contida pelo controle governamental dos salários" (p.89), controle, diga-se, que continuou, com maior ou menor sucesso, do ponto de vista dos objetivos de política econômica pretendidos, ao longo de praticamente todo o tempo que durou a ditadura, até estourarem as greves dos metalúrgicos do ABC em 1979, já no período de abertura do regime.

3 O termo é do próprio Singer (p.80) e também muito utilizado por ele no artigo sobre a inflação no Chile na parte final de *A crise do milagre*.

"milagroso" surto de prosperidade. E Singer traz dados que comprovam essa afirmação. Em tabela na p.91, ele mostra que, entre 1960 e 1970, a renda da classe A, a mais elevada, cresceu 112%, enquanto a renda da classe E, a mais baixa, cresceu minguados 7,5%.

Do ponto de vista das consequências do milagre, para além da já mencionada elevação da desigualdade e do permanente constrangimento aos direitos dos trabalhadores – afinal a vitória no enfrentamento decisivo da crise do início dos anos 1960 coubera às "classes possuidoras" (p.80) – vale destacar a visada certeira de Singer no que tange aos caminhos e descaminhos de nosso desenvolvimento. Na parte final do ensaio sobre vinte anos da economia brasileira (1955 a 1975), ele comenta a importância das multinacionais na definição da estratégia de desenvolvimento do país, a partir do domínio dos militares. Em sua avaliação, diferentemente do início de sua atuação, quando se visava principalmente o mercado interno, passou a interessar a essas empresas, a partir de suas bases aqui localizadas, também a exploração do mercado externo. Além do baixo custo da mão de obra no país – em muito auxiliado, como vimos, pela política de arrocho da ditadura –, as empresas aqui instaladas passaram a contar com avantajados incentivos fiscais às exportações, estratégia essa de política econômica que ia substituindo aos poucos o vigente modelo de substituição de importações – que assenta sua dinâmica no mercado interno – por um modelo voltado para fora.

Segundo Singer, nessa mudança de estratégia, o Brasil teria cedido às admoestações dos economistas liberais, sobretudo aqueles que são membros de órgãos financeiros internacionais, que desde sempre condenavam o modelo de substituição de importações. Com isso, em suas palavras, "o país vendeu por um prato de lentilhas – a 'ajuda' externa – o seu direito de primogenitura no sentido de procurar alcançar a fronteira tecnológica e, um dia, tornar-se uma nação plenamente desenvolvida" (p.153). Bem, independentemente de nossa concordância ou não com os termos do debate (dinâmica voltada para dentro ou para fora – mas era esse, de toda forma, o jargão da época), para quem olha hoje a economia brasileira, depois da desindustrialização precoce das últimas décadas, a frase não poderia ser mais verdadeira. Na medida em que o Brasil se aprofundou nesse caminho de ceder àquilo que o centro do sistema espera de um país da periferia, e que teve como cereja do bolo a estratégia explícita, a partir dos anos 1990, de abraçar o neoliberalismo e abandonar as veleidades de se tornar um país soberano – no período dos militares isso ainda estava envolto num espírito de época "desenvolvimentista" –, o resultado só poderia ter sido esse vislumbrado por nosso autor.

Voltando à temática do milagre, é visível em toda essa substantiva análise efetuada por Singer, em seu livro de 1972 e nos demais ensaios e artigos que compõem *A crise do milagre*, sua incansável preocupação com a justiça social, a qual, no Brasil de então, caminhava no sentido contrário ao dos indicadores de produto e renda. Em outros trabalhos da mesma época, essa preocupação era igualmente visível. Como afirmei anteriormente, em 1973, quando entrei na FEA-USP, o nome do prof. Singer já era muito ouvido e ele representava para nós o símbolo da resistência e da necessidade do enfrentamento à ditadura. Mas foi só em 1976 que entrei em contato com o trabalho intelectual do famoso professor.

Atendendo a uma demanda da Comissão de Justiça e Paz da Arquidiocese de São Paulo, um grupo de pesquisadores do Cebrap conduzira uma investigação sobre os diversos aspectos das condições de vida e trabalho das populações periféricas da metrópole paulistana. Publicados em conjunto no livro *São Paulo, 1975: crescimento e pobreza*, lançado naquele 1976, os resultados dessas diferentes pesquisas, além da enorme quantidade de informações que traziam, num tempo em que as estatísticas não estavam a um clique da mão, eram devastadores quanto às consequências sociais do milagre econômico, e dentre os nomes importantes que constituíam a equipe de pesquisa, como Cândido Procópio e Fernando Henrique Cardoso, estava lá Paul Singer.

Além de sua participação nessa importante coletânea, que causou enorme impacto à época, a recorrente preocupação de Singer com a justiça social era visível também em outros trabalhos do mesmo período, como *Economia política do trabalho*, de 1977, e *Dominação e desigualdade: estrutura de classes e repartição da renda no Brasil*, de 1981. Mas, antes de economista, marxista, professor, Paul Singer era um militante socialista que acreditava, em primeiro lugar, que socialismo e democracia eram coisas que caminhavam juntas, de modo que a luta pela democracia era uma obrigação e uma necessidade. Nesse sentido, acreditava também que, sem uma distribuição minimamente equânime, não só do produto e da renda, mas também do conhecimento sobre o funcionamento da economia na qual vivemos – uma economia capitalista organizada pelo mercado e pelos preços –, os trabalhadores estariam sempre muito longe de sua emancipação (e de uma verdadeira democracia), pois não entendiam nada, ou entendiam muito pouco daquilo que mais afetava suas vidas, ou seja, os temas econômicos.

Assim, ao lado de sua obstinada preocupação com a justiça social e de sua defesa da verdadeira democracia, caminhava também uma infatigável disposição didática, que não tivera como resultado apenas sua disposição de ser professor, mas, igualmente, seu intento de escrever sobre economia para os trabalhadores, em linguagem clara e simples, capaz de fazê-los entender as questões básicas que determinavam sua vida material. Em 1975, ele já publicara *Lições de economia política*, em que tratava, com esse espírito e intuito, de vários temas que dominam as discussões econômicas, como política fiscal, política monetária, distribuição de renda, crescimento e crise. Mas, ao final dos anos 1970, com o problema inflacionário avultando, era mister a produção de um texto capaz de fazer que os trabalhadores participassem, defendendo seus interesses, dos intensos debates que tal fenômeno ia provocando na sociedade brasileira.

O segundo livro que faz parte deste volume, *Guia da inflação para o povo*, publicado originalmente em 1980, nasce daí. Em sua introdução, Singer diz esperar que ele seja uma arma dos trabalhadores na luta contra um estado de coisas em que, "quando o debate é para valer, os diretamente interessados, isto é, os trabalhadores, são deixados de lado" (p.222). Tal situação, de seu ponto de vista, é possibilitada pela manutenção dos trabalhadores num perpétuo estado de ignorância, que permite que questões tão importantes como a inflação sejam tratadas por "'técnicos' sem mandato, cuja ideologia os leva a dar prioridade *sempre* aos interesses do capital" (p.222). E, para deixar bem clara qual é a intenção do livro, Singer conclui a citada introdução da seguinte forma: "Em suma, inflação é assunto grave demais para ser deixado só para economistas ou para qualquer tipo de burocrata diplomado. É preciso que os cidadãos tornados inteligentes intervenham em sua discussão com plena consciência do que está em jogo. Esperando ajudar nisso, acendemos esta vela, para não continuar apenas maldizendo a escuridão" (p.224).

E sendo esse então o objetivo, o *Guia da inflação para o povo* é um passo a passo bem estruturado para que os leigos com um mínimo de formação possam acompanhar as discussões sobre o tema. O texto se inicia com definições básicas sobre os conceitos de custo de vida e inflação e estende a discussão teórica até a questão da demanda por moeda, passando pela relação entre moeda e preços. Esse é basicamente o conteúdo dos cinco primeiros capítulos. Nos capítulos seguintes, Singer faz inicialmente uma discussão sobre as causas da inflação, traduzindo em linguagem simples sua tese básica de que a inflação é invariavelmente um sintoma das contradições que movem o capitalismo. Na sequência, faz um diagnóstico da inflação brasileira e discorre sobre as formas de combatê-la, bem como sobre os limites das políticas anti-inflacionárias.

Ao longo de todo o livro, a linguagem é de fácil acesso, as frases são claras e o texto é fluido e recheado de exemplos. Tendo por objetivo instruir minimamente os trabalhadores, para auxiliá-los em suas lutas, Singer colocou em operação aqui, em grau máximo, sua capacidade didática. Por conta disso, para cabeças já preparadas, com conhecimento teórico e histórico muito superior àquilo que é possível colocar num texto com tais objetivos, a abordagem da complexa questão pode parecer, em determinados momentos, simplória demais.

Mas não se engane o leitor. A leitura de outros textos, em que a preocupação didática é menos presente, revela, por parte de Singer, uma compreensão fina e sofisticada do problema inflacionário, sobretudo no contexto da economia brasileira do final dos anos 1970, quando a indexação de salários e preços era a norma. Aqui mesmo, neste volume, temos indicações disso, no livro *A crise do milagre*. Por exemplo, todas as vezes em que menciona a questão da correção monetária, Singer antecipa observações que só viriam a ser devidamente exploradas à frente, pelos teóricos da inflação inercial: que, apesar de sua suposta capacidade de "corrigir", a correção monetária, a depender de sua dimensão, poderia servir de mecanismo de redução de renda real (p.89); que, pelas expectativas e assimetria no processo de reajuste dos preços, ela joga para a frente a inflação passada (p.167); que ela constitui uma restrição permanente à baixa dos níveis inflacionários e pode jogá-los facilmente para cima (p.210). Da mesma forma, Singer indica também com muita convicção a dificuldade que via no funcionamento de mecanismos como o controle e congelamento de preços (p.170-1); esta última prática, por sinal, dominou as experiências heterodoxas brasileiras de combate à inflação ao longo dos anos 1980, todas malsucedidas.

Isto posto, vale ainda uma observação sobre o capítulo final do *Guia*. Singer faz aí algumas sugestões sobre como a população pode lutar contra a elevação dos preços. O texto é uma demonstração inequívoca da importância que ele atribuía à participação popular, o que casava perfeitamente com o apreço que tinha pela verdadeira democracia, não pelo "mal-entendido"[4] em que ela se constituía no capitalismo. Ele conclui esse capítulo dizendo: "A luta contra o aumento do custo de vida só será vitoriosa se puder contar com a participação da grande maioria do povo. É preciso que o povo possa abrir um diálogo amplo e democrático em seu próprio seio para exprimir seus verdadeiros anseios" (p.270).

Mas o espírito democrático de Singer não era apenas teórico, era absolutamente concreto; ele o vivia e o praticava. Pude atestar esse seu predicado em várias ocasiões. Pessoalmente só fui conhecê-lo como aluna do curso de pós-graduação em Economia do IPE-USP em 1985. Naquele ano, quando descobri que ele iria ministrar um curso na pós-graduação, eu imediatamente me inscrevi. A disciplina versava sobre tópicos avançados de distribuição de renda e, no início de junho daquele ano, a Argentina lançava o Plano Austral, buscando estabilizar monetariamente sua economia. A inspiração do plano vinha

---

4 "Nesse sentido, a democracia capitalista se baseia num mal-entendido. O povo tem liberdade de eleger seus representantes, os quais, nessa qualidade, devem exercer o poder. Só que [os] assuntos que realmente afetam a grande maioria da população, ou seja, [a] temática econômica [...] continua nas mãos dos que acreditam apenas na 'verdade' revelada pelos mercados, atuando como meros intérpretes dele" (p.222).

das ideias sobre inflação inercial que já circulavam no Brasil havia algum tempo. Apesar de o tema não estar diretamente vinculado a sua disciplina, pedimos a ele, um tanto receosos, que fosse alterada a parte final de seu programa para discutirmos a experiência do país vizinho e a literatura sobre isso que se avolumava. Ele imediatamente acedeu, permitindo-nos uma rica discussão que tão cedo não deixaria o centro do palco em nosso país, visto que, alguns meses depois, mais precisamente em fevereiro de 1986, seria lançado no Brasil o Plano Cruzado e, na sequência, vários outros planos de estabilização inspirados nas mesmas ideias heterodoxas.

Pouco mais de dez anos depois, Singer escrevia para a Coleção Zero à Esquerda da Editora Vozes, coordenada pelo prof. Paulo Arantes, o livro *Uma utopia militante*, já republicado nesta coleção. Convidou então o grupo de jovens professores que editavam a revista *Praga*, uma revista de estudos marxistas declaradamente inspirada na *New Left Review*, para que discutíssemos o que estava escrevendo. Eu saí da primeira dessas reuniões achando que ele iria nos dispensar. Não tínhamos deixado barato e tínhamos criticado o quanto podíamos todas as suas ideias e considerações sobre a economia solidária, o trabalho cooperativado e a crença que ele tinha em seu poder de transformação. Mas deu-se o contrário. Várias outras reuniões se seguiram e, quando o livro foi editado, para minha absoluta surpresa, ele tinha sido dedicado a nós.[5]

Essa iniciativa é para mim o testemunho inequívoco não só de sua honestidade intelectual, mas sobretudo de seu militante espírito democrático. Foi muito bem acertada, portanto, a decisão, pelos organizadores da Coleção Paul Singer, de colocarem lado a lado os dois livros que compõem este volume. Para além de sua instigante análise, *A crise do milagre* foi escrito nos anos da ditadura, incluindo o corajoso *O milagre brasileiro: causas e consequências*, elaborado em plenos "anos de chumbo", de pesada repressão. O livro em si é testemunho do enorme apreço que Singer tinha pela democracia, pois o

---

[5] "Para Fernando Haddad, Leda Paulani, Isabel Loureiro, Ricardo Musse e demais companheiros que, com sua crítica perspicaz e amiga, ajudaram a tornar este livro mais inteligível"; estes os termos da dedicatória.

preço a pagar pela audácia de contestar as interpretações dos ditadores podia ser bem elevado, como ele próprio já sentira. Por outro lado, o *Guia da inflação para o povo*, escrito já nos tempos mais amenos da "distensão lenta, gradual e segura", é concluído com um chamado para que o povo tenha participação política ativa em seu próprio destino, efetivando assim a verdadeira democracia, que, para ele, ainda não existia.

A leitura conjunta das duas obras é reveladora, portanto, não só da capacidade analítica de Singer, firmemente assentada no *approach* marxiano, como igualmente de sua profissão de fé na democracia e no socialismo. Em tempos tão distópicos como os que ora vivenciamos, é um grande presente podermos revisitar estes clássicos.

A crise do "milagre"
Interpretação crítica
da economia brasileira

Aos jornalistas de
Opinião e Movimento,
pelo seu paciente heroísmo,
pela sua inabalável dignidade.

Introdução

Tenho acompanhado a economia brasileira, como analista crítico, durante quase duas décadas. O resultado de minhas observações encontra-se registrado em numerosos artigos e alguns ensaios de maior ambição e fôlego. Dois desses ensaios, que resumem e sistematizam minha análise até meados da década passada, estão no meu livro *Desenvolvimento e crise*. Tratava-se, então, de superar a visão de que o país se encontrava mergulhado numa crise *estrutural*, da qual só poderia sair mediante reformas de base. Como a viabilidade política de tais reformas tinha acabado de desaparecer, o vaticínio decorrente da tese da crise estrutural era que o Brasil tinha entrado numa fase prolongada de estagnação. Acontece que à crise estrutural se sobrepunha uma *crise de conjuntura* de novo tipo, cuja duração era necessariamente limitada. Cumpria reconhecer que uma economia capitalista, mesmo não desenvolvida e dependente como a brasileira, é, em geral, capaz de crescer, embora esse crescimento esteja sujeito a interrupções periódicas.

Após 1968, o ciclo de conjuntura no Brasil entrou numa fase de crescimento acelerado. Taxas de crescimento extremamente elevadas foram alcançadas e mantidas, enquanto a inflação – o termômetro das contradições subjacentes a esse crescimento – declinava, acabando por se estabilizar num nível comparativamente baixo, comparada à experiência dos anos precedentes. Dado o evidente interesse em atribuir essa fase de crescimento rápido com pouca inflação ao novo regime político-institucional, tudo contribuía para a reencenação do velho "ufanismo" sob nova roupagem: o "milagre econômico". Da mesma forma como a fase depressiva anterior tinha sido extrapolada para o futuro pela teoria da crise estrutural, passava-se agora a projetar a tendência ascendente da nova fase.

No ensaio "O 'milagre brasileiro': causas e consequências", escrito em 1972, o meu esforço estava dirigido no sentido de avaliar o que a fase do ciclo, inaugurada em 1968, tinha de realmente novo em contraste com fases análogas de ciclos anteriores. Para poder fazer isso tornou-se necessário reexaminar um período relativamente amplo de nossa história econômica, de modo a evidenciar os fatores responsáveis pelo verdadeiro ensaio geral do "milagre" na época do general Dutra, os que permitiram os "cinquenta anos em cinco" de Juscelino e os que tornaram possível o "milagre" de agora. Verifiquei que o modo como se repartia o produto entre capital e trabalho e o modo como o Brasil se inseria na economia capitalista internacional constituíam, por assim dizer, as pedras de toque de qualquer análise menos superficial de nossa economia. Se havia algum "milagre" num período relativamente prolongado de crescimento com pouca inflação, este se explicava fundamentalmente: a) pela maneira como a repartição da renda foi "disciplinada" mediante a substituição da barganha coletiva no mercado de trabalho por uma "política salarial" rígida, centralizada e – do ponto de vista da acumulação de capital – perfeitamente eficaz; e b) pela crescente integração internacional das economias capitalistas, acarretando alterações na divisão mundial do trabalho, que acabaram proporcionando amplo influxo de capital estrangeiro no Brasil.

Na primeira parte deste livro estão reproduzidos, além de "O 'milagre brasileiro': causas e consequências", mais dois ensaios escritos posteriormente, em que aprofundei várias das linhas de análise, abertas no primeiro. Tratava-se, principalmente, de examinar mais detidamente as implicações sociopolíticas do novo arranjo institucional, de modo a se poder compreender melhor tanto as transformações nas regras do jogo, introduzidas após 1964, como as opções que, em certos momentos estratégicos, se apresentavam ao país e de que maneira as decisões tomadas a cada momento condicionaram a evolução posterior da economia.

Na segunda parte deste livro estão reunidos um ensaio ("As contradições do 'milagre'") e cinco artigos, que marcam determinados momentos da conjuntura econômica dos últimos dois a três anos. Esses trabalhos constituem uma espécie de contrapartida necessária às análises da primeira parte. Nesta, a crítica do "milagre" se situa no plano social: tenta-se mostrar como nossa economia, mesmo em seus melhores momentos de expansão, é avara na distribuição dos frutos do crescimento. Mas a continuidade do crescimento não é posta em dúvida, a não ser nas últimas páginas da "Evolução da economia brasileira: 1955-1975", que constituem uma espécie de abertura dos trabalhos seguintes. O fim do "milagre" é objeto de uma análise pormenorizada no momento em que a imagem oficial da economia começa a se descolar da realidade: escrito em outubro de 1973, "As contradições do 'milagre'" apontam o início da transição do ciclo para uma nova fase, em que a inflação crescente iria impor uma política econômica depressiva, com suas naturais consequências.

Essa transição é "documentada", por assim dizer, nos artigos que completam essa parte. Como a inflação desempenha um papel importante em todas as análises aqui reunidas, pareceu-me conveniente incluir nesta coletânea o exame de uma inflação diferente, que, em muitos sentidos, é o oposto da nossa: trata-se da inflação que assolava o Chile de Allende. O que tento mostrar assim, por via do contraste, é que a mera elevação de preços nada explica enquanto ela não for analisada em seu contexto histórico. Dizer que a inflação resulta de contradições entre forças opostas que pretendem dar utilizações diferentes ao mesmo conjunto de recursos é essencial, mas não basta. É preciso desvendar que forças são estas e para que lado a balança de poder se inclina. Nos artigos seguintes, diversos momentos da inflação brasileira são analisados. Em seu conjunto, talvez permitam entender melhor de que modo o "milagre" se esgotou, sem que suas bases institucionais tivessem sido abaladas.

"O 'milagre brasileiro': causas e consequências" foi publicado pela primeira vez como Caderno 6 do Cebrap; "As contradições do 'milagre'" saiu inicialmente em *Estudos Cebrap*, n.6; "A economia brasileira depois de 1964" foi publicado em *Debate e Crítica*, n.4, e os cinco artigos saíram todos no semanário *Opinião*; o ensaio "Evolução da economia brasileira: 1955-1975" é inédito. Todos os trabalhos foram revistos, porém sofreram apenas alterações de forma, exceto "O 'milagre brasileiro': causas e consequências", no qual refiz uma tabela, que tinha saído com dados errados, e substituí a análise dela.

Praticamente todos os trabalhos aqui reunidos foram elaborados no Centro Brasileiro de Análise e Planejamento (Cebrap), tendo grande parte deles sido discutida lá. A contribuição da crítica dos companheiros de trabalho para a evolução do meu pensamento tem sido inestimável e a gratidão que aqui manifesto é muito mais que um gesto formal. Talvez deva aproveitar o ensejo para informar que o Cebrap é uma instituição única, onde a liberdade de crítica, a independência de julgamento e, não obstante, a solidariedade atingiram um tal grau que nenhum dos seus componentes pensa em abrir mão de seu lugar nele, mesmo em troca de posições de muito maior prestígio e poder. Embora essas condições tenham um custo nada pequeno, o ambiente de trabalho que assim se criou compensa-o plenamente.

Uma boa parte do trabalho de análise que aqui se apresenta foi provocada por aqueles que fizeram de *Opinião* um modelo de jornalismo de alto gabarito. Não fossem as constantes indagações e desafios que partiram deles, eu não teria me dado ao trabalho de pôr no papel e tentar comprovar as ideias que tinha na cabeça. Pelos estímulos que me proporcionaram, também eles compartilham dos méritos e deméritos deste livro.

São Paulo, 24 de setembro de 1975

Paul Singer

Na perspectiva histórica

I

O "milagre brasileiro": causas e consequências

1. Os "milagres" do capitalismo contemporâneo

A primeira vez que se começou a falar de "milagre econômico", no pós-guerra, foi em relação à Alemanha Ocidental, cuja rápida recuperação na década de 1950, nos quadros da "economia social de mercado" do prof. Erhard, surpreendeu a maioria dos observadores. Na ocasião, o "milagre alemão" serviu de apanágio propagandístico ao neoliberalismo renascente que iria se opor ao dirigismo estatal, de molde keynesiano, então em voga. Nos anos 1960, surgiu em cena o "milagre japonês", cujas taxas de crescimento de produto interno bruto (PIB) de cerca de 10% ao ano, sustentadas por mais de uma década, marcaram um novo recorde nos anais de crescimento "autossustentado" (o que quer que isso signifique) do capitalismo contemporâneo. O "milagre japonês" também teve sua função propagandística. Ele serviu para fundamentar a proposta de uma "nova" política de desenvolvimento, baseada no fomento às exportações, a partir das vantagens propiciadas pela disponibilidade de mão de obra abundante e barata. Começa-se, agora, a falar do "milagre brasileiro", talvez algo apressadamente, após quatro anos (de 1968 a 1971) de crescimento acelerado do PIB brasileiro. Presumivelmente, o "milagre brasileiro" reúne as excelências do neoliberalismo alemão e do crescimento "para fora" japonês a uma outra peculiaridade: um mercado de trabalho perfeitamente disciplinado, resguardado de qualquer "distributivismo" prematuro que pudesse deslanchar a temida espiral de preços e salários.

É bastante claro que os "milagres econômicos" têm sobretudo caráter político. Eles são promovidos através dos meios de comunicação de massa para popularizar determinados aspectos da política econômica, aos quais se atribui grande eficácia na promoção do crescimento. Não obstante, é inegável que as economias "milagrosas" de fato apresentam ou apresentaram elevadas taxas de crescimento e por períodos relativamente longos. É este último aspecto que torna o desempenho dessas economias excepcional, no quadro atual e histórico do capitalismo. Não é infrequente que economias capitalistas apresentem elevadas taxas de crescimento durante períodos de auge conjuntural, os quais, no entanto, soem ser limitados, sendo seguidos por crises ou recessões. A intermitência do crescimento é uma das marcas características do capitalismo. Quando a economia de um país capitalista consegue sustentar taxas elevadas de crescimento por um prazo algo mais longo (dez anos ou mais), o fato requer alguma explicação específica, o que permite (quando há interesse nisso) a proclamação de um "milagre".

Até as vésperas da Segunda Guerra Mundial, o ciclo de conjuntura era aceito como algo inerente ao capitalismo. A sua manifestação estava claramente ligada a fenômenos monetários: a fase de ascensão se caracterizava por alta dos preços e juros (reais) baixos, ao passo que a crise e a depressão eram marcadas por queda de preços e elevação dos juros. As discussões a respeito do caráter "monetário" ou "real" do ciclo foram infindáveis. A sugestão de Keynes, de que uma manipulação adequada da oferta de meios de pagamento poderia evitar a crise ou acelerar a recuperação, feita durante a depressão dos anos 1930, encontrou afinal aplicação prática porque, na maioria dos países industrializados, as regras do padrão-ouro já tinham sido então *de fato* abandonadas. Embora as tentativas de política anticíclica postas em prática antes da Segunda Guerra não tenham dado resultados muito brilhantes na maioria dos países, o importante é que, após o conflito, o controle da oferta de meios de pagamento pelo Estado estava firmemente implantado, inaugurando-se assim uma nova fase da evolução do capitalismo, em que o ciclo "clássico" (durante o qual a reprodução passa de simples a ampliada e depois a contraída) não mais aparece. O surgimento do neocapitalismo – um capitalismo sem crises – causou natural euforia nos meios conservadores e reformistas, até que se percebeu que, longe de ter sido abolido, o ciclo de conjuntura mudou de *forma,* perdendo intensidade e podendo ser politicamente manipulado, mas sem que o capitalismo passasse a gozar de crescimento sem solução de continuidade. São as características desse *novo ciclo* de conjuntura que permitem entender a excepcionalidade do crescimento continuado de certas economias capitalistas, que conseguem, em virtude de circunstâncias também excepcionais, escapar à fase recessiva do ciclo (novo) por um período algo mais alongado.

É preciso, inicialmente, deixar claro que, por mais planejado e monopolizado que o capitalismo atual se tenha tornado, as decisões básicas, que determinam a vida econômica ou, mais especificamente, a reprodução do capital, continuam sendo adotadas de forma descentralizada, em obediência a indicadores de mercado. Não há qualquer coordenação prévia que compatibilize efetivamente a produção dos inúmeros valores de uso com os requisitos da valorização do capital. A produção de cada valor de uso, em termos de quantidade e qualidade, é decidida no âmbito de macrounidades (oligopólios) tendo em vista uma certa estrutura da demanda, a qual é alterada necessariamente por essa mesma decisão, à medida que a dependência interindustrial torna solidários todos os ramos especializados de produção. O capitalismo monopolista, tanto quanto o competitivo, é incapaz de prever e muito menos de controlar os efeitos cumulativos que decorrem do próprio caráter da reprodução ampliada, que implica inovações tecnológicas, alterações na repartição da renda, na elasticidade-renda da demanda pelos diferentes valores de uso e na propensão marginal a consumir dos vários estratos de renda. O que caracteriza o capitalismo monopolista contemporâneo não é a capacidade de prever todas as repercussões relevantes de uma aceleração do crescimento, que se apresenta de forma diferente em cada lugar e em cada momento, mas o fato de possuir mecanismos políticos de controle que permitem corrigir os piores desequilíbrios, decorrentes da anarquia de mercado, mecanismos que, em certas circunstâncias (como se verá), *exigem* a paralisação do crescimento ou, ao menos, sua desaceleração.

Quando uma economia capitalista cresce, ela gera poderosos estímulos para continuar crescendo e a taxas cada vez maiores. A parte consumida do acréscimo de renda se adiciona à demanda por bens de consumo, estimulando o Departamento II (produtor desses bens) a aumentar sua produção. À medida que os estoques se reduzem e a utilização da capacidade de produção aumenta nesse Departamento II, aumenta também sua demanda por bens de produção para reposição e ampliação da capacidade, estimulando o Departamento I (produtor de bens de produção) a expandir sua produção numa taxa ainda maior, pois boa parte dela se destina a repor e ampliar sua própria capacidade de produção. Dessa maneira, o Departamento I absorve a parte não consumida (poupada) do acréscimo de renda. O pesadelo keynesiano de uma decrescente propensão marginal a consumir, devido à saturação das necessidades dos consumidores, não se verifica, na medida em que o lançamento de novos produtos e de novos modelos de produtos já existentes, devidamente amparado pelo condicionamento publicitário, garante a multiplicação de necessidades, em grande parte psicológicas, forçando um crescimento do consumo compatível com o da renda. Na realidade, os mecanismos de promoção do consumo soem funcionar com estupenda perfeição (daí a "sociedade de consumo"), tornando a acumulação relativamente insuficiente, o que tende a desencadear forte demanda por crédito. Nesse ponto, o Estado entra em cena. Controlando o crédito, isto é, a oferta de meios de pagamento, o Estado pode expandi-lo criando condições para um surto inflacionário, o qual tem por função primordial transferir renda dos indivíduos com rendimentos fixos (assalariados sobretudo) para as empresas, cujos lucros aumentam, crescendo em consequência a poupança institucional (lucros retidos) e, portanto, a acumulação. Nesse caso, o crescimento se acelera graças a (ou à custa de) certa inflação. Na hipótese improvável de o Estado se negar a expandir o crédito, a escassez de oferta de poupança faz que se eleve a taxa de juros, o que tende a desviar maior parcela de recursos para aplicações puramente financeiras (elevação da preferência pela liquidez, na terminologia keynesiana), limitando ainda mais a acumulação. Cria-se uma situação de inflação reprimida, na qual o custo dos investimentos tende a se tornar proibitivo, restringindo a expansão do Departamento I, cujo crescimento se desacelera atingindo, mais cedo ou mais tarde, também o Departamento II, pois a demanda pelos bens de consumo provém, em boa parte, da renda gerada no Departamento I. Reproduzir-se-ia, desse modo, a crise "clássica", que sempre estava ligada a uma oferta mais ou menos rígida de meios de pagamento, cuja expansão estava limitada à disponibilidade de lastro metálico. Como se vê, a crise "clássica" é evitada pelo capitalismo contemporâneo precisamente porque, graças à manipulação estatal da oferta de meios de pagamento, ele se torna mais suscetível à inflação.

É preciso, neste ponto, evitar o possível mal-entendido que resulta da constatação de que os monopólios (sobretudo os conglomerados) são praticamente independentes do mercado de capitais, sendo capazes de mobilizar internamente (por meio da retenção de parte dos lucros) os recursos que desejam acumular. Embora o fato seja inegável, sua significação se restringe ao plano microeconômico, em que a autossuficiência financeira distingue (entre outras características) a empresa monopolística da competitiva. Mas, no plano macroeconômico, o conjunto das empresas só pode expandir o âmbito da acumulação, ou seja, elevar a parcela do produto que se converte em novo capital mediante duas formas: ou capta maior parcela da renda individual sob a forma de poupança voluntária, ou a obtém elevando os preços de modo a aumentar seus lucros, e, portanto, a parte não distribuída destes, impondo aos indivíduos (basicamente aos assalariados) uma poupança forçada. O que se tenta mostrar acima é que, quando a economia se encontra em crescimento, a concorrência monopolística, que se faz sobretudo mediante a publicidade, tende a elevar ou a manter alta a propensão dos indivíduos a consumir, o que torna insuficiente a primeira alternativa.[1] Desse modo, o aumento da poupança, ou seja, da acumulação, só pode se dar mediante a segunda alternativa, a inflacionária, que, para se tornar real, tem que ser sancionada pela política monetária do Estado.

A correlação entre crescimento econômico e inflação pode ser empiricamente comprovada em grande número de países. A inter-relação entre os dois fenômenos resiste, no entanto, à análise teórica, na medida em que ela se compõe de um complexo de reforços e causas cumulativas que assumem forma e peso específico a cada momento e lugar. Assim, o estado da economia no momento que o crescimento se inicia ou se acelera vai determinar o prazo a partir do qual as pressões inflacionárias, decorrentes do crescimento, se fazem sentir sob a forma de uma efetiva e continuada elevação do nível geral de preços. Esse prazo vai depender, entre outros fatores, do montante de capacidade ociosa em setores estratégicos (tais como: energia, transporte, armazenamento, comunicações), do balanço de pagamentos, da disponibilidade de reservas cambiais, da evolução da capacidade de importar etc. Desse modo, pode haver economias em que a inflação só se manifesta após alguns anos de crescimento acelerado, ao passo que, em outras, ambos os fenômenos se dão concomitantemente. É preciso considerar ainda fatores políticos que interferem no processo. Em termos esquemáticos, a evolução do processo vai depender de como reagem ao crescimento e à inflação os assalariados, os monopólios e o Estado. A sequência mais comum nos países em que há uma organização razoavelmente independente dos assalariados é a seguinte:

1. os assalariados pressionam por aumentos de salário, tanto para recuperar a perda de poder de compra de sua remuneração, ocasionada pela inflação, como para participar dos ganhos de produtividade que, em fase de crescimento econômico, soem ser grandes;

---

1 É preciso notar que também há forte publicidade a favor da poupança, gerada pela concorrência entre monopólios financeiros (bancos, companhias de seguros etc.). Acontece que nessa área é difícil apresentar novos produtos ou criar uma poupança socialmente "conspícua", de modo que a luta intermonopolística pela poupança do público não tende a contrabalançar os estímulos para elevar o consumo.

2. os monopólios cedem, após maior ou menor resistência, às reivindicações salariais e passam a consequente elevação de custos adiante, aumentando os preços;
3. após várias voltas da espiral preços-salários, com visível aceleração do ritmo da inflação, o Estado intervém, procurando reduzir os aumentos salariais, considerados nessa altura como a causa principal da inflação. O governo ameaça os monopólios com restrições monetárias e os sindicatos com medidas de repressão. Fracassando essas tentativas, como de fato têm fracassado (veja-se a história recente dos Estados Unidos, Grã-Bretanha, Itália etc.), o governo se vê a braços com uma inflação que ameaça fugir a qualquer controle, anarquizando o cálculo econômico dos agentes de mercado e estimulando operações especulativas que minam o mercado "legítimo" de capitais. Nessas circunstâncias, ao governo não cabe outra alternativa a não ser jugular monetariamente a inflação, o que tem por efeito, não desejado mas tampouco inesperado, a redução da taxa de crescimento da economia. As restrições ao crédito (aumento de taxa de juros), superávit orçamentário devido ao aumento de impostos e as restrições aos gastos públicos, desvalorização externa da moeda etc. têm por consequência afetar os investimentos, reduzindo a demanda pelos produtos do Departamento I, cuja baixa de atividade acaba atingindo a demanda pelos produtos do Departamento II. Para acelerar os efeitos da campanha anti-inflacionária, adotam-se medidas para reduzir o poder de compra dos indivíduos, geralmente mediante congelamento salarial, sempre que isso é politicamente viável (exemplo: congelamento de preços e salários nos Estados Unidos por seis meses, adotado em agosto de 1971).

O novo ciclo de conjuntura não apresenta, em contraste com o clássico, um ritmo regular. Na Grã-Bretanha, por exemplo, as fases de ascensão e de recessão têm-se sucedido tão rapidamente que se cunhou a expressão de *stop and go policy* para designar a política econômica que o produz. Em outros países, no entanto, o novo ciclo tem apresentado períodos de crescimento intenso relativamente longos, o que deu lugar à proclamação dos "milagres" econômicos. Na Tabela 1 são apresentadas as taxas anuais de crescimento do PIB *per capita* nos períodos de 1950-1960 e 1960-1967 de um grupo de países capitalistas selecionados de acordo com critérios de importância e de crescimento econômico prolongado. Verifica-se que, além do Japão (nos dois períodos) e da Alemanha Ocidental (em 1950-1960), poder-se-iam considerar "milagrosas" as economias da Espanha, Formosa, Grécia, Coreia do Sul e Portugal, que apresentaram, no último período, taxas anuais de crescimento do PIB *per capita* acima de 5%. (No que se refere ao primeiro desses países, um artigo de R. Priouret, "O 'milagre espanhol' próximo do fim?" (*O Estado de S. Paulo,* 14 maio 1972) tende a mostrar que o caráter "milagroso" do seu crescimento econômico recente já tem recebido o devido reconhecimento.)

Tabela 1 – Taxas de crescimento do PIB *per capita* de países selecionados

Países	1950-1960	1960-1987
Japão[1]	7,2[3]	8,6
Espanha[2]	2,6	7,2
Formosa[1]	3,8	7,1
Grécia[1]	4,9	6,9
Coreia do Sul[1]	2,5	5,1
Portugal[1]	3,7	5,1
Israel[1]	5,5	4,3
África do Sul[1]	1,8	4,1
Itália[1]	4,9	4,1
França[1]	2,6	3,8
Áustria[1]	5,7	3,6
Estados Unidos[1]	1,1	3,6
México[1]	3,0	3,1
Alemanha[1]Ocidental'	6,8	3,1
Grã-Bretanha[1]	2,3	2,4
Argentina[1]	1,4	1,3
Brasil[1]	2,9	1,1[4]

FONTE: *UN Yearbook of National Account Statistics 1968,* vol. II (tabelas 5A e 5B).
OBS: 1) PIB a preços do mercado
   2) PIB ao custo dos fatores
   3) 1952-1960
   4) 1960-1966

2. Os "milagres" alemão e japonês

As economias da Alemanha Ocidental e do Japão apresentam, no período de pós-Segunda Guerra, vários traços em comum: trata-se de países altamente industrializados, que sofreram grande destruição durante a guerra, tiveram seu sistema político e econômico desarticulado devido à derrota e à ocupação, mas retiveram o essencial de sua infraestrutura produtiva, tanto em termos de equipamento como de mão de obra qualificada. Ambos os países tiveram sua reconstrução algo atrasada por causa de fatores políticos (cisão entre os Aliados, início da Guerra Fria), passando a contar, a partir dos fins dos anos 1940, com vários fatores que favoreceram um crescimento intenso de suas economias: 1. fortes injeções de capital estrangeiro (americano), o que permitiu reativar o aparelho produtivo; 2. disponibilidade de uma força de trabalho abundante e tecnologicamente capacitada; 3. condições favoráveis de integração na divisão internacional do trabalho, que estava se aprofundando graças a uma crescente liberalização do comércio internacional. A reconstrução, algo mais tardia e mais ampla que na maioria dos outros países, permitiu dotar a Alemanha e o Japão de equipamentos tecnologicamente mais avançados. A produtividade elevada, resultante da utilização desses equipamentos, combinada com o nível relativamente baixo de remuneração da mão de obra permitiram tanto à Alemanha Ocidental quanto ao Japão conquistar amplas áreas do mercado mundial, principalmente na exportação de produtos industriais que incorporam tecnologia sofisticada: automóveis, navios, produtos químicos, eletrônicos etc. Conforme pode verificar-se pelos dados da Tabela 2, as exportações alemãs e japonesas experimentaram um surto vigoroso, de 1948 em diante. Entre 1952 e 1967, as exportações alemãs cresceram a uma taxa anual de 12% e as japonesas a uma de 15%. A amplitude das exportações foi importante para realizar uma produção crescente que, devido à manutenção dos salários em níveis relativamente baixos, não dispunha de um mercado interno que se expandisse no mesmo ritmo. É interessante observar que, ao longo desse período, o coeficiente de exportações (isto é, a parcela exportada do PIB) subiu de 11% para mais de 20% na Alemanha Ocidental e de menos de 7% para cerca de

10% no Japão. As exportações cresceram, em ambos os países, mais que o produto, desempenhando um papel dinâmico no conjunto da economia, mediante o seu multiplicador de atividades internas.

Tabela 2 – Exportações (em milhões de dólares)

Ano	Alemanha Ocidental	Japão
1948	599	258,3
1952	4.001,6	1.272,9
1956	7.357,7	2.500,6
1960	11.415	4.055
1964	16.215	6.674
1967	21.737	10.442

FONTE: *UN Statistical Yearbook*

Mas o dinamismo das exportações não explica o "milagre" econômico, ou seja, a persistência de elevadas taxas de crescimento do produto, sendo antes um aspecto dele. Cabe, agora, verificar quais foram as condições que prolongaram, de maneira inusitada, a fase ascensional do ciclo na Alemanha Ocidental e no Japão.

No que se refere ao primeiro desses países, diz Elmar Altvater:[2] "o rápido crescimento econômico da República Federal Alemã durante os últimos 20 anos deve-se, em grande parte, a três fatores:

1. o aumento no volume de trabalho (o total da população trabalhadora multiplicado pelo número de horas trabalhadas);
2. a elevada taxa de crescimento da produtividade;
3. o padrão de qualificação da força de trabalho" (p.49).

Quanto ao primeiro fator, é preciso lembrar que, embora o país tenha perdido cerca de 2 milhões de habitantes na guerra, houve um influxo de 9,4 milhões de refugiados (até 1949), vindos da Tchecoslováquia (território dos Sudetos) e da Alemanha do Leste, inclusive dos territórios que foram incorporados à Polônia. As condições no mercado de trabalho eram, portanto, bastante adversas aos assalariados. "Em 1948, os salários reais mal atingiram 67,5% do nível de 1938 e em

---

[2] Altvater, "The Lean Years", *International Socialist Journal*, v.4, n.19, fev. 1967.

1951 esse nível ainda era uma coisa do futuro. O desemprego variava entre 1 milhão e 2 milhões de trabalhadores de 1949 a 1951".[3]

Nos anos seguintes, um fluxo constante de imigrantes da Alemanha Oriental se manteve até 1961, quando foi erguido o Muro de Berlim. Esses imigrantes eram atraídos pelos salários mais elevados pagos a trabalhadores especializados na Alemanha Ocidental, onde o diferencial de salários era bem maior que na economia centralmente planejada da República Democrática. O seu efeito, na Alemanha Ocidental, no entanto, foi o de estreitar um pouco o leque de salários e, sobretudo, permitir que estes crescessem *menos* que a produtividade, permitindo assim uma expansão contínua da acumulação do capital. Encontra-se nisto a causa principal do "milagre" alemão, o qual, ironicamente, era subsidiado pelos investimentos em educação do Estado "comunista" rival. Devem ter contribuído ainda, para esse nível relativamente baixo dos salários, condições políticas, tais como a repressão de atividades reivindicatórias sob o pretexto do anticomunismo, exacerbado na República Federal pela própria partição do país. Seja como for, os salários na Alemanha Ocidental mantiveram-se reduzidos, principalmente em relação aos parceiros do Mercado Comum Europeu, como pode se ver pelos dados da Tabela 3. O baixo nível dos encargos trabalhistas na Alemanha Ocidental atesta o caráter pouco evoluído, até então, das lutas sociais, que se traduzem, em geral, por um amparo. "social" cada vez mais amplo ao trabalhador, com o correspondente aumento dos encargos "sociais" que oneram o custo da força de trabalho. Nas vésperas da instituição do Mercado Comum Europeu, a Alemanha Ocidental dispunha de uma força de trabalho mais barata que os demais participantes, exceto a Holanda, sendo equivalente à da Itália, com uma produtividade das mais elevadas. Não seria de surpreender, portanto, que a queda das barreiras alfandegárias entre os membros do Mercado Comum tivessem permitido à Alemanha Ocidental expandir marcadamente suas exportações.

O exame do "milagre" alemão é particularmente instrutivo porque ele já chegou ao seu fim. Após quase vinte anos de crescimento, a Alemanha Ocidental conheceu uma severa e prolongada recessão,

---

3 Deppe, "Workers and Trade Unions in Post-War Germany", *International Socialist Journal*, v.4, n.19.

em 1966-1967, quando as crescentes pressões inflacionárias levaram, finalmente, "o Banco Federal a aumentar a taxa de desconto para 5% e introduzir outras restrições para reduzir a demanda. Consequentemente, a demanda por investimento, que em 1965 tinha-se elevado em 14%, aumentou na primeira metade de 1966 apenas 6% e na segunda não excederá 1%-2%".[4] O mesmo autor apresenta o seguinte diagnóstico do fim do "milagre" alemão:

> Quando um "teto" é alcançado – e isso aconteceu na Alemanha Ocidental no fim do período de reconstrução –, o capitalista individual sente o aperto mediante a elevação dos preços dos fatores escassos. Por exemplo, quando os limites do padrão de qualificações são atingidos e o trabalho qualificado se torna escasso, salários elevados para trabalhadores qualificados pesarão, no meio da prosperidade, sobre os lucros e – na medida do possível – levam a aumentos dos preços. Estes, por sua vez, provocam desequilíbrios tanto econômicos como extraeconômicos que requerem a intervenção do Banco Central. Os empregadores também sentem os efeitos do "teto" quando as oportunidades para investimento tendem a cair, também porque o Banco Central precisa impor uma política monetária restritiva contra os aumentos de preços e, portanto, eleva os custos dos créditos para investimento.[5]

Tabela 3 – Salários reais médios e encargos trabalhistas nos países da Comunidade do Carvão e do Aço (mais tarde, componentes do Mercado Comum Europeu) em 1956

País	Salário médio (em francos suíços)	Encargos trabalhistas (em % do salário)
Alemanha Ocidental	1,74	21,5
Bélgica	1,91	29,5
França	1,88	27,0
Itália	1,22	67,7
Holanda	1,38	26,2

FONTE: *Études en Conjunctures*, n.8, ago. 1957, p.879 (citado por Erhard Moosmayer, "Der Lohnfaktor in den Ländern der Montan-Union", *Funken*, fev. 1959, ano 10, n.2).

---

4 Altvater, "The Lean Years", *International Socialist Journal*, v.4, n.19, fev. 1967, p.57-8.
5 Altvater, "The Lean Years", *International Socialist Journal*, v.4, n.19, fev. 1967, p.57.

Os dados apresentados na Tabela 4 ilustram o processo. Até 1960, os aumentos dos salários reais na Alemanha Ocidental se mantiveram dentro dos limites dos aumentos da produtividade. Nos anos seguintes, porém, os salários reais se elevam mais depressa que a produtividade, ao passo que o aumento do custo de vida se acelera: 2,4% entre 1958 e 1960; 5,1% entre 1960 e 1962 e entre 1962 e 1964; 7,2% entre 1964 e 1966. A recessão de 1966-1967 alcançou sua finalidade ao estreitar a margem entre salários reais e produtividade (quase eliminada em 1968), mas que se amplia de novo em 1970 prenunciando novas pressões inflacionárias e recessões no futuro.

Ao contrário do "milagre" alemão, o japonês ainda não chegou ao seu fim, embora já tenha sido abalado por recessões e, principalmente, pela crise do sistema monetário internacional, em 1971. Os fundamentos desse "milagre", no entanto, também se encontram no desnível entre custo e produtividade da força de trabalho. "O Japão, terceira potência industrial do mundo, ocupa o vigésimo lugar no que concerne ao nível de vida."[6] Isso indica bem o montante daquele desnível, que se explica por fatores históricos, econômicos e sociais. É preciso lembrar que, apesar do seu avanço industrial, o Japão ainda não era um país totalmente desenvolvido no fim da Segunda Grande Guerra, no sentido de que relações capitalistas de produção fossem plenamente hegemônicas em toda a economia. Convém recordar que foi apenas durante a ocupação que se realizou uma reforma agrária, instituindo como forma predominante de exploração a pequena propriedade familiar, a qual se tornaria uma importante reserva de mão de obra para a economia urbana. A paulatina absorção dessa reserva foi um dos fatores condicionantes do "milagre" econômico. Assim, enquanto a população ativa do país aumentava de apenas 13%, passando de 44,57 milhões em 1960 para 50,36 milhões em 1969, o número de assalariados aumentava de 41% no mesmo intervalo, passando de 22,73 milhõespara 31,99 milhões.[7] Esses dados indicam, sem muita

---

6 Lemonnier, "L'Imperialisme japonais: ses perspectives", *Economie et Politique*, n.206, set. 1971, p.52.

7 Chatain, "Données sur le capitalisme monopoliste d'État japonais!", *Économie et Politique*, n.203, jun. 1971, p.43.

Tabela 4 – Evolução dos salários, custo de vida e produtividade na Alemanha Ocidental e no Japão entre 1956 e 1970. Índices: 1958 = 100

Ano	Alemanha Ocidental				Japão			
	Salários nominais[1]	Custo de vida	Salários reais[1]	Produtividade[2]	Salários nominais[1]	Custo de vida	Salários reais[1]	Produtividade[2]
1956	86	95,9	90	94	94	97,4	96	93
1958	100	100	100	100	100	100	100	100
1960	116	102,4	113	113	114	104,7	109	130
1962	142	107,9	132	122	139	117,8	118	153
1964	167	113,7	144	134	169	131,5	129	187
1966	196	122	160	145	208	147,4	141	211
1968	206	126	163	159	262	161,5	162	264
1970	262	134	195	175	352	183	192	323

FONTES: OIT, *Anuários de Estatísticas do Trabalho*.
OBS: 1) Salários nominais e reais nos setores não agrícolas de economia.
2) Produtividade medida como PIB por pessoa empregada.

dúvida, uma forte transferência de força de trabalho do setor autônomo (geralmente camponês) ao emprego no setor capitalista, que conta, dessa maneira, com uma oferta de mão de obra bastante elástica. "De fato, se o número de camponeses diminuiu de 4,4 milhões entre 1959 e 1970, entre os domicílios rurais apenas 20% se consagraram inteiramente às atividades agrícolas, ao passo que para 50% de atividades outras que as agrícolas se tornaram atividades principais".[8]

Como se vê, esse tipo de transferência de força de trabalho revela um traço comum ao Japão e aos demais países não desenvolvidos e que foi teorizada por Arthur Lewis e discípulos como a "economia com oferta ilimitada de trabalho".

Mas não é apenas a relativa abundância de mão de obra que explica o baixo nível salarial no Japão. É preciso acrescentar a isso a sobrevivência de relações de produção pré-capitalistas no seio mesmo da indústria moderna, que permite empregar "por toda a vida" trabalhadores (geralmente qualificados) pela mesma empresa, fato que evidentemente enfraquece o movimento sindical, composto em 90% por sindicatos de empresa, e dá lugar ao pagamento de salários muito baixos a determinadas categorias de assalariados, principalmente das pequenas empresas satelizadas pelas grandes e às mulheres. Cerca de três quartos dos operários trabalham em empresas com menos de cem assalariados, 40% em empresas de menos de dez. As mulheres formam cerca de 40% da população ativa e entre os assalariados a sua remuneração não passa, em média, de dois quintos da dos homens.[9]
É preciso acrescentar ainda que a economia japonesa apresenta uma tendência inflacionária bem mais acentuada que a da maioria dos países industrializados, por exemplo a Alemanha Ocidental. Os dados da Tabela 4 mostram que, entre 1958 e 1970, o custo de vida aumentou 34% na Alemanha Ocidental e 83% no Japão. Ao longo de todo o período (1956-1970), o Japão apresenta uma inflação "rastejante" de 4,6% anuais, em média. Dado o desigual poder de barganha dos

---

8 Lemonnier, "L'Imperialisme japonais: ses perspectives", *Economie et Politique*, n.206, set. 1971, p.54.
9 Chatain, "Données sur le capitalisme monopoliste d'État japonais!", *Économie et Politique*, n.203, jun. 1971, p.42-45.

assalariados, essa inflação permite reduzir o salário real das categorias mais fracas e manter o conjunto dos salários reais crescendo a taxas inferiores ao aumento da produtividade, como se vê pelos dados da Tabela 4: a um crescimento de 247% da produtividade correspondeu um aumento de 100% dos salários reais nesse período.

Mas também o "milagre" japonês parece estar chegando ao seu fim. Nos últimos anos, verifica-se uma aceleração do aumento dos salários reais, cuja taxa anual média passa de 3,3% no período 1956-1960 para 4,5% no período 1960-1966 e para 8% no período 1966-1970. A margem entre aumento de produtividade e aumento dos salários reais torna-se cada vez mais estreita, embora a produtividade ainda tenha crescido a uma taxa anual média de 11,2% entre 1966 e 1970. O estreitamento da margem se explica, em parte, pela evolução demográfica: a desaceleração do crescimento populacional na década de 1950 se reflete numa entrada cada vez menor de gente na força de trabalho na década de 1970, ao passo que as reservas de mão de obra rural estão se esgotando. Nota-se, por outro lado, uma militância maior dos sindicatos, cujo poder de barganha é certamente reforçado pela relativa escassez de força de trabalho. Se a pressão salarial se mantiver, somada à perda de competitividade dos produtos japoneses no mercado mundial, devido à valorização do ien, é possível que já estejamos assistindo ao fim do "milagre" japonês.

3. Brasil: "milagre" modelar para o Terceiro Mundo?

Comparando-se o desempenho da economia brasileira nos últimos anos com as da Alemanha Ocidental e do Japão, é fácil de ver que a proclamação, pela imprensa nacional mas também estrangeira, do "milagre" seria incompreensivelmente prematura – apenas quatro anos de crescimento intenso – se não fosse o fato muito significativo de a inflação, no mesmo período, ter *declinado*: o aumento do índice geral dos preços no atacado caiu de 26,5% em 1967 para 22,5% em 1968, para 19% em 1969 e 1970, subindo para 21,5% em 1971 (dados de *Conjuntura Econômica*). Apesar de o nível da inflação brasileira ser bastante elevado em comparação com o que ocorre em outros países, o fato de ele não ter aumentado durante um período em que o PIB *per capita* apresentou taxas anuais de incremento de cerca de 5% a 8% apresenta uma forte indicação de que a fase ascensional do ciclo está longe ainda de esgotar-se, sobretudo se se considera que a atual política salarial concentra nas mãos das autoridades federais as decisões sobre o montante dos reajustamentos salariais, o que parece, à primeira vista, uma garantia contra o reinício da espiral preços-salários que acelerou a inflação no começo da década passada.

Vale a pena, neste contexto, indagar quais são as circunstâncias que estão propiciando à economia brasileira condições de crescimento excepcionalmente estáveis. Para tanto, há que examinar de que modo evoluiu o processo de acumulação de capital no país, para verificar que fatores levaram o surto anterior de crescimento a uma crise inflacionária e de que maneira esses fatores (ou outros com efeitos análogos) estão sendo neutralizados atualmente.

3.1 As origens da inflação brasileira

É preciso constatar inicialmente que assiste toda a razão a Francisco de Oliveira[10] quando afirma que, após 1930, a acumulação do capital no Brasil foi institucionalmente orientada para que uma parte crescente do excedente global produzido pela economia se encaminhasse "às atividades ligadas ao mercado interno". Isto se fez, em grande medida, mediante a manipulação dos preços relativos, elevando-se os preços dos produtos importados, particularmente dos que estavam sendo substituídos por produção nacional. Como, ao mesmo tempo, os preços dos produtos agrícolas também estavam sendo sustentados, o resultado só poderia ser uma certa inflação. Tomando-se por base da análise a evolução do índice de custo de vida do Rio de Janeiro,[11] verifica-se que, entre 1929 e 1933, os preços *baixaram* em média 13%, embora os dos combustíveis e luz tenham subido 26%. Obviamente, os mecanismos que iriam suscitar a industrialização por substituição de importações levaram alguns anos para serem

---

10 Oliveira, "A economia brasileira: crítica à razão dualista", *Estudos Cebrap*, n.2, 1972.
11 Baer; Kerstenetzky, *Patterns of Brazilian Economic Growth*, s. i. (mimeo).

implantados. Entre 1929 e 1932, a produção industrial *decresceu* 6%. Em 1933, a produção industrial *aumentou* 10% e, no ano seguinte, o custo de vida no Rio aumentou 8%. Daí em diante, ano após ano, tanto a produção industrial como a inflação apresentam marcha ascendente. Entre 1932 e 1940, a taxa de crescimento anual da produção da indústria é de 7%, ao passo que a do custo de vida no Rio é de quase 6%.

Embora o surto inicial de inflação possa ser explicado pela escassez de produtos importados e sua substituição por produtos nacionais a custos mais elevados, a continuidade da inflação deve ter resultado de outros fatores, já que, na segunda metade dos anos 1930, o valor das importações foi 53% maior do que na primeira metade. Muito possivelmente, o caráter monopolista de muitas das novas indústrias surgidas para substituir importações tenha facilitado a imposição de preços elevados, o que deve ter intensificado a acumulação de capital nas empresas industriais, a partir da reinversão de lucros. É significativo constatar que, entre 1932 e 1940, o preço dos alimentos, no Rio, tenha aumentado 53%, ao passo que o do vestuário aumentou 94% e o de miscelânia (em geral produtos industriais) aumentou 179%. Como a expansão industrial relativamente rápida, nesse período, deve ter proporcionado baixas de custos graças a ganhos de escala, é de se supor que a margem de lucros tenha se alargado sobremaneira, intensificando-se a acumulação de capital industrial. Não há dúvida, por outro lado, que boa parte do excedente acumulado pela indústria foi produzida pela agricultura e transferida aos empresários industriais, devido à piora das relações de intercâmbio entre campo e cidade.

Definem-se, assim, alguns dos traços característicos do novo modo de acumulação, que iriam perdurar por muito tempo: mudança dos preços relativos a favor dos setores em que o crescimento se intensifica, inversões a partir de lucros acumulados nas empresas, que não passam pelo (então inexistente) mercado de capitais. Que a elevação de preços em determinados setores atraía a estes novas inversões, parece óbvio. Menos óbvio, no entanto, é que os preços elevados possam ser mantidos, o que pressupõe elevado grau de monopólio nos mercados e relativa inelasticidade-preço da procura. Ambos se explicam pelo reduzido grau de industrialização até então atingido pelo país. O grau incipiente de diversificação industrial do país deu origem a mercados locais com a oferta concentrada em pouquíssimas empresas. A título de exemplo, vale a pena mencionar que o Censo Industrial de 1940 registrou, em todo o país, 12 empresas siderúrgicas, 11 de galvanoplastia (das quais apenas 8 em atividade durante o ano de 1939), 5 de construção de máquinas motrizes (não elétricas), 16 de material de comunicações (das quais apenas 14 com atividade em 1939), 3 de produção de cal, 6 de produção de cimento, 9 de artefatos de cortiça etc. Do mesmo modo, a inelasticidade-preço da procura resulta da falta de alternativas abertas ao consumidor. Sendo pequena a variedade de artigos e o número de bens complementares, a estreiteza da margem de opção força o consumidor a aceitar preços elevados.

3.2 O ensaio geral do "milagre brasileiro"

No período seguinte, o da Segunda Guerra Mundial, a inflação se acentua, principalmente após 1940, quando o custo de vida no Rio de Janeiro passa a crescer a taxas pouco superiores a 10% ao ano, que saltam para 16,5% em 1945 e, em 1946, e para 22% em 1947. Essa intensificação do ritmo inflacionário não está associada a uma aceleração do crescimento industrial, que se mantém à taxa de 6,9% ao ano, entre 1940 e 1946. Parte do incremento da inflação pode ser atribuída à falta de bens de consumo devido à guerra: houve racionamento de vários artigos e (naturalmente) mercado negro. Mas outros fatores também são causas importantes desse surto inflacionário. Um deles é o crescente déficit da União, que chega a atingir mais de 20% da despesa em 1942, voltando a subir a 18,6% em 1946. Provavelmente ele se deve tanto ao aumento das despesas governamentais causado pela própria guerra (basta lembrar o equipamento e o envio de uma força expedicionária à Europa) como a investimentos públicos em obras de "desenvolvimento": em 1944 é iniciada a construção da Usina de Volta Redonda; durante o mesmo período, é fundada a Companhia Hidrelétrica do São Francisco (Chesf) e a Campanha da Borracha requer investimentos públicos na Amazônia. Ora, os déficits do governo federal são, em grande parte, cobertos por emissões, o que faz que o saldo de papel-moeda emitido aumente de 153% entre 1940 e 1946, proporção muito superior à do crescimento do produto real, que, nesse período, foi de 39%. Obviamente, a expansão da demanda monetária, provocada por essas emissões, deve ter alimentado a inflação. O que importa notar é que data dessa época o início dos investimentos públicos em obras de infraestrutura e na indústria de base, cujo financiamento é feito mediante emissões, com efeitos inflacionários. A partir de então, a inflação não apenas transfere recursos dos consumidores, principalmente assalariados, aos empresários, mas também ao Estado, que assume funções empresariais em áreas que exigem investimentos em larga escala, fora do alcance da empresa privada.

A aceleração do aumento do custo de vida coincide, em 1945-1946, com certa liberalização do regime político. A atividade sindical torna-se mais autônoma em relação ao governo, desencadeando-se uma série de movimentos reivindicatórios e greves que, possivelmente, resultaram em aumentos salariais. Durante a década de 1930 e a primeira metade dos anos 1940, o governo baixou abundante legislação do trabalho, estendendo os benefícios da previdência social ao conjunto dos trabalhadores urbanos, limitando e regulamentando a duração da jornada de trabalho, instituindo o salário mínimo etc. É sabido, no entanto, que toda essa legislação foi inicialmente ignorada por grande parte dos empresários e assalariados.

> Concorreram para isso a resistência do patronato em cumprir as referidas leis, a deficiência das competentes agências do serviço público e a própria inexperiência social e dificuldades da quase totalidade dos assalariados no uso dos direitos que lhes eram conferidos... A crescente ampliação da área de cumprimento das leis trabalhistas dependeu, de um modo geral, do aprofundamento das mudanças econômico-sociais que se vinham verificando desde a década de 30. Direta e especialmente, influíram nesse processo a necessidade de mobilizar crescente número de mão de obra, a difusão do conhecimento dos direitos trabalhistas entre os assalariados, a ação do sindicato e a extensão dos quadros do Ministério e da Justiça do Trabalho.[12]

---

12 Simão, *Sindicato e Estado*, p.80-3.

A restauração das liberdades individuais e políticas, a implantação do sistema democrático eleitoral e parlamentar e, sobretudo, a maior autonomia dos sindicatos operários em relação ao Estado, a partir de 1945, contribuíram poderosamente para que aumentasse a aplicação das leis do trabalho, o que deve ter resultado num acréscimo ao custo da força de trabalho. Não há, portanto, que excluir a hipótese de que a forte aceleração do ritmo inflacionário entre 1945 e 1947 tenha tido, entre suas causas, um início de espiral preços-salários. Essa hipótese parece ainda mais plausível se se considera que durante a guerra houve "a quase completa extinção dos direitos dos trabalhadores".[13] Como relata Dean, o governo adotou medidas de "mobilização bélica" da mão de obra, que naturalmente serviram para barateá-la, tais como prolongar a jornada de trabalho, reduzir os padrões sanitários, impedir a mobilidade entre empregos dos que trabalhavam em estabelecimentos considerados de importância militar (nos quais se incluíram as tecelagens, entre outras) etc. Terminada a guerra, a exigência do cumprimento das disposições legais trabalhistas se impôs, amparada numa maior autonomia (e combatividade) sindical, decorrente da liberalização política. Era lógico que o impacto do aumento do custo da força de trabalho fosse repercutir nos preços e que a elevação do custo de vida consequente viesse a fundamentar novas reivindicações salariais.

Tabela 5a

Salário médio nas indústrias das capitais do Brasil (estaduais e federal) entre 1945 e 1951(cruzeiros antigos) Ano	Total	São Paulo	Rio de Janeiro
1945	7.520	8.740	7.550
1948	11.203	15.000	13.150
1949	15.000	16.900	15.350
1950	15.400	16.500	17.100
1951	16.800	18.600	17.250

---

13 Dean, *A industrialização de São Paulo*, p.240.

Tabela 5b – Comparação com o custo de vida. Índices: 1945 = 100

Ano	São Paulo Salário médio	São Paulo Custo de vida	Rio de Janeiro Salário médio	Rio de Janeiro Custo de vida
1945	100	100	100	100
1948	172	159	174	145
1949	193	157	203	152
1950	189	167	227	167
1951	213	181	228	187

FONTES: *Anuário estatístico do Brasil: 1952*. Rio de Janeiro, 1953. (Salário)
Baer, *A industrialização e o desenvolvimento econômico no Brasil*.

Na Tabela 5 se apresentam dados obtidos dos levantamentos econômicos realizados nas capitais e que abrangiam os estabelecimentos industriais que tinham tido no ano anterior movimento de no mínimo 100 mil cruzeiros e, de 1949 em diante, de 200 mil cruzeiros.. Trata-se, portanto, de estabelecimentos de certo porte e que dificilmente poder-se-iam eximir do cumprimento da legislação do trabalho nem escapar facilmente da pressão sindical. Nota-se que, entre 1945 e 1948, apesar do forte aumento do custo de vida, o salário médio, tanto em São Paulo como no Rio, se elevou ainda mais. Na verdade, o aumento do salário real deve ter sido maior ainda entre 1945 e 1947, porém, infelizmente, os dados de salários médios para 1947 não estão disponíveis. É que em 1948 a situação já era totalmente diferente e provavelmente o nível do salário real deve ter baixado. Um indicador do aumento do salário real até 1947 é dado pela evolução da parcela representada pelos salários no valor da transformação industrial (em %):

Tabela 5c

Anos	1945	1946	1947	1948	1949	1950	1951
Total	21,8	22,7	24,3	20,8	26,4	25,6	23,4
São Paulo	22,5	22,4	23,8	23,0	25,5	23,3	22,5
Rio de Janeiro	21,6	24,7	26,3	26,0	28,4	27,2	26,7

Como se vê, há um persistente aumento da participação do custo da mão de obra no valor da transformação industrial (VTI) entre 1945 e 1947, a qual baixa algo em 1948. O grande aumento da participação verificado em 1949, e que corresponde a aumentos de 11% a 13% do salário *real* médio em São Paulo e no Rio (Tabela 5), deve ser atribuído à implantação do descanso semanal remunerado, dispositivo da Constituição de 1946 e que foi regulamentado em 1949, entrando em vigor naquele ano e impondo um aumento geral de salários de um sexto, ou seja, de cerca de 16,7%, o qual se veio superpor a um reajustamento presumivelmente inferior ao aumento do custo de vida.

Os dados disponíveis deixam entrever, portanto, que entre 1945 e 1947 deve ter havido aumento do custo real da força de trabalho, o que teria conferido à aceleração do aumento dos preços o caráter de "inflação de custos", com forte potencialidade de intensificar-se cada vez mais. Esse surto inflacionário, no entanto, foi rapidamente detido, a partir de 1948, mediante a adoção de uma série de medidas no ano anterior. De fato, o custo de vida em 1948 subiu apenas 3,5% no Rio e 9% em São Paulo, e, no ano seguinte, as elevações foram de 5% no Rio e de –2% em São Paulo, onde, de acordo com os dados da prefeitura, o custo de vida teria baixado. Essa "brilhante" contenção do processo inflacionário (que se manteve pelo menos até 1951) se fez, além do mais, sem qualquer recessão econômica. Pelo contrário, as taxas de crescimento aumentaram. A do produto passou de 5,6% ao ano, no período de 1940 a 1946, para 6,3% ao ano, entre 1947 e 1951; a da indústria aumentou de 6,9% no período 1940-1946 para 9,8% no período 1947-1951. Por esses dados, o "êxito" da política anti-inflacionária do governo Dutra nos anos 1940 parece um ensaio geral do "milagre brasileiro", encenado 20 anos depois.

Um aspecto importante dessa política anti-inflacionária foi, sem dúvida, a repressão generalizada às atividades comunistas, iniciada em 1947, com a colocação do PCB na ilegalidade e com a intervenção do Ministério do Trabalho nos principais sindicatos do Rio, de São Paulo e, possivelmente, de outros centros industriais, que se presumia fossem dirigidos por comunistas. A perda da autonomia sindical acarretou forte redução nos movimentos reivindicatórios, o que permitiu ao governo impor um semicongelamento dos salários, apesar do aumento representado pela concessão do descanso semanal remunerado em 1949. De acordo com os dados da Tabela 5, entre 1949 e 1951, o aumento do custo de vida foi de 15% em São Paulo e de 23%

no Rio, ao passo que o salário médio aumentou apenas 10,5% em São Paulo e 12% no Rio. Houve, portanto, queda do salário real médio na indústria dos principais centros urbanos do país, num período em que a produtividade do trabalho (a julgar pela taxa de quase 10% de expansão anual do produto industrial) deveria estar se elevando rapidamente. Como se viu acima, a participação dos salários no valor da transformação industrial, depois de 1949, cai tanto em São Paulo como no Rio e no conjunto das capitais.

Dessa maneira, o primeiro trunfo da política anti-inflacionária posta então em prática foi cortar a espiral preços-salários, em detrimento dos assalariados. Vale a pena assinalar que o governo cuidou de não reajustar o salário mínimo, fixado no mesmo nível desde 1943, o que reforçou consideravelmente o semicongelamento dos salários.

Contudo, o êxito da desinflação com aceleração do crescimento não se deve apenas às medidas que afetaram a repartição do produto entre capital e trabalho, mas resultou também da política de comércio externo e câmbio, que foi possibilitada por uma situação em geral bastante favorável ao Brasil no mercado mundial.

Terminada a guerra, os impedimentos bélicos ao comércio internacional desapareceram e a procura por bens "civis", reprimida durante o conflito, voltou a manifestar-se com grande vigor, decorrente das muitas necessidades acumuladas. Essa pressão da procura provocou uma alta geral de preços que atingiu com mais intensidade inicialmente os produtos manufaturados. Os dados mais importantes constam da Tabela 6. Pode-se ver que, em 1946, os preços de nossos produtos de exportação aumentaram, em média, 23%, ao passo que os dos de importação aumentaram 79%, piorando nossas relações de troca, cujo índice cai de 68% para 47%. Isto explica a rápida exaustão das nossas reservas cambiais, acumuladas durante a guerra. Nos dois anos seguintes essa tendência se mantém, porém o aumento dos preços dos produtos de exportação passa a acompanhar o dos preços dos produtos por nós importados. Particularmente grande foi a elevação dos preços do café, que subiram 74% entre 1945 e 1948, trazendo grandes lucros aos cafeicultores, apesar de, nesse período, a taxa cambial ter caído de 19 cruzeiros e 50 centavos para 18 cruzeiros e 72 centavos por dólar e apesar de o índice geral de preços (exclusive o café), no Brasil, ter subido 29%.

Essa situação permitiu ao governo manter a mesma taxa cambial até 1953 e instituir o monopólio estatal de compras de divisas, que iam sendo alocadas aos importadores de acordo com um plano de prioridades destinado a proteger a indústria nacional da concorrência estrangeira e a facilitar a importação de equipamentos e matérias-primas destinadas a novas substituições de produtos importados.

Tabela 6 – Indicadores do comércio externo brasileiro 1944-1953

Ano	Valor das exportações (Cr$ 106 antigos)		Índice dos preços dos produtos de:[1]			Relações de troca[2]
	Total	Café	Exportação		Importação	
			Total	Café	Total	
1944	10.726	3.879	36	22	55	65
1945	12.198	4.260	39	23	57	68
1946	18.230	6.441	48	32	102	47
1947	21.179	7.755	59	41	132	45
1948	21.697	9.019	59	40	134	44
1949	20.153	11.611	61	47	115	53
1950	24.913	15.908	87	83	93	93
1951	32.514	19.448	105	93	112	95
1952	26.065	19.213	103	94	115	90
1953	32.047	21.696	100	100	100	100
1954	42.968	24.813	117	124	87	134

FONTE: Baer, *A industrialização e o desenvolvimento econômico no Brasi1*, quadros 3.6, 3A. 5 (D).
OBS: 1) Índices dos preços em dólares, 1953 = 100.
2) Quociente do índice dos preços de exportação pelo dos de importação.

Esse sistema teve repercussões profundas, tanto sobre a marcha da industrialização como sobre a inflação. De um lado, ergueu uma barreira cambial que reforçou a reserva de mercado para a indústria nacional, reforçando suas posições monopolistas, e subvencionou amplamente a acumulação do capital industrial, transferindo para as empresas industriais parte do excedente produzido no setor de mercado externo. Essa parte correspondia à diferença entre o preço dos produtos exportados convertidos a uma taxa cambial fixa e o aumento dos preços internos, que foi de 82% entre 1947 e 1953. Essa sangria, que atingiu sobretudo os cafeicultores, não lhes tomou todos os lucros extraordinários, pois, como mostram os dados da Tabela 6, no mesmo período, o preço externo do café aumentou 144%. Desse modo, o preço do café, em cruzeiros *deflacionados*, ainda era 34% mais elevado em 1953 em comparação com 1947. O que se deu, de fato, foi uma divisão dos lucros extraordinários provenientes da alta do café no mercado externo entre os exportadores e os importadores, isto é, entre empresários do setor de mercado externo e do setor de mercado interno.[14] Por outro lado, o sistema cambial adotado em 1947 permitiu que a queda dos preços dos produtos importados a partir de 1949 (ver Tabela 6) se traduzisse plenamente numa queda equivalente dos preços em cruzeiros, constituindo, dessa maneira, eficaz barreira à inflação. É claro que o relativo êxito do sistema se deve ao momento em que foi introduzido (1947), a partir do qual nossas relações de troca se estabilizaram e logo mais começaram a melhorar.

---

14 A título de ilustração, admitamos que a taxa cambial correspondesse a determinada "paridade" em 1947. Tomando-se o valor da exportação de café em 1952, podemos calcular as seguintes parcelas (em cruzeiros antigos):

1	19.213 milhões (recebidos pelos exportadores) ÷ 2,29 (aumento do preço externo do café entre 1947 e 1952).	8.400 milhões
2	8.400 milhões (valor do café a preço externo *constante*) x 1,58 (aumento dos preços internos, exceto o café, entre 1947 e 1952)	13.250 milhões
3	19.213 milhões x 1,58 (aumento dos preços internos 1947-1952)	30.300 milhões
4	30.300 milhões (valor do café inflacionado externa e internamente) – 13.250 milhões inflacionados apenas internamente	– 13.250 milhões 17.050 milhões
5	19.213 milhões – 13.250 milhões = ganhos de mercado dos exportadores	5.963 milhões
6	17.050 (ganhos totais de mercado) – 5.963 milhões = ganhos confiscados	11.087 milhões

De acordo com este cálculo ilustrativo, o chamado "confisco cambial" teria absorvido, em 1952, cerca de 65% dos ganhos de mercado, isto é, dos lucros extraordinários dos exportadores, devido ao aumento do preço externo do café: estes, não fosse o confisco, teriam recebido 30.300 milhões, com um lucro extraordinário de 17.050 milhões; desse lucro, os exportadores receberam de fato apenas 5.963 milhões, tendo sido os restantes 11.087 milhões, por assim dizer, "confiscados".

A queda dos preços dos produtos importados, em 1949, pode ser atribuída à primeira recessão pós-guerra, que atingiu naquele ano e no ano seguinte a economia norte-americana. Finalmente, a forte alta dos produtos que exportamos, principalmente a partir de 1950, foi consequência da Guerra da Coreia, que provocou forte demanda para aprovisionamento de matérias-primas nos Estados Unidos e em outros países.

Pela Tabela 6 verifica-se que, de 1947 em diante, o valor total de nossas exportações revela tendência a subir e isso se deve particularmente às exportações de café, cuja participação no total passa de pouco mais de um terço, em 1947, a mais de dois terços, em 1953. São as vendas crescentes de café, sobretudo, que proporcionaram a maioria dos recursos que a Cexim encaminhava à importação, especialmente de matérias-primas e equipamentos, que representavam, no período 1948-1950, respectivamente 37% e 35% do total de importações. Dessa maneira, o sistema permitiu um aproveitamento em alto grau da situação favorável no mercado mundial para acelerar a acumulação do capital, principalmente nas atividades industriais, sem gerar tensões inflacionárias. Pode-se compreender melhor o que se passou considerando-se o seguinte: a transferência de excedente do setor de mercado externo à indústria se fez, como é usual, mediante manipulação dos preços relativos, porém não através do *aumento* dos preços dos produtos industriais, mas por meio da *baixa* do preço do dólar e, portanto, da *baixa* do preço dos elementos importados do capital fixo e circulante. Essa baixa dos custos industriais acabou se refletindo numa alta menor dos preços dos produtos industriais, em contraposição à dos produtos agrícolas, mesmo excluindo o café. Entre 1947 e 1953, os preços destes últimos subiram 108%, ao passo que os dos materiais de construção aumentaram apenas 67%, os dos couros e calçados se elevaram 62%; os dos têxteis e tecidos cresceram 57% etc. (dados da *Conjuntura Econômica*).

Apesar da proeza de reduzir o ritmo inflacionário em mais de dois terços sem qualquer interrupção no ritmo de crescimento, não se proclamou, na ocasião, o "milagre brasileiro". Possivelmente, sua curta duração – não mais que quatro anos de crescimento com pouca inflação – tenha impedido o reconhecimento de seus méritos. Mais importante, todavia, foi o fato de que, na época, o que interessava às forças que dominavam os meios de comunicação era exaltar as virtudes do liberalismo, sob cuja bandeira se processava então o "milagre alemão". A nossa proeza tinha a manchá-la o feio pecado do intervencionismo no mercado cambial: a alocação dos recursos para importações, em vez de ser deixada às forças (sempre sábias porque cegas) do mercado, era decidida por burocratas do Banco do Brasil, de acordo com critérios deliberados de prioridades, em flagrante violação dos princípios liberais incorporados à constituição do Fundo Monetário Internacional e do Acordo Geral de Tarifas e Comércio (GATT). Muito em breve, a política cambial brasileira seria alvo de ataques dos dirigentes daqueles órgãos.

3.3 A volta da inflação

O ensaio geral do "milagre brasileiro" não teve seus "méritos" reconhecidos pelo eleitorado, que, na primeira ocasião, manifestou o seu protesto desprezando os candidatos governamentais das duas grandes máquinas partidárias conservadoras – PSD e UDN – e elegendo, em 1950, Getúlio Vargas para presidente. Este, empossado apesar de não poucos protestos, em começos de 1951, não se apressou em demolir a política econômica do seu antecessor. A nova equipe governamental era formada por expressiva maioria de políticos do PSD. Mesmo assim, decretou a elevação do salário mínimo, em 1952, fixando o seu nível mais alto, no Rio e em São Paulo, em 1.200 cruzeiros (antigos). Na Tabela 5 vê-se que o salário médio na indústria daquelas cidades (estabelecimentos com movimento acima de 200 mil cruzeiros) era de cerca de 1.500 cruzeiros em 1951, o que leva a crer que a elevação do salário mínimo tenha afetado uma grande parte dos assalariados, impulsionando o salário médio para cima. Deflacionando-se o salário mínimo pelo aumento do custo de vida no Rio, verifica-se que o nível fixado em 1952 (pelo menos para a antiga capital federal) seria, em termos reais, 40% superior ao nível fixado em 1940 e cerca de 20% superior ao nível de 1943.[15]

---

15 Baer; Kerstenetzky, "Some Observations on the Brazilian Inflation", em *Inflation and Growth in Latin America*, p.369.

O aumento do salário mínimo legal, além de suas consequências imediatas sobre o custo da força de trabalho, tem repercussões mais amplas. De um lado, força a elevação do salário dos trabalhadores mais qualificados, que não abrem mão do diferencial de remuneração em relação aos não qualificados. Por outro lado, aumenta a diferença, dentro da massa de mão de obra pouco ou nada qualificada, entre a remuneração dos que são registrados e ganham "o salário" e os que não o ganham, o que incentiva a luta pela efetiva aplicação das leis do trabalho, aumentando, por outro lado, o interesse de empresas pequenas e marginais a fugir ao cumprimento da legislação não só do trabalho, mas também tributária, já que o ônus de furtar-se a uma e a outra é mais ou menos o mesmo. Aprofunda-se, a partir daí, o desnível entre o setor "legal, estabelecido" da economia, cujos custos sociais e tributários impõem à empresa um mínimo de produtividade para se manter no mercado, e o setor "autônomo, marginal", que subsiste, apesar de sua baixa produtividade, porque não suporta os ônus trabalhistas e fiscais, além de sub-remunerar o trabalho. Na medida em que empresas do setor "marginal" prestam serviços (por exemplo de distribuição) às empresas do setor "estabelecido", estas conseguem apropriar-se de uma parte do excedente produzido nas empresas "marginais" ao espremer sua margem de lucratividade abaixo da média (ver Francisco Oliveira, op. cit.).

A partir de 1952 se assiste a uma nova ascensão do movimento sindical, que readquire, pouco a pouco, maior autonomia, multiplicando-se as greves e movimentos reivindicatórios, particularmente após a ampla greve de trabalhadores das indústrias em São Paulo, em março e abril de 1953. Em 1954, o governo volta a elevar o salário mínimo em 100%, fixando o seu nível mais alto (no Rio) em 2.400 cruzeiros mensais. Novamente o impacto deve ter sido grande, pois, em 1953, o salário médio na indústria era de 2.120 cruzeiros por mês no Rio. Em termos reais, o salário mínimo em 1954, no Rio, estava cerca de 30% acima do nível de 1952.

A retomada das lutas de classes no início da década de 1950 está na base de uma nova fase da vida política nacional, marcada pela crescente participação eleitoral e extraeleitoral das massas urbanas, cujo sentido mais geral era o de um desafio ao modo de acumulação de capital e concentração da riqueza estabelecido pela Revolução de 1930. Os acontecimentos daqueles anos – a ascensão fulminante de Jânio Quadros, a nova política trabalhista inaugurada por João Goulart no Ministério do Trabalho, a deposição e suicídio de Getúlio – demonstram a crise geral, social e política, desencadeada pela irrupção das massas num cenário onde, até então, apenas seletos representantes dos vários grupos dominantes tomavam decisões.

O desafio representado pelas greves e pelas maiorias eleitorais alcançadas por candidaturas populistas – Getúlio, no plano nacional; Jânio, em São Paulo – não incorporava, porém, um projeto próprio de como reestruturar a sociedade e desenvolver a economia. Era um desafio em disponibilidade, por assim dizer, que poderia ser aproveitado, como acabou sendo, por um ou outro dos grupos dominantes, capaz de encampar as reivindicações econômicas das massas, fundindo-as com seus próprios objetivos. Como se verá mais adiante, o "desenvolvimentismo" de Juscelino Kubitscheck foi a tentativa mais completa nesse sentido.

Getúlio, eleito, dispunha de um mandato cujo sentido genérico era o de redistribuir a renda. Ele tinha, no entanto, que enfrentar a problemática da nova etapa do processo de substituição de importações – a da substituição de *meios de produção*: bens intermediários e de capital –, que requeria formas diferentes, mais concentradas de acumulação. A nova eclosão inflacionária resultou da tentativa de combinar as duas metas.

O modo de acumulação seguido até então – reinvestimentos de lucros engrossados pelos favores da política de industrialização – tinha sido eficaz enquanto se substituíam importações de bens de consumo não duráveis, produzidos em estabelecimentos que inicialmente podiam ser de tamanho pequeno ou médio. A implantação de usinas siderúrgicas, fábricas de produtos químicos, de papel, de vidro, de refinarias de petróleo etc. requeria, no entanto, volumes ponderáveis de capital *desde o início* e que só viriam proporcionar lucros após longos prazos de maturação. Além disso, urgia ampliar os serviços de infraestrutura. Em 1952-1953, a indústria paulista sofreu séria crise por falta de energia elétrica. As empresas concessionárias, a maior parte de capital estrangeiro, não se dispunham a investir na ampliação da capacidade geradora devido à política tarifária do governo, que limitava sua margem de lucros. Também se impunha a ampliação do sistema de transporte, principalmente da rede rodoviária, com o objetivo de unificar fisicamente o mercado interno e, desse modo, propiciar à indústria ganhos de escala.

O conjunto de necessidades decorrentes da nova etapa do processo de substituição de importações implicava, de um lado, no aumento da taxa de acumulação e, do outro, numa alteração do modo como o excedente era transformado em novo capital. Este último aspecto era o mais crucial, porque exigia uma tomada de posição política. No passado, sempre que a economia necessitava de grandes volumes de recursos *concentrados*, para a construção de estradas de ferro ou para financiar a retenção de estoques de café, por exemplo, recorria-se ao capital estrangeiro. Essa solução voltava a tornar-se viável, no início dos anos 1950, à medida que a reconstrução das economias europeias e japonesa se completava, liberando capitais que poderiam ser investidos além-mar. Mas a isso se opunha uma vigorosa campanha nacionalista, que se centrou de início ao redor da questão do petróleo e logrou empolgar a maior parte da opinião pública. Em 1953, por decisão do Congresso, estabeleceu-se o monopólio estatal da extração e refinação do petróleo, fundando-se a Petrobrás. Esse ato, um dos resultados significativos da participação popular no jogo político, veio, se não fechar, ao menos reduzir, em grande medida, a participação do capital estrangeiro nos investimentos destinados a implantar no Brasil a indústria de base e os serviços de infraestrutura correspondentes, ao menos até 1955. N. Leff,[16] falando desse período, diz que "os fluxos de capital (estrangeiro) público nesses anos foram *negativos*, e a administração, em Washington, insistindo que os fluxos do capital privado deveriam ser suficientes para as necessidades do Brasil, não oferecia qualquer perspectiva de ajuda estrangeira em maior escala" (sublinhado no original).

A atitude antagônica a medidas nacionalistas que impedissem o livre movimento de seus capitais, por parte do governo Eisenhower

---

16 Leff, *Economic Policy-Making and Development in Brazil*, p.60.

(que, no período de Kennedy, seria algo atenuada), obrigou o governo brasileiro a praticamente prescindir, durante esse período, do capital estrangeiro. Entre 1951 e 1954, o valor dos investimentos diretos de capital estrangeiro não passou de 38 milhões de dólares, isto é, menos de 10 milhões ao ano. Obviamente, a única alternativa era encontrar meios de concentrar o excedente produzido pela própria economia nacional. A solução clássica para esse problema é o mercado de capitais ou, mais especificamente, a bolsa de valores, em que a poupança de milhares de indivíduos é reunida e transferida em grandes blocos a empresas que emitem ações. Para tanto, seria preciso que houvesse, de um lado, uma classe média bastante ampla cuja renda excedesse suas necessidades correntes de consumo e, do outro lado, um elenco de grandes empresas cujo prestígio atraísse a confiança dos poupadores. Ora, o Brasil daquele período não possuía uma coisa nem outra. A classe média poupadora era minúscula e desconfiada, preferindo aplicar suas economias em imóveis. As novas empresas nacionais – a Companhia Siderúrgica Nacional, a Petrobrás etc. – não despertavam o entusiasmo dos investidores. Recorreu-se, portanto, a uma improvisação: o Estado passou a desempenhar o papel de concentrador do capital. Em 1952, criou-se o Banco Nacional do Desenvolvimento Econômico, cujos fundos em sua maior parte foram levantados mediante um adicional de 15% sobre o imposto de renda das pessoas físicas. Nos seus primeiros dez anos de funcionamento, o BNDE distribuiu os seus investimentos pelos seguintes setores: indústria básica, 37%; energia elétrica, 32%; transporte, 29%; e armazenamento, 2%.[17] Também o capital da Petrobrás foi constituído, em parte, por meio de recursos forçadamente poupados pelo setor privado. Mais tarde, o capital da Eletrobrás também seria formado, em parte, pelos recursos gerados por uma sobretaxa (empréstimo compulsório) suportada pelos consumidores de energia elétrica. Como parte desse esforço de elevar e, sobretudo, concentrar o excedente, a participação da despesa do setor público no produto nacional bruto se elevou de 17%, em 1950, para 18,3% em 1951; 17,6%, em 1952; 19,5%, em 1953; e 20,2%, em 1954.

---

17 Leff, *Economic Policy-Making and Development in Brazil*, p.40.

É claro que a expansão dos investimentos, isto é, do Departamento I da economia, teria que ter, por contrapartida, uma redução do consumo, se não em termos absolutos, pelo menos em termos relativos: a produção do Departamento II teria que crescer menos que a produção total. Acontece que a grande maioria da população ainda tinha um padrão de vida muito próximo do nível de subsistência fisiológica, difícil de ser comprimido. O excedente adicional teria que ser, portanto, extraído das camadas mais ricas, presumivelmente por métodos tributários, ou dos trabalhadores urbanos mais bem pagos, isto é, dos que se achavam enquadrados na legislação do trabalho. A primeira alternativa foi tentada em alguma medida, como vimos (adicional sobre o imposto da renda para financiar o capital do BNDE etc.). A segunda alternativa era politicamente inviável, pois o governo Vargas necessitava fortalecer sua base política, constituída sobretudo pelos assalariados urbanos, já que ele se via fortemente pressionado pelos grupos partidários do capital estrangeiro, como Getúlio deixou claro em sua carta-testamento. Desse modo, ele enveredou por uma política distributivista, cujos resultados podem ser avaliados pelos dados apresentados na Tabela 7. O salário médio real na indústria, que foi reduzido entre 1949 e 1951 (como se viu), em 1952 praticamente voltou ao seu nível mais alto, o de 1949. Em 1954, graças ao aumento do salário mínimo, o salário médio real aumentou mais 9%. Essas elevações do salário real não foram inteiramente acompanhadas pelos aumentos dos preços dos produtos da indústria, o que se verifica pelo crescimento da participação dos salários no valor de transformação industrial, que passa de 27,8%, em 1949, para 31,6%, em 1952 e para 32,2%, em 1954. Embora, a longo prazo, esse indicador seja afetado pela composição orgânica do capital (quanto maior a amortização do capital fixo tanto menor a parcela de valor produzida pelo trabalho vivo: salário + excedente), a prazo curto ele mostra como o valor adicionado se reparte entre capital e trabalho. Desse modo, é provável que a taxa de repartição (exploração) na indústria, que relaciona a parte apropriada pelo capital (lucro + amortização) com a parte apropriada pelo trabalho (salários), tenha caído de cerca de três para dois entre a segunda metade da década de 1940 e a primeira metade da década seguinte.

Tabela 7 – Salários na indústria: Brasil 1949-1959[1]

Ano	Salário anual médio (Cr$ antigos)	Índices (1949 = 100) Salário	Custo de vida (Rio)	Salário real	% Salário VTI[2]
1949	11.800	100	100	100	27,8
1952	17.550	149	143	104	31,6
1953	20.000	170	164	104	31,7
1954	26.500	225	200	113	32,2
1955	32.500	275	247	112	31,9
1956	42 300	359	298	121	31,5
1957	53.000	450	347	130	32,3
1958	61 400	520	399	130	30,8
1959	85.000	720	551	131	26,5

FONTES: 1949 e 1959 – Censos industriais de 1950 e 1960.
1952 a 1958 – Registro industrial.
OBS: 1) Empresas com cinco ou mais pessoas (exceto em 1949).
  2) Porcentagem dos salários pagos no valor de transformação industrial.

Nesta altura, é importante assinalar que esses dados se referem a apenas um setor da economia do país – a indústria de transformação –, que nessa época não contribuía com mais do que 21% a 22% para o produto nacional. Trata-se, no entanto, de um setor de importância estratégica, cuja conduta determinava, em boa medida, a marcha da economia urbana. Não se dispõe de dados análogos para o comércio e demais serviços, mas não é fora de propósito supor que a parte "estabelecida" do terciário, isto é, a que é organizada em empresas capitalistas e obedece à legislação do trabalho, tenha acompanhado a indústria tanto no que se refere aos padrões salariais quanto no referente à taxa de lucro, admitindo-se que os mercados de trabalho e de capitais sejam comuns às atividades secundárias e terciárias estabelecidas.

O setor "autônomo", em geral organizado em mercados muito mais competitivos, tende a ser explorado, por não conseguir reajustar seus preços na proporção da elevação dos seus custos. É esse setor, no qual se inclui o pequeno comércio varejista, muitos serviços pessoais e uma parte da agricultura camponesa (de pequenos proprietários, arrendatários e parceiros), que acaba alienando uma parte cada vez maior do seu excedente, à medida que a inflação lhe eleva os custos e a sua atomização o impede de fazer o mesmo com os preços. Uma indicação desse processo é dada pela Tabela 8. Verifica-se que o retorno da inflação, no início da década de 1950, foi bastante lento. A elevação dos preços (segunda coluna) só supera os 20% em 1954, voltando ao pico do surto inflacionário anterior (de 1947). Isto só pode significar que o aumento da demanda, resultante da elevação do salário real, foi em grande parte atendido por uma adequada expansão da oferta (o produto real da indústria têxtil aumentou 32% entre 1951 e 1954, enquanto no mesmo período o da indústria como um todo se elevou 26%), evitando maior inflação de demanda, ao mesmo tempo que uma melhor utilização da capacidade produtiva deve ter proporcionado ganhos de escala, de modo a evitar maior inflação de custos.

Tabela 8 – Elevação de preços no Brasil

Anos	Nível geral[1]	Serviços pessoais[2]
1950-1951	12%	9%
1951-1952	13,2%	12%
1952-1953	15,3%	6,5%
1953-1954	21,4%	16%
1954-1955	16,8%	19%
1955-1956	23,2%	16%

FONTE: *Conjuntura Econômica.*
OBS: 1) Deflator implícito do produto.
    2) Componente do custo de vida no Rio de Janeiro.

Cabe observar também que, nesse período, o custo dos serviços pessoais subiu quase sempre menos que o nível geral de preços, o que dá uma ideia do efeito redistribuidor de uma inflação que é, em parte, consequência de uma elevação dos salários reais numa parte da economia. Ela permite, em essência, avolumar o excedente social à custa dos setores mais indefesos, cuja renda se reduz, pelo menos em termos relativos, na medida em que as relações de produção, que determinam a organização de suas atividades, atomizam as unidades de produção e isolam, socialmente, os produtores diretos.

Em 1954, Getúlio é deposto e o novo governo, presidido por Café Filho, inicia vigorosa política anti-inflacionária, usando como instrumento principal a restrição ao crédito. Houve, naturalmente, o início de uma recessão, mas as pressões políticas daí oriundas levaram, em meados de 1955, à substituição de Gudin no Ministério da Fazenda e à suspensão das medidas de restrição ao crédito. Esse tipo de episódio – tentativa de conter a inflação principalmente por meios creditícios, seguida por reação, queda do ministro e abandono das medidas de restrição – iria se repetir várias vezes nos anos seguintes, praticamente até a gestão (significativamente duradoura) de Roberto Campos e Otávio Bulhões. A queda de Gudin, e a normalização do crédito logo depois, revelou a pujança da coligação de interesses que se poderiam denominar genericamente de "desenvolvimentistas" – banqueiros, industriais, comerciantes – que iria pesar decisivamente na formulação da política econômica daí em diante.

3.4 A abertura da economia ao capital estrangeiro

Durante esse período, as relações do Brasil com as economias capitalistas e industrializadas vão sofrer uma mudança fundamental. Terminada a Guerra da Coreia, as matérias-primas armazenadas sob o temor da generalização do conflito começam a ser desestocadas, acarretando brusca queda do seu preço, o que vai levar à deterioração de nossas relações de trocas. Entre 1954 e 1955, o preço externo de nosso café cai 29% e o do conjunto das exportações cai 21%, ao passo que o preço de nossas importações diminui apenas 9%. O esquema de transferência de excedente do setor de mercado externo à indústria, modificado pela introdução dos leilões de câmbio em 1953, mas mantido no seu essencial, começa a cortar fundo na carne (ou no bolso) dos cafeicultores. José Maria Whitaker, banqueiro paulista que substitui Gudin no Ministério da Fazenda, tenta reformar o sistema eliminando o confisco cambial, mas é obstado e renuncia. Obviamente, os interesses ligados ao setor de mercado externo não dispõem de força política suficiente para defender o seu quinhão do excedente. Nos anos seguintes, o preço do café e do conjunto das exportações continuará caindo, a relação de trocas vai piorar cada vez mais e os interesses agrários se sentirão cada vez mais espoliados, porém serão impotentes para enfrentar a coligação "desenvolvimentista" e obter uma redistribuição intersetorial do excedente. Antes pelo contrário: a grande expansão dos cafezais, induzida pelos anos prósperos 1946-1954 (ver Tabela 6), irá acarretar ampla superprodução, o que iria justificar uma política de baixos preços internos para o café no sentido de desencorajar tanto o plantio de novos cafezais como a manutenção dos menos rentáveis.

O problema que, no entanto, se colocava mais agudamente era como manter o ritmo de desenvolvimento com uma capacidade de importar em declínio. A substituição de importações de bens de produção exigia ainda grandes importações desses bens, principalmente de equipamentos cuja tecnologia não dominávamos. O setor de mercado externo, ao proporcionar divisas para importar tais equipamentos, funcionava como parte integrante do Departamento I da economia. A queda da sua rentabilidade criava um ponto de estrangulamento para a acumulação do capital, não devido à insuficiência quantitativa do excedente, mas porque, na metamorfose do capital, a realização de uma parcela insuficiente do excedente *no exterior* impedia que ele assumisse a forma de valor adequada (divisas) que lhe permitisse transformar-se nos valores de uso (meios de produção *importados*) que a reprodução ampliada requeria.

Como diz Maria da Conceição Tavares,

> como resultado do declínio das exportações, de 1954 em diante, e do aumento da dívida externa, a margem para a aquisição de importações estava progressivamente se reduzindo. Se as importações de bens intermediários absolutamente essenciais são somadas aos pagamentos de empréstimos feitos nos últimos anos do período, pode-se ver que o saldo disponível para a importação de outros bens e serviços já se tinha reduzido em 1959 a menos de 30% dos rendimentos totais das exportações. Portanto, só era possível manter a quantidade global de importações à custa de uma entrada líquida de capital.[18]

---

18 Tavares, "The Growth and Decline of Import Substitution in Brazil", *Economic Bulletin for Latin America*, v.9, n.1, mar. 1964, p.15.

Os dados, calculados pela autora, mostram que o saldo para a importação de "outros bens" (entre os quais predominariam os equipamentos) vinha caindo de 1.097,3 milhões de dólares, em 1953, para 940,1 milhões de dólares, em 1954; 783,1 milhões de dólares, em 1955, e assim por diante até se reduzirem a apenas 370,9 milhões de dólares, em 1959. Nessas circunstâncias, a coligação "desenvolvimentista" redefine sua atitude em relação ao capital estrangeiro, cuja entrada passa a ser favorecida. Na verdade, mesmo sob Getúlio, o nacionalismo, representado acima de tudo pela instituição do monopólio estatal do petróleo, não é a única tônica da política econômica. A reforma cambial de 1953 já tinha criado uma situação privilegiada ao capital estrangeiro, ao permitir que as entradas e saídas de capital e de lucro se fizessem a uma taxa cambial "livre". Em 1954, foi adotada a Lei 2.145 e, em 1955, foi baixada a Instrução 113 da Sumoc

> pelos quais a Carteira do Comércio Exterior (Cacex) poderia, após exame técnico do pedido, conceder um conjunto adicional de favores... Em resumo, via aqueles diplomas poderia o organismo conceder câmbio de custo (taxa cambial favorecida) para a remessa de rendimentos e amortizações das inversões diretas do exterior, até o limite de 10% do capital registrado da empresa no tocante a rendimentos. O registro de capital era realizado à taxa do mercado livre, o que elevava substancialmente a rentabilidade em moeda estrangeira do investimento. Em relação aos financiamentos concedidos pelo exterior, desde que sua liquidação se processasse num prazo não inferior a cinco anos, igualmente se assegurava taxa cambial de favor para as amortizações e juros, desde que esses últimos não superassem a 8% do principal. Às empresas favorecidas se assegurava, após o registro da operação, prioridade e garantia para as transferências de câmbio para o exterior. Igualmente se registravam como entrada de poupança todas as reinversões realizadas.[19]

É preciso entender que esse conjunto impressionante de incentivos consubstanciava uma política global em relação ao capital proveniente dos países industrializados, cujos conglomerados se pretendia

---

19 Lessa, *Quinze anos de política econômica*.

deliberadamente atrair para cá, abrindo-lhes áreas inteiras da economia nacional: indústria de automóveis, tratores, material elétrico e eletrônico, produtos químicos. Essa política mostrou ter bases sólidas na estrutura do poder que se tinha estabelecido no país, pois foi iniciada na administração de Getúlio e mantida e ampliada na administração seguinte, dominada pelos que o depuseram e ainda reforçada na administração de Juscelino Kubitscheck, embora este tenha sido eleito por uma coligação em que sobressaíam as correntes nacionalistas. A política de abertura ao capital estrangeiro alcançou bastante êxito fundamentalmente porque foi lançada numa época em que o término da reconstrução das economias devastadas pela guerra permitia que um volume ponderável de recursos pudesse ser encaminhado às novas economias que se industrializavam. Não foi por acaso que, a partir dessa época, o capital monopolista internacional começa, pela *primeira vez*, a penetrar no setor secundário de um certo número de países da América Latina.

Embora não caiba nos limites deste trabalho uma análise da evolução do mercado internacional de capitais no período pós-guerra, é necessário, ao menos, definir seus grandes traços, visto que afetaram e afetam os destinos de nossa economia. Assim, é possível distinguir uma fase inicial, que se prolonga até 1929, em que a exportação de capitais provém sobretudo da Europa e se orienta principalmente para as economias coloniais, onde é empregada ou diretamente na produção de matérias-primas e alimentos destinados ao mercado internacional ou em serviços de infraestrutura (estradas de ferro, antes de mais nada) destinados a servir de suporte à produção e à exportação daquelas mercadorias. Entre 1926 e o fim da Segunda Guerra Mundial, a queda do comércio internacional, ocasionada primeiro pela crise e depressão e depois pelo conflito bélico, acarreta uma forte contração do mercado internacional de capitais: cessam os fluxos de inversões e parte dos capitais anteriormente investidos é repatriada. Entre 1935 e 1945, a dívida pública externa de longo prazo dos países latino-americanos diminuiu de 3,8 bilhões de dólares para 2,3 bilhões de dólares.[20] Após a Segunda Grande Guerra, começou uma nova fase

---

20 Nações Unidas, "External financing in Latin America", tabela 23.

do mercado internacional de capitais, que se caracteriza principalmente por:

1. hegemonia dos capitais norte-americanos;
2. são exportados como investimentos diretos (em contraste com a grande proporção de inversões em carteira que caracterizava o capital europeu); e
3. são empregados, em boa proporção, na indústria, tanto de países industrializados como de países que estão se industrializando. Essa nova fase resultou da oportunidade única, que se ofereceu no fim da guerra, de investir em economias industrializadas cuja capacidade material de produzir fora em grande medida destruída. Os grandes conglomerados americanos aproveitaram magnificamente essa oportunidade e, em vez de se contentar apenas em participar dos lucros produzidos pela nova indústria europeia e japonesa, o que teria acontecido se tivessem realizado inversões em carteira (que não implicam a participação ou domínio da direção da empresa), lograram estabelecer firmemente seu domínio pelo menos na Europa Ocidental, comprando firmas europeias ou estabelecendo sucursais próprias nos principais mercados.

Uma vez completada a reconstrução europeia e o rearmamento que a Guerra Fria, na Europa, e a guerra quente, na Coreia, propiciaram, o capital americano privado ampliou sua estratégia de penetração em outros continentes.

G. Y. Bertin distingue, ademais, dois períodos no segundo pós-guerra:
a) até mais ou menos 1955, expansão moderada das exportações de capitais, pois a Europa, que se reconstruía, absorvia 68,3% da ajuda pública norte-americana;
b) depois de 1955, terminada a reconstrução europeia, expansão muito mais viva, mais geral, que tomou os traços característicos que tem hoje".[21]

---

21 Jalée, *El imperialismo en 1970*, p.92-3.

Foi nessas circunstâncias que a ampliação dos investimentos americanos (e também europeus e japoneses) na América Latina e no Brasil não foi mais que uma consequência lateral do enorme aumento de intercâmbio de capital *industrial* que se produziu entre os países industrializados, impulsionado pela competição crescente entre os conglomerados (internacionais apenas na forma) pelo domínio dos grandes mercados. Em 1950, os investimentos diretos dos Estados Unidos na indústria de outros países totalizava 3,8 bilhões de dólares, dos quais 49,5% tinham sido empregados no Canadá; 24,3%, na Europa; e 15,1%, na América Latina (isto é, Brasil, Argentina e México). Em 1966, aquele valor tinha subido para 22,1 bilhões de dólares, dos quais 40,3% se encontravam na Europa; 34%, no Canadá; e apenas 10,4%, nos três maiores países da América Latina. Do ponto de vista dos Estados Unidos, as inversões industriais na América Latina são apenas pouco mais que uma insignificância. Do ponto de vista dos países em questão, no entanto, o que importa é o crescimento do volume absoluto de inversões em cada um deles; entre 1950 e 1966, ele foi de 285 milhões de dólares para 846 milhões de dólares no Brasil; de 133 milhões de dólares para 797 milhões de dólares no México; e de 161 milhões de dólares para 652 milhões de dólares na Argentina.[22] Não há dúvida de que, nos três países latino-americanos que mais se industrializaram nesse período, a penetração dos investimentos *diretos* americanos representou uma mudança significativa do seu processo de industrialização.

Até a década de 1950 pode-se dizer que a industrialização desses países se fez à margem e à revelia do grande capital internacional, representado pelos conglomerados dos países industrializados. Ela se deu nos hiatos em que o sistema capitalista mundial estava em crise conjuntural ou bélica. De 1955 em diante, iniciou-se um processo de integração de importantes setores da indústria desses países no circuito internacional do capital. Consequentemente, a industrialização do Brasil, da Argentina e do México (e de outros países em condições análogas) tornou-se cada vez mais solidária com o movimento do capital internacional, passando a participar de sua expansão e sofrendo as consequências de suas contrações em medida crescente. Isso terá

---

22 Magdoff, *The Age of Imperialism*, p.59.

consequências cada vez mais importantes para o andamento da economia brasileira, como se verá mais adiante.

Para lograr esse resultado, a coligação "desenvolvimentista" teve que pagar um preço algo pesado, em termos de perda de controle sobre a indústria do país. São firmas estrangeiras as cinco maiores empresas na produção de veículos automotores e na de material elétrico; cinco das sete maiores na produção de máquinas, motores e equipamentos industriais; quatro das seis maiores na produção de aparelhos domésticos, material de comunicação etc.; duas das cinco maiores na construção naval e assim por diante.[23] No entanto, examinando-se o volume e sobretudo a *forma* como o capital estrangeiro entrou no país, verifica-se que na realidade esta não era a única opção de política econômica aberta ao país. No período crucial, de 1955 a 1961 inclusive, entraram no Brasil 2.671,7 milhões de dólares, dos quais 2.182,2 milhões de dólares como financiamentos e apenas 489,5 milhões de dólares como investimentos diretos.[24] Mais de 80% do capital estrangeiro veio como empréstimos, que não implicam qualquer perda de propriedade ou de controle sobre os setores em que são empregados. Do ponto de vista do balanço de pagamentos, a significação dos investimentos diretos – apenas 70 milhões de dólares por ano, em média – era (e continua sendo) muito reduzida.

É verdade que a concessão de financiamentos está, muitas vezes, presa a investimentos diretos. Trata-se de empréstimos de matrizes a suas filiais ou de créditos governamentais que dependem da boa vontade política de quem os concede, a qual sói ser função da "abertura" da economia ao investimento direto. Mas é preciso considerar que nesse período já se iniciava a luta competitiva dos conglomerados americanos, europeus e japoneses pelo domínio dos novos mercados em expansão, o que conferiria ao Brasil, dados o tamanho do país e de sua população e o grau relativamente elevado de industrialização já alcançado, razoável poder de barganha. Teria sido possível obter talvez um volume análogo de financiamentos sem admitir os investimentos diretos e a perda de controle que eles acarretaram.

---

23 "Quem é quem na economia brasileira", *Visão*, ago. 1971.
24 Lessa, *Quinze anos de política econômica*, quadro XVII.

O caso do Japão, nesse contexto, é ilustrativo. Nesse país, adotou-se uma legislação que efetivamente restringe o investimento direto de capitais estrangeiros, cujo resultado foi que, em 1966, os investimentos diretos americanos na indústria japonesa alcançavam apenas 333 milhões de dólares, ou seja, pouco mais de um quarto do total investido àquela época no Brasil. Considerando-se as dimensões muito maiores da indústria japonesa em comparação com a nossa, é fácil ver quão menor é a importância relativa dos investimentos americanos. Isso não impediu, no entanto, que o Japão recebesse, até 1961, créditos americanos no valor de 2,7 bilhões de dólares para compras na área do dólar,[25] isto é, quase um quarto a mais que os financiamentos estrangeiros (não só americanos) recebidos pelo Brasil entre 1955 e 1961.

A questão de por que as classes dominantes brasileiras, após dominarem com êxito as difíceis provas iniciais da substituição de importações de bens de produção – siderurgia, cimento, alumínio, vidro –, terem decidido chamar os conglomerados estrangeiros para participar e eventualmente dominar a implantação de novos setores da indústria de base não será, evidentemente, esgotada nestas páginas. Vale, no entanto, levantar o problema e descartar as respostas fáceis. Possivelmente, a necessidade de implantar grandes escalas de produção, absorvendo *em bloco* imensas quantidades de recursos, requeresse uma estrutura empresarial muito mais concentrada e burocratizada que aquela de que o país dispunha então, o que deixava como única alternativa ao conglomerado estrangeiro a empresa estatal. Nesse caso, o antagonismo natural do empresário privado (mas não do tecnocrata) à estatização da economia poderia ter levado a coligação "desenvolvimentista" a sancionar a política de promover deliberadamente a entrada dos conglomerados. Talvez o empresariado brasileiro esperasse encontrar mais espaço para manobra entre as sucursais dos conglomerados e as sociedades mistas, as quais iriam se contrabalançar mutuamente. Seja como for, as decisões fatais foram tomadas, entre 1953 e 1956, e a industrialização brasileira tomou novos rumos.

---

25 Dados de H. Magdoff, *The Age of Imperialism*, p.59, e Lemonnier, L'Imperialisme japonais: ses perspectives, *Economie et Politique*, n.206, set. 1971.

3.5 As contradições do "desenvolvimentismo"

Juscelino Kubitscheck, ao propor seu Plano de Metas, deliberou intensificar o ritmo de industrialização do país e, ao mesmo tempo, realizar a obra faraônica de construir uma nova capital federal em Brasília. O ritmo maior de industrialização se daria mediante uma rápida substituição de importações de bens de consumo duráveis (sobretudo automóveis) e de bens intermediários (combustíveis líquidos, siderurgia, alumínio, papel e celulose etc.), o que requeria também vultosos investimentos estatais em energia elétrica e transportes. Tratava-se, em suma, de acelerar a acumulação do capital, o que implicava ampliar o Departamento I da economia, em detrimento do Departamento II. Em termos reais, a operação consistia basicamente em transferir trabalho da produção de bens de consumo à produção de bens de produção. A situação se tornava algo mais complicada porque, sendo boa parte dos meios de produção importada, impunha-se deslocar trabalho também para o setor de mercado externo, de modo a ampliar a capacidade de importar. A importação de bens de capital passou de 302,7 milhões de dólares, em 1956, para 494,9 milhões de dólares, em 1957; 501,6 milhões de dólares, em 1958; e 599,8 milhões de dólares, em 1959, praticamente dobrando em três anos.[26] Esse esforço de importação demandava um volume ainda maior de trabalho nacional, à medida que nossas relações de intercâmbio com o exterior se deterioravam. Como se viu pelos dados apresentados na Tabela 6, nossas relações de troca melhoraram continuamente entre 1948 e 1954. De 1955 em diante, a tendência se inverte, o índice (1953 = 100) passando a cair de 134, em 1954, para 118, em 1955 e 113, em 1956, com ligeira melhora em 1957 e 1958 (respectivamente, 117 e 119), para atingir 109, em 1959; 101, em 1960; 97, em 1961; 84, em 1962; e 82, em 1963.[27] Isto significa, em última instância, que para adquirir a mesma unidade (em valor) importada, o Brasil precisava expender, em 1960, um volume de trabalho cerca de um quarto superior ao que tinha sido necessário em 1954. Esse gasto tampouco era minorado (mas apenas adiado) pela obtenção de créditos do exterior,

---

26 Tavares, M. C., "The growth and decline...", tabela 19.
27 Baer, *Industrialização e o desenvolvimento econômico do Brasil*, quadro 3.6.

pois estes tinham que ser restituídos e com juros. A amortização de empréstimos estrangeiros pelo Brasil passou de 87 milhões de dólares, em 1955, para 119 milhões de dólares, em 1956, aumentando sempre até atingir 297 milhões de dólares, em 1959. O pagamento de juros evoluiu do seguinte modo: 48 milhões de dólares, em 1955; 69 milhões de dólares, em 1956; 73 milhões de dólares, em 1957; 57 milhões de dólares, em 1958; e 89 milhões de dólares, em 1959.[28] Em suma, era preciso dedicar um volume crescente de trabalho para:

a) produzir mais bens de produção;
b) produzir mais artigos de exportação;
c) construir Brasília e a rede de transportes que a interliga com os principais centros urbanos do país.

O esforço maior de acumulação teria que ter por consequência uma diminuição do consumo ou, pelo menos, uma taxa de crescimento do consumo marcadamente inferior à do produto. Acontece que era muito difícil, nessa altura, alocar a cada grupo social sua cota de sacrifício. No que se refere aos empresários, seu consumo individual é indissoluvelmente ligado à renda da empresa, e tentativas de restringir seus gastos de consumo por meios tributáveis diretos (imposto de renda, por exemplo) acarretam o perigo de reduzir a poupança privada, isto é, a acumulação. Não é por outra razão que os incentivos fiscais geralmente não estimulam a poupança, limitando-se a encaminhar parte do excedente a determinadas atividades consideradas prioritárias. No sistema capitalista, é praticamente impossível reduzir os gastos das camadas que se apropriam do excedente pela razão essencial de que a parcela acumulada do excedente é um *resíduo*, determinado pela diferença entre a parcela do excedente apropriada individualmente e os gastos de consumo dos que realizam essa apropriação. Nesse sentido, a substituição de importações de bens de consumo duráveis agravava o problema, pois ampliava a oferta de tais bens (automóveis, eletrodomésticos etc.), o que tinha por efeito (via publicidade e condicionamento social) elevar a propensão a consumir das camadas de maior poder aquisitivo.

---

28 Tavares, "The growth and decline...", tabela 3.

Restava, portanto, a possibilidade de reduzir ou, ao menos, conter o consumo dos assalariados, o que significava concretamente limitar o salário real urbano, já que o padrão de vida dos trabalhadores rurais era tão baixo que se poderia considerá-lo incomprimível. A dificuldade em restringir os ganhos dos trabalhadores urbanos era naturalmente política. A maioria do eleitorado era constituída por assalariados urbanos (os do campo, por serem em sua maioria analfabetos, estavam excluídos do voto) e uma restrição salarial dificilmente seria tolerada. Deve-se acrescentar que o nível de organização sindical das massas urbanas estava em franca ascensão, em parte devido ao contínuo aumento do custo de vida, que dava excelente motivação às lutas reivindicatórias. Nessas condições, repetir a política de contenção salarial posta em prática no mandato de Dutra estava fora de cogitação.

A única saída viável, que compatibilizava as necessidades da acumulação acelerada com as aspirações do eleitorado, ao menos na aparência, era a inflação. É preciso não esquecer que o país já se encontrava, desde 1954 pelo menos, em pleno processo inflacionário, o qual apresentava uma significativa componente de custos: as elevações de salário real mediante reajustamentos do salário mínimo tinham desencadeado a espiral preços-salários. Não considerando o hiato "desinflacionário" de 1955, que foi acompanhado por uma recessão das atividades, bastava ao governo, portanto, dar continuidade ao processo inflacionário. E foi o que acabou fazendo: elevou o nível das emissões para financiar os déficits do orçamento público, causado em grande parte pelo crescimento das inversões estatais e pelos gastos da construção de Brasília. Consequentemente, o volume de meios de pagamento crescia aos saltos: 21% entre 1957 e 1958; 41,5% entre 1958 e 1959; 38,5% entre 1959 e 1960, multiplicando o poder aquisitivo da população e acarretando a alta dos preços: 11,1% em 1958; 29,2% em 1959; 26,3% em 1960 (deflator implícito do produto).

A inflação tem por consequência mais geral tornar "duvidosa" a repartição da renda. A cada momento, a renda se redistribui a favor de algum grupo que logrou elevar o "seu" preço. Nesse sentido, os empresários são privilegiados, pois têm plena liberdade (com algumas exceções: preços tabelados, tarifas de serviços públicos) de reajustar os preços que cobram, à medida que a procura o permite. Já os assalariados têm sua remuneração presa a contratos de trabalho, o que requer esforços de mobilização e de pressão, chegando inclusive à greve para obter o reajustamento do preço da força do trabalho. Assim, à medida que a inflação se *intensifica*, ela efetivamente redistribui renda a favor do governo, que eleva seu poder aquisitivo emitindo moeda, e a favor dos empresários, que "respondem" ao aumento do poder aquisitivo gerado pelas emissões, aumentando os preços das mercadorias. Os assalariados eram os principais prejudicados (ao lado dos locadores, pois havia congelamento de aluguéis), pois mesmo quando conseguiam recuperar o seu nível de salário real, imediatamente enfrentavam nova onda de carestia. De tanto precisar correr para não sair do lugar, o proletariado praticamente não tinha fôlego para reivindicar sua participação no aumento da produtividade. Assim, mesmo quando os salários nominais cresciam *mais* que o aumento do custo de vida, o aumento do salário real era sempre muito inferior ao da produtividade. Pelos dados da Tabela 7, verifica-se que o salário real médio na indústria aumentou 31% entre 1949 e 1959, enquanto, no mesmo período, o produto real da indústria se elevou de 138,5%. Como, nesse decênio, o emprego na indústria (de acordo com os censos industriais) aumentou de apenas 18,5%, isto significa que houve um aumento de 102% na produtividade do trabalho, dos quais mais de dois terços foram apropriados pelo capital.

O esquema inflacionário de redistribuição de renda e acumulação de capital poderia funcionar indefinidamente desde que: 1) ele fosse aceito ou tolerado politicamente pelos que mais tinham a perder com ele e que formavam a maioria do eleitorado; e 2) desde que a taxa de elevação de preços pudesse ser mantida razoavelmente estável, tornando-se previsível, portanto, de modo a possibilitar o cálculo econômico dos empresários e dos funcionários que formulavam a política econômica.

A primeira condição pressupõe que a maioria dos assalariados permaneça vítima da "ilusão monetária", isto é, na crença de que os aumentos de salário nominal efetivamente lhes proporcionavam maior poder aquisitivo. Essa ilusão se perdeu rapidamente, dando lugar a uma obsessão quanto à carestia da vida. A mobilização para reajustar os ganhos passou a atingir grupos que antes jamais haviam iniciado movimentos coletivos, julgando-os abaixo de sua dignidade: juízes, médicos, professores etc. Quando a taxa de elevação do custo de vida atingiu níveis cada vez maiores (acima de 50% ao ano, de 1961 em diante), a mobilização para a luta econômica não somente tornou-se cada vez mais abrangente – no fim, até os trabalhadores agrícolas começaram a se pôr em movimento –, mas essa mobilização tornou-se quase permanente, pois mal um reajustamento havia sido ganho, impunha-se logo preparar a luta pelo próximo.

A mobilização para a luta econômica tinha, por sua vez, efeitos no plano político, pois contribuía poderosamente para a "conscientização" das massas, cujo comportamento eleitoral adquiria cada vez mais características de "classe". Não somente se "conscientizava" o proletariado, no sentido de tomar consciência dos seus interesses comuns e de que estes podiam ser defendidos na arena política por representantes diretamente comprometidos com eles, mas grupos cada vez mais amplos da classe média assumiam atitudes análogas, se sentindo e se comportando como *assalariados*. Dessa maneira, a participação popular no processo político, nos quadros da Constituição de 1946, era reforçada e aprofundada pelo ciclo de lutas econômicas desencadeado pela inflação. Constituiu-se, dessa maneira, uma relação dialética entre inflação e democracia: quanto mais se acelerava a subida dos preços, tanto mais ampla e efetiva ia se tornando a participação popular no processo político, e quanto mais se intensificava a mobilização popular tanto mais rapidamente aumentavam os preços.

É claro que, nessas condições, tornava-se cada vez mais difícil ao governo iniciar uma política que tencionasse seriamente conter a inflação, embora todos os grupos sociais desejassem o seu fim, *desde que* não fosse à sua custa. O fracasso da tentativa de Gudin, de conter a inflação em 1955, iria se repetir com Lucas Lopes durante o mandato de Juscelino, levaria Jânio a tentar o golpe por meio da renúncia em 1961, e voltaria a suceder em 1963 com Santiago Dantas e, ainda no mesmo ano, com Carvalho Pinto. Para qualquer lado que o governo se voltasse, com o objetivo de estancar a corrida inflacionária, ele se defrontava com grupos de interesse cuja agressividade na defesa do "seu" era exacerbada pela experiência inflacionária anterior: os industriais clamavam por mais crédito; os agricultores exigiam preços mínimos maiores e enfrentavam o tabelamento dos gêneros com boicotes; os assalariados reivindicavam aumentos de salário a intervalos cada vez menores, chegando no limite à escala móvel de salários; os assalariados agrícolas pediam o salário mínimo; e as donas de casa o congelamento dos preços.

Obviamente, a crise inflacionária, que se agravava sem cessar de 1961 em diante, só poderia ser resolvida à custa de uma ou de outra das classes sociais em presença, já que não havia nem podia haver consenso a respeito de uma "justa" repartição da renda. Esta é uma das contradições do capitalismo atual, de oferta "administrada" de moeda. No capitalismo clássico, de moeda-mercadoria, a repartição da renda é *dada* pelos mecanismos de mercado e sua contestação tem sempre implicações revolucionárias. No capitalismo de hoje, com elevada propensão ao desregramento monetário, a instabilidade dos preços retira a sanção social à repartição definida pelo mercado, exacerbando o antagonismo de classes *sem* necessariamente pôr em questão o sistema. Os trabalhadores norte-americanos, por exemplo, combinam extremo conservadorismo político com bastante militância, quando se trata de lutas salariais. Mas, no caso do Brasil, a consequência da injustiça distributiva, despertada não apenas, mas sobretudo pela inflação, levou a anseios por "reformas de base" que, no limite, punham em questão o capitalismo. Nesse sentido, o enfrentamento de classes, que inicialmente punha em disputa apenas a repartição da renda, passou, paulatinamente, a adquirir outro caráter potencial. A "desilusão monetária" levou, por extensão lógica, as camadas mais conscientes dos assalariados a lutar por um maior controle social da acumulação – reforma agrária "radical", estatização do abastecimento, nacionalização dos monopólios estrangeiros – que era obviamente incompatível com o sistema de livre iniciativa baseado na propriedade privada dos meios de produção.

3.6 A solução da crise inflacionária

O enfrentamento decisivo se deu em 1964 e, como todos sabem, a vitória coube às classes possuidoras. O poder passou a ser exercido por delegados das Forças Armadas de forma extremamente centralizada, em grande medida imune às pressões dos grupos de interesse. Criaram-se, desse modo, condições para se cortar o nó górdio da inflação. Já em 1964, ano em que o custo de vida subiu mais de 80%, foram proibidos os reajustamentos salariais em intervalos menores de um ano. Os sindicatos perderam sua autonomia diante do poder estatal, as greves por aumento de salário foram praticamente proibidas e, a partir de 1965, foi adotada uma política salarial uniforme para todo o país, de acordo com a qual as decisões sobre os reajustamentos salariais passaram da Justiça do Trabalho ao governo federal. O modo como essa política salarial foi posta em prática resultou numa redução ponderável do salário mínimo real e, por extensão, dos salários do pessoal menos qualificado, cujo nível está preso ao mínimo.

A política anti-inflacionária praticada sob a orientação dos ministros Bulhões e Campos, entre 1964 e 1967, não se limitou obviamente aos salários, embora o controle destes tenha sido essencial. O déficit do orçamento da União foi limitado, graças à diminuição das inversões públicas numa primeira fase, e foi financiado em grande parte, ampliando-se a dívida pública. Isto foi possível graças ao lançamento de títulos com reajustamento monetário, recurso para o qual Carvalho Pinto, em 1963, não tinha obtido aprovação do Parlamento. Além disso, melhorou-se consideravelmente o aparelho arrecadador e o sistema tributário, o que permitiu elevar a receita do governo e também contribuiu para reduzir o déficit. Finalmente, instituiu-se estrito controle do crédito, limitando-se a expansão dos meios de pagamento, o que teve por efeito reduzir o aumento da demanda efetiva. Usaram-se, enfim, os instrumentos tributários, creditícios e monetários clássicos no sentido de refrear a inflação, com os resultados que seriam de se esperar: a inflação, que atingiu seu auge em 1964, começou a regredir daí em diante e, a partir de 1967, estabilizou-se ao redor de 20% a 25% ao ano. É importante ressaltar que a inflação não foi eliminada, mas controlada e institucionalizada mediante numerosos mecanismos de correção monetária semiautomáticos, que afetam hoje as Obrigações Reajustáveis do Tesouro, as letras de câmbio, os depósitos do Fundo de Garantia de Tempo de Serviço, os aluguéis de residências, as prestações ao Banco Nacional da Habitação, o câmbio e até mesmo os salários. Tornando-se novamente previsível, a inflação deixa de perturbar o cálculo econômico, limitando-se a funcionar como redistribuidor de renda, nos sentidos desejados pelos que manipulam os índices de "correção" monetária, isto é, as autoridades do governo federal.

Uma política anti-inflacionária de moldes relativamente "ortodoxos", como a de Bulhões e Campos, não podia deixar de ter efeitos depressivos, decorrentes basicamente da insuficiência da demanda efetiva. A demanda por bens de consumo era contida pelo "arrocho" salarial, que cortou a capacidade aquisitiva de grande parte dos assalariados. A demanda por bens de investimento foi inicialmente desencorajada politicamente pela incerteza reinante até 1964, o que deve ter sido uma das raízes da forte recessão de 1963 (a outra foi a restrição de crédito, tentada por Santiago Dantas no início daquele ano). O desestímulo às inversões foi reforçado pela contenção do crédito, novamente imposto a partir de 1964, e finalmente pela queda da procura por bens de consumo. Em cruzeiros de valor constante (de 1962), os investimentos declarados pelas indústrias caíram de 270,2 milhões de cruzeiros, em 1962, para 244,3 milhões de cruzeiros, em 1963, para 202,6 milhões de cruzeiros, em 1964 e, finalmente, para 193,8 milhões de cruzeiros em 1965, só voltando a crescer em 1966, quando atingiram 209,2 milhões de cruzeiros. É óbvio que, quando o Departamento II da economia se contrai, ele acaba atingindo com todo o ímpeto do acelerador o Departamento I: o aumento da capacidade ociosa na produção de bens de consumo inibe até a reposição do capital fixo depreciado, o que diminui, de forma drástica, a demanda por bens de produção.

Comparando-se os reajustamentos salariais concedidos com o aumento do custo de vida, entre 1965 e 1967, período de auge do "arrocho", chega-se à conclusão de que os salários reais devem ter sofrido um corte de pelo menos 25%. Em tais condições, seria de se esperar uma crise de subconsumo bem mais séria do que a que ocorreu. De acordo com os dados disponíveis, o produto real não deixou de crescer em nenhum dos anos em que ocorreram recessões, embora seu crescimento em comparação com o da população tenha sido menor em 1963 (1,5%), provavelmente igual em 1964 (2,9%) e em 1965 (2,7%). Em 1966 e 1967, apesar de ainda haver uma recessão grave, as taxas de crescimento do produto já foram maiores: 5,1% e 4,8% respectivamente.

Uma parte da explicação de por que as recessões de 1964-1967 não foram mais graves se encontra nos dados apresentados na Tabela 9. Por eles se verifica, em primeiro lugar, que o salário médio na indústria (parte A da Tabela 9) caiu apenas cerca de 10% entre 1963 e 1965, recuperando cerca da metade da perda nos dos anos seguintes. Dessa maneira, aparentemente, o "arrocho" teve efeitos bem menores e mais breves do que a comparação entre reajustamentos salariais e elevação do custo de vida faria crer. O que deve ter acontecido é que as categorias de trabalhadores que possuíam maior poder de barganha no mercado de trabalho, em virtude da relativa escassez de suas qualificações, puderam obter aumentos acima da taxa geral, fixada nos acordos coletivos de trabalho. Essa hipótese é confirmada pelos dados da parte B da Tabela 9, que se referem ao pessoal *não* ligado à produção, ou seja, ao pessoal administrativo das empresas. Verifica-se que o nível salarial médio dessa categoria flutua muito mais acentuadamente que o do pessoal total, devido à sua particular heterogeneidade, pois ela abarca desde gerentes e vendedores até datilógrafas e vigias. O ano de 1965 foi especialmente ruim para a indústria, cujo produto *caiu* quase 5% em relação ao ano anterior. O "arrocho" daquele ano atingiu apenas moderadamente o pessoal ligado à produção, mas possivelmente determinou uma redução do pessoal administrativo mais caro, o qual voltou a ser admitido em proporção até mais elevada em 1966, que foi um ano melhor para a indústria (o produto industrial cresceu quase 12%). É o que poderia explicar uma queda de 11% do salário médio real do pessoal administrativo em 1965 e um aumento de 21% no ano seguinte.

Tabela 9 – Salários na indústria: Brasil 1962-1969[1]

	A. Pessoal (total) ocupado na indústria			
Ano	Salário médio anual (Cr$ novos)	Custo de vida (Rio) 1962 = 100	Salário real 1962 = 100	% Salários[2] VTI
1962	244,07	100	100	28,1
1963	470,62	171	113	25,8
1964	877,35	327	110	25,3
1965	1.352,66	542	102	24,5
1966	2.039,57	766	109	24,1
1967	2.600,81	1.000	107	25,7
1968	3.392,06	1.224	114	25,0
1969	4.436,09	1.492	122	25,3
	B. Pessoal não ligado à produção, ocupado na indústria[3]			
1962	415	100	100	9,7
1963	793	171	112	7,4
1964	1.460	327	108	7,4
1965	2.150	542	96	7,4
1966	3.720	766	117	8,3
1967	4.520	1.000	109	8,5
1968	6.250	1.224	123	8,5
1969	8.000	1.492	129	8,9

FONTE: *Anuários estatísticos do Brasil*.
OBS: 1) Dados obtidos por amostragem, compreendendo empresas de cinco ou mais pessoas ocupadas.
2) Porcentagem dos salários pagos no valor de transformação industrial.
3) Todos, exceto: operários, mestres, contramestres, técnicos, engenheiros, químicos etc.

Na verdade, o "arrocho" não se fez sentir, igualitária e simultaneamente, sobre todos os níveis salariais, mas *seletivamente*, atingindo de modo muito mais grave os assalariados menos qualificados, cujo nível de ganhos dependia, em maior grau, do poder de barganha da classe em conjunto. Essa hipótese é difícil de comprovar empiricamente, mas há elementos que a reforçam, como a evolução do salário mediano, apresentada na Tabela 10. O salário mediano mede melhor a evolução da distribuição dos salários, principalmente quando se compara com o salário médio, pois ele representa o teto de ganhos da metade mais pobre dos assalariados (ou o piso salarial da metade mais rica). Comparando-se o salário mediano do pessoal ligado à produção com o salário médio dos operários, entre 1955 e 1962, verifica-se que: 1) ambos são quase idênticos, pelo menos até 1959, o que significa que os operários ganhavam em média tanto quanto o limite máximo dos 50% mais mal pagos de todo pessoal ligado à produção; 2) em termos reais, o salário mediano aumentou cerca de 10% entre 1955 e 1959, ganho esse que foi novamente perdido (possivelmente pela aceleração da inflação) em 1962. As flutuações ao longo de uma tendência *constante* do coeficiente salário mediano/salário médio tendem a indicar que, até 1959 pelo menos, não houve grandes mudanças na distribuição dos salários.

De 1962 em diante, os dados indicam uma mudança importante: o salário mediano real cai e se distancia cada vez mais do salário médio (agora do pessoal ligado à produção, mas no qual predominam os operários). A base da comparação muda de 1965 em diante: o salário mediano se refere a *todo* o pessoal ocupado, o que leva a crer que ele seja bem maior, pois basta verificar, na Tabela 9, que o salário médio do pessoal não ligado à produção era, em 1965, quase 60% maior que o do pessoal total. Desse modo, a igualdade do salário mediano real em 1963 e 1965 (= 100 na Tabela 10) oculta uma queda, cuja magnitude não pode ser estimada por falta de elementos. De qualquer modo, os dados da Tabela 10 mostram que os efeitos do "arrocho" sobre o salário mediano se prolongam pelo menos até 1969.

Os dados disponíveis confirmam, portanto, a hipótese de que a redução do salário mínimo real e a limitação dos reajustamentos na renovação dos contratos coletivos de trabalho descomprimiu a escala salarial, reduzindo em termos reais os seus níveis mais baixos, sem afetar ou afetando muito menos os níveis mais elevados. De certo modo, a escala salarial passou a refletir, de modo mais fiel, as condições de oferta e procura das várias categorias de mão de obra no mercado de trabalho. Para tanto, contribui também a abolição da estabilidade no emprego e a instituição do Fundo de Garantia de Tempo de Serviço (FGTS), a partir de 1967, o qual impôs às empresas um ônus adicional de poupança forçada, mas reduziu extraordinariamente os gastos com a demissão de empregados. Desse modo, as empresas elevam a rotatividade (*turn-over*) dos assalariados pouco qualificados, reduzindo constantemente a sua remuneração ao nível mínimo legal. Pesquisa do Departamento Intersindical de Estudos Estatísticos Sociais e Econômicos (Dieese) numa empresa de ônibus, em São Paulo, comprovou essa prática.

Tabela 10 – Indústria de transformação. Brasil

Ano	Salário mensal médio[1]	(Cr$ antigos) medianos[2]	2/1% 1962 = 100	Salário mediano real
1955	2.360	2.454	1,04	103
1956	3.150	2.767	0,88	97
1957	3.910	3.868	0,98	116
1958	4.475	4.336	0,97	113
1959	5.660	6.115	1,08	114
1961		9.666		105
1962	16.650	13.928	0,84	100
1963	33.600	23.766	0,71	100
1965	97.000	75.300	0,78	100
1966	137.300	100.000	0,73	94
1967	179.000	119.000	0,67	86
1968	229.000	157.600	0,69	93
1969	299.000	185.500	0,62	89

FONTES: *Anuários estatísticos do Brasil.*
OBS: 1) Salário médio: do pessoal ligado à produção (de 1955 a 1962 só operários).
     2) Salário mediano: até 1963 – calculado para abril de cada ano, do pessoal ligado à produção; de 1965 em diante – calculado para o ano inteiro, de todo pessoal ocupado.

Uma das ironias dessa situação é que a reinstauração do liberalismo econômico no mercado de trabalho só foi possível à custa da redução drástica do liberalismo político. Em outros termos, as notórias restrições às liberdades políticas, desde 1964, foram essenciais à exclusão dos sindicatos da barganha salarial coletiva, que simplesmente foi abolida, restando apenas a barganha individual entre vendedor e comprador de força de trabalho. No momento em que as liberdades políticas voltassem a ser respeitadas é quase certo que a organização econômica (sindical) dos trabalhadores faria novamente sentir seu peso na determinação do preço da força de trabalho, conferindo à oferta e ao mercado de trabalho como um todo um caráter mais monopolístico.

Outro aspecto digno de ser notado, nesse contexto, é que a continuidade do "arrocho", indicada pelos dados da Tabela 10, não é perturbada pelo fato de que, a partir de 1968 ou 1969, os reajustamentos salariais encontram-se em níveis ligeiramente superiores ao aumento do custo de vida. O fato básico é que o salário mínimo real vem sendo mantido a um nível reduzido, mais ou menos próximo ao do fixado em 1944,[29] o que significa que ele perde paulatinamente qualquer significado, pelo menos nos grandes centros urbanos (São Paulo e Rio), à medida que aumenta a distância entre ele e o salário médio. Isso e mais a passagem de uma proporção crescente dos trabalhadores ao regime do FGTS, obrigados a optar por ele cada vez que aceitam um novo emprego, facilita a redução sistemática do custo da força de trabalho pouco qualificada. Isso não impede, mas, pelo contrário, ajuda a elevar o nível de remuneração dos assalariados mais qualificados, pois, à medida que a folha de pagamentos das empresas é aliviada pelo menor custo da massa de trabalhadores não qualificados e simplesmente adestrados, sobram mais recursos para pagar aos qualificados, especializados, técnicos de nível médio e superior, gerentes e administradores etc. O pagamento maior a essas categorias se impõe, por outro lado, à medida que a importação de tecnologias criadas em economias mais adiantadas expande a demanda por esse tipo de força de trabalho.

Dessa maneira, explica-se que as recessões de 1964-1967 não tenham tido maior profundidade e duração, pois as alterações na estrutura salarial preservaram o poder aquisitivo dos grupos mais bem pagos, reduzindo somente o das camadas mais pobres. Obviamente, a transformação na estrutura salarial repercutiu sobre a repartição da renda, tornando-a mais regressiva e, finalmente, sobre a estrutura da demanda. Expandiu-se a demanda de bens de consumo duráveis (além de certos serviços), consumidos sobretudo pelas camadas mais ricas, ao passo que a procura por alimentos, tecidos e vestuário cresceu em ritmo bem menor. Isso pode ser aquilatado pela mudança correspondente na estrutura da oferta industrial. Examinando-se a

---

29 Oliveira, "A economia brasileira: crítica à razão dualista". *Estudos Cebrap*, n.2, quadro I.

evolução dos principais ramos que produzem bens de consumo entre 1964 e 1970, verifica-se que o produto real da indústria de produtos alimentares cresceu 42%, o da indústria têxtil caiu 4%, e o da indústria de vestuário e calçados permaneceu o mesmo, ao passo que o da indústria de material elétrico e eletrônico aumentou 113% e o da indústria de material de transporte aumentou 143% (*Conjuntura Econômica*, set. 1971).

3.7 A retomada do crescimento: o florescer do "milagre"

Em 1967, o marechal Costa e Silva sucedeu ao marechal Castelo Branco na Presidência da República. A nova equipe governamental decidiu que a redução do ritmo inflacionário já tinha sido suficiente e que não era preciso provocar novas recessões. Foi basicamente essa decisão política, antes de mais nada negativa, que propiciou a retomada do crescimento econômico. Bastou abrir as torneiras do crédito para que a economia se reanimasse e, a partir do segundo semestre de 1967, apresentasse crescentes taxas de expansão. O volume de meios de pagamento aumentou de apenas 15% entre 1965 e 1966, quando o aumento dos preços atingiu quase 40%; já entre 1966 e 1967, os meios de pagamento se expandiram 43% (e os preços subiram apenas 27%) e, no ano seguinte, os meios de pagamento mantiveram a mesma taxa de expansão (43%), enquanto os preços subiram 27,8%. Em cruzeiros de valor constante (média 1965-1967), os meios de pagamento aumentaram de 9 bilhões de cruzeiros em março para quase 11 bilhões em dezembro de 1967, atingindo 12,5 bilhões de cruzeiros em dezembro do ano seguinte. Obviamente, essa expansão dos meios de pagamento suscitou uma correspondente ampliação do crédito. Os empréstimos bancários ao setor privado subiram (em cruzeiros de 1965-1967) de cerca de 6 bilhões em março de 1967 para quase 9 bilhões em dezembro daquele ano, e para mais de 11 bilhões em dezembro de 1968 (*Conjuntura Econômica*, fev. 1971).

O *boom* iniciado em 1968 teve como causa básica uma política liberal de crédito que encontrou a economia, após vários anos de recessões, com baixa utilização da capacidade produtiva, taxas relativamente altas de desemprego e custo reduzido da mão de obra de pouca qualificação. A isto deve ser aduzida uma grande propensão a consumir das camadas de rendas elevadas. O crescimento bastante rápido que se verificou foi a resposta natural da economia a essas condições.

O prosseguimento do *boom*, que entra agora no seu sexto ano consecutivo, poderia ser ameaçado por dois lados: a inflação poderia novamente se acentuar, o que obrigaria o governo a retomar, mais cedo ou mais tarde, medidas restritivas ou a demanda efetiva poderia, com o tempo, esmorecer o seu ritmo de expansão devido à rigidez da estrutura de repartição da renda, dando lugar a uma crise de subconsumo. Ambas as ameaças foram, até o momento pelo menos, enfrentadas com êxito pela política econômica posta em prática.

Além do controle sobre o preço da força de trabalho, já descrito, o governo instituiu também um ·sistema de controle dos preços dos principais produtos industriais, que é aplicado pela Comissão Interministerial de Preços (CIP). Esse sistema impede que pontos de estrangulamento que venham a surgir, devido à inelasticidade da demanda em áreas estratégicas da economia, impulsionem os preços a níveis muito acima dos custos. O sistema é relativamente eficaz, em parte porque não se trata de um simples processo de congelamento dos preços (em cada caso, há uma análise de custos e o preço fixado surge de entendimentos entre o órgão controlador e as grandes firmas de cada setor) e, fundamentalmente, por causa da enorme centralização do poder político, que não deixa qualquer via de resistência aos empresários. O sucesso dos controles da CIP demonstram que já começa a se formar, no Brasil, uma "tecnoestrutura" de burocratas do setor público e privado capaz de impor controles administrativos a grandes áreas da economia. É bom que se diga que o sistema está longe de mostrar a mesma eficácia no controle de preços de setores de oferta atomizada, como a agricultura, grande parte dos serviços pessoais ou certos ramos industriais, como o de roupas, móveis etc.

Outro fator que permite manter a inflação no nível desejado é o relativo controle que o governo exerce sobre o sistema de crédito. Esse controle é facilitado pelo fato de o maior banco comercial do país, o Banco do Brasil, ser público e, novamente, pela centralização do poder político. Em duas ocasiões já, o governo impôs por meios administrativos reduções nas taxas de juros, as quais, como elemento importante dos custos, poderiam acarretar altas de preços.

Porém, basicamente, a inflação é contida pelo controle governamental dos salários, o que é, inclusive, tornado mais efetivo pelo controle dos preços de artigos industriais pela CIP. Empresas que "voluntariamente" concedem aumentos maiores do que os fixados nos acordos coletivos de trabalho não podem usar a correspondente elevação de custos para reivindicar, na CIP, aumentos de preços. Desse modo, a resistência das empresas a pressões, que eventualmente pudessem surgir no seu seio, no sentido de conceder aumentos salariais maiores do que os oficiais, é adequadamente reforçada pela forma de preços mais altos. É esse controle eficaz sobre os salários, que só se entende nas circunstâncias políticas específicas em que vive o país, que garante a economia contra a volta da espiral preços-salários. Em qualquer nação industrializada, cuja estrutura de poder compreenda a organização autônoma dos assalariados, uma inflação de 20% a 25% desencadeia, sem demora, a espiral preços-salários. No Brasil não. Manipulando, soberanamente, os índices de correção monetária, que incidem sobre salários, juros, aluguéis e outros preços, as autoridades "concedem" aumentos nominais, mesmo quando na verdade sancionam a redução, em termos reais, da renda de determinados grupos. Nessas condições, a inflação dá um poder novo aos que manejam a política econômica, pois, ao conferir fluidez permanente a todos os preços, a inflação permite às autoridades manipular fluxos de renda inclusive permanecendo inertes, nada mais fazendo do que "corrigir" certos preços um pouco acima ou abaixo do nível geral ou simplesmente adiar a "correção" de outros etc.

O controle efetivo dos salários confere, por sua vez, consistência ao conjunto da política econômica, cujos instrumentos monetários mostram a eficácia que os livros de texto lhes soem atribuir. O fenômeno da "estagflação", isto é, o descenso das atividades com ascensão dos preços, resulta de uma política monetária que restringe o crédito e com isso desencoraja os investimentos, mas é incapaz de impedir que grupos fortemente organizados de trabalhadores continuem conquistando aumentos de salários e que empresas que desfrutam de posições monopolistas passem o aumento de custos adiante, sob a forma de preços mais elevados. É o que está acontecendo nos Estados Unidos, na Grã-Bretanha e em outros países. No Brasil, no entanto, a economia está funcionando de um modo parecido ao do modelo de oferta ilimitada de força de trabalho formulado por A. Lewis:[30] o contínuo aumento da população urbana, por crescimento vegetativo e por migração, abastece a indústria e outros setores da economia capitalista com quantidades praticamente ilimitadas de força de trabalho pouco qualificada a um custo real fixo, próximo do nível de subsistência. Desse modo, uma maior liberalidade creditícia estimula as atividades produtivas sem gerar novas pressões inflacionárias, enquanto a contenção do crédito leva a uma queda do nível de atividade, porém efetivamente reduz a inflação. A experiência brasileira mostra, na verdade, que condições políticas são requeridas para que a política monetarista de regulação da conjuntura possa ter êxito.

A outra ameaça ao *boom* brasileiro é naturalmente a possibilidade de que a concentração continuada da renda leve a uma saturação das necessidades das camadas mais ricas, cuja propensão a consumir passaria a diminuir, o que acabaria levando a economia à estagnação devido à insuficiência da demanda por bens de consumo. Para se ter uma ideia de como evolui a repartição da renda no Brasil, basta examinar os dados apresentados na Tabela 11, que foram obtidos mediante o ajustamento de curvas de Pareto aos dados de duas amostras respectivamente do censo de 1960 e do censo de 1970.

Efetivamente, a concentração da renda é impressionante, tendo aumentado consideravelmente entre 1960 e 1970. A metade mais pobre da população recebia algo mais que um sexto da renda total em 1960 e menos de um sétimo, em 1970. Apesar de sua renda *per capita* ter aumentado 7,5% nesses dez anos, pode-se considerar estes 50% da população, a maioria dos quais vive no campo, como estando fora da economia de mercado, pelo menos como parcela significativa da demanda efetiva. Quanto à classe D, que corresponde às massas urbanas de baixas rendas, sua participação na renda total deteriorou-se menos, sendo a sua queda o principal resultado do "arrocho" salarial.

---

30 Lewis, "Economic Development with Unlimited Supplies of Labor", em Agarwala; Singh (eds.), The Economics of Underdevelopment.

É ao crescimento muito mais lento da renda *per capita* desse grupo em comparação com a média de toda a população – 16% em confronto com 39% – que se pode atribuir as dificuldades de mercado experimentadas pelas indústrias de bens de consumo não duráveis: tecidos, roupas, calçados, alimentos. Em compensação, a renda *per capita* das classes média (B) e alta (A) cresceu em proporção bem maior que a média, principalmente a desta última. A classe A provavelmente só pode ser induzida a elevar seu consumo mediante o lançamento de produtos novos, isto é, bens que atendam novas necessidades: TV em cores, automóveis, mobília, moradias cujos desenhos renovados assinalem mudanças na moda.

Tabela 11 – Distribuição da renda no Brasil 1960-1970

Classe[1]	1960[2] % da renda total	1960[2] Renda *per capita*	1970[2] % da renda total	1970[2] Renda *per capita*	Aumento em % da renda *per capita*
A	11,7	8.350	17,8	17.700	112
B	15,6	2.780	18,5	4.590	65
C	27,2	1.295	26,9	1.780	37,5
D	27,8	662	23,1	768	16
E	17,7	253	13,7	272	7,5
Soma	100	714	100	994	39

FONTE: Duarte, *Aspectos da distribuição da renda no Brasil em 1970*.
OBS: 1) Classes: A: o 1% de renda mais elevada; B: os 4% logo abaixo na escala de repartição da renda; C: os 15% seguintes na escala; D: os 30% seguintes; e E: os 50% de rendas mais baixas.
2) Em cruzeiros de 1953.

É preciso não esquecer, no entanto, que mesmo na classe A, em 1970, a renda *per capita* não deve ter ultrapassado cerca de 4 mil dólares por ano. Trata-se, em essência, de um grupo de cerca de 1 milhão de pessoas, com poder aquisitivo análogo ao da população dos Estados Unidos. Como o Brasil tem sistematicamente importado dos Estados Unidos a maioria das novas formas de consumo que lá induzem a população a manter em nível apropriado sua propensão a consumir, não há por que concluir que o mesmo não venha se dando aqui. Esse raciocínio é ainda mais verdadeiro para as classes B e C, que, não obstante sua renda *per capita* menor, ingressam na sociedade de consumo, recorrendo em medida crescente ao crédito ao consumidor. O elevadíssimo incremento da dívida interna[31] dos consumidores mostra como a demanda por bens de consumo duráveis é elástica não tanto aos preços como às condições de pagamento. Pergunta-se: até que ponto pode-se expandir essa dívida? Obviamente até o ponto em que haja quem queira financiá-la. Enquanto houver tomadores de letras de câmbio (cuja taxa de juros *real* é bastante convidativa), o comércio poderá expandir as vendas a prestações. Desse modo, o excedente de renda de uma parte das unidades de consumo financia o consumo de outra parte. O mecanismo é eficaz, desde que foram criados os canais (companhias financeiras, fiscalizadas pelo Banco Central) que encaminham esse excedente de renda, apresentando ao "poupador" condições aceitáveis de segurança e rentabilidade; ele tem por resultado elevar a propensão média a consumir *apesar* da crescente concentração da renda.

É preciso acrescentar ainda que os ramos mais prejudicados pela alteração na estrutura da demanda têm encontrado possibilidades (graças a pesado subvencionamento das exportações) de escoar no mercado externo parte da produção que não é realizável dentro do país. Embora o papel da exportação de produtos industriais, do ponto de vista da realização do valor das mercadorias, ainda seja insignificante para a maioria dos ramos, ele está deixando de sê-lo pouco a pouco. Prevê-se, por exemplo, que em 1974 ou 1975 as exportações de calçados venham a representar um terço da produção nacional. A exportação pode representar, em certas circunstâncias, uma válvula de segurança para o caso de uma crise de mercado que atinja apenas alguns setores da economia.

Naturalmente não se podem fazer previsões seguras se os métodos até agora usados para condicionar a procura – publicidade, lançamento de novos produtos, expansão do crédito ao consumidor, subsídios às exportações – serão suficientes para suscitar uma demanda efetiva capaz de sustentar elevadas taxas de crescimento do produto por um longo período ainda. Deve-se reconhecer, no entanto,

---

31 Tavares, *Natureza e contradições do desenvolvimento financeiro recente no Brasil.*

que o governo brasileiro dispõe de outros instrumentos poderosos para estimular a procura, dos quais poderia lançar mão no caso de achar necessário. Dada a penúria das massas urbanas, que compõem o estrato D da Tabela 11, pode-se considerar como certo que uma elevação do salário mínimo real, por exemplo, se traduziria de imediato numa expansão da procura por bens de consumo. Nessas condições, a cessação do *boom* por falta de demanda efetiva parece bem pouco provável.

3.8 A acumulação do capital e as bases externas do "milagre"

Como foi visto, a contradição básica que acabou por liquidar o "desenvolvimentismo" de antes de 1964 foi a forma inflacionária utilizada para reajustar estruturalmente a economia de modo a tornar possível acelerar a acumulação. Bem ou mal, no entanto, ampliou-se o Departamento I da economia, fazendo-se crescer a proporção de bens de produção no produto. A proporção dos bens de capital no produto industrial passou, entre 1955 e 1959, de 5,7% para 12%.[32] Esse crescimento se fez, em parte, mediante a substituição de importações de bens de produção por produtos nacionais, mas respondeu também a uma demanda maior por esse tipo de bens, tanto em termos absolutos como relativos. Os resultados desse processo podem ser avaliados por meio dos dados da Tabela 12. Entre 1953 e 1959, o valor real dos investimentos declarados pelos estabelecimentos de cinco ou mais pessoas alcançou um crescimento de 195%, o que dá uma taxa anual de 11,8%. Nesse período, o aumento das inversões foi maior que o do valor de transformação industrial (VTI), tanto assim que as inversões representavam menos de 10% do VTI em 1953 e 12,7% em 1959. Nesse mesmo período, a acumulação nas empresas de todos os setores aumentou apenas 74% em termos reais, o que indica que foi a intensificação do processo de industrialização o motor da aceleração do conjunto da acumulação.

---

32 Brasil, Ministério do Planejamento, *A industrialização brasileira: diagnóstico e perspectivas*, quadro 19.

Pode-se considerar a diferença entre o VTI e os salários pagos como sendo o lucro bruto da empresa, do qual, deduzidos os impostos e as despesas financeiras e com aluguéis, surge o lucro líquido. Um dos elementos estratégicos é a relação entre o lucro bruto e o total de salários (taxa de exploração). Examinando-se os dados da Tabela 7, verifica-se que essa relação se manteve próxima a 2, entre 1952 e 1957, mas ela começa a subir de 2,10 em 1957 para 2,25 em 1958 e para 2,77 em 1959.[33] Não é por acaso que, naqueles anos, a parcela invertida do VTI também aumenta, de 8,65% em 1957 para 10,50% em 1958 e para 12,7% em 1959. Pelos dados da Tabela 9, pode-se verificar que, nos anos 1960, a relação entre lucro bruto e salários se fixa no novo nível, próximo a 3:2,56 em 1962; 2,88, em 1963; 2,95, em 1964; 3,08, em 1965; 3,15, em 1966; 2,89, em 1967; 3,0, em 1968; e 2,95, em 1969. É o aumento dessa relação de 2 para 3 que predispõe a economia, por assim dizer, ao crescimento rápido, principalmente numa fase em que se dá a implantação de novos ramos com elevada composição orgânica do capital, o que requer vultosos investimentos iniciais.

Os dados da Tabela 12 mostram que a inversão industrial se mantém em nível elevado, mesmo no início da crise inflacionária. A sua queda só se dá quando a economia entra em depressão, a qual afeta a indústria mais do que outros setores da economia. Em termos reais, a acumulação nas empresas de todos os setores (penúltima coluna da Tabela 12) cai, entre 1962 e 1965, 17,5%, mas na indústria a queda é de 28%. Deduzindo-se o investimento industrial do total, a redução do valor real dos investimentos nos demais setores, entre 1962 e 1965, deve ter sido de apenas 13%. A depressão de 1963 a 1967 atinge fortemente o Departamento I da economia, pois a queda do valor dos investimentos reduz, em termos absolutos, a demanda por seus produtos. (Entre 1964 e 1967, o produto real da indústria mecânica caiu 8,5%.) Para os produtos dos setores que compõem o Departamento II, a queda da demanda foi naturalmente menor, havendo antes alterações na estrutura da demanda, como já se apontou, do que redução generalizada.

---

33 A taxa de exploração corresponde a (VTI – Salários)/(Salários). Nas tabelas 7 e 9 calculou-se a participação dos salários no VTI. Se chamarmos essa participação de s' ela será: s' = Salários e a taxa de exploração será igual a $(1-1)$.

Tabela 12 – Indicadores de acumulação de capital no Brasil 1953-1969

Ano	Valor dos investimentos declarados por estabelecimentos industriais			Formação bruta de capital fixo das empresas		
	Preços correntes (Cr$ 106)	Valor real (1953 = 100)	Como % do VTI	Preços correntes (Cr$ 106)	Valor real (1953 = 100)	Como % do PIB
1953	8,3	100	9,25	56,5	100	12,0
1954	15,1	150	12,15	84,5	123	13,5
1955	13,1	111	8,23	84,1	105	10,7
1956	15,9	110	7,90	114	115	11,4
1957	20,4	124	8,65	125,4	112	10,3
1958	33,5	184	10,50	168,4	136	11,5
1959	69,5	295	12,70	282,3	174	14,2
1960	–	–	–	340,1	168	12,3
1961	–	–	–	523,9	194	12,9
1962	270,2	440	15,60	882,8	211	13,3
1963	424,3	388	12,52	1.610,7	217	13,5
1964	671,4	327	10,00	2.840,1	203	12,3
1965	1.010,5	317	9,66	3.787,8	174	10,3
1966	1.508,5	341	9,46	6.059,1	201	11,3
1967	1.854,7	329	9,65	7.134,2	186	10,0
1968	2.952,0	411	10,70	12.535,7	252	12,6
1969	4.138,2	470	11,50	14.516,7	243	10,9

FONTES: *Anuários Estatísticos do Brasil*.
Conjuntura Econômica, set. 1971.

Quando o crescimento recomeça, em 1968, as inversões industriais retomam o seu crescimento, embora até 1969 a parcela investida do VTI ainda seja modesta. Possivelmente, o aproveitamento de capacidade até então ociosa tenha poupado a muitas empresas o ônus de ampliar de imediato sua capacidade de produção. De qualquer modo, dada a forte elevação da relação lucro bruto/salários, a economia está preparada para inverter muito mais. Não haveria dificuldades em elevar a parcela acumulada do VTI a pelo menos 15%, o que possivelmente deve ter acontecido de 1970 em diante.[34] Desse

---

34 Com efeito, em 1972, as inversões industriais alcançaram 17,1 bilhões, que representavam 20% do VTI daquele ano (ver *Anuário Estatístico do Brasil*, 1974).

modo, o Departamento I começa novamente a se expandir, embora ele esteja sofrendo agora concorrência muito mais acirrada do exterior, devido aos mecanismos financeiros usados para sustentar a acumulação, como se verá logo mais.

Mas numa economia em que as decisões de produção e de consumo não são coordenadas centralmente, não basta haver suficiente capacidade de produção de bens de produção para que a acumulação se processe em ritmo intenso. É preciso, ao mesmo tempo, que a parcela correspondente da renda total seja subtraída ao consumo, isto é, que ela seja *poupada*. A inflação foi provocada, nos anos 1950, precisamente porque a elevação de preços em relação a salários redistribui renda a favor dos empresários, o que também se denomina "poupança forçada". Os regimes pós-1964, decididos a atenuar a inflação, procuraram institucionalizar a transferência de excedente de outra maneira, reduzindo também o papel do Estado no mercado de capitais. A forma mais óbvia, por ser historicamente consagrada, é a da bolsa de valores, onde, mediante a transação de ações, o excedente dos indivíduos é encaminhado às empresas, que o invertem. A bolsa deveria substituir não só a inflação, mas também as formas quase tributárias de poupança forçada na função de concentrar o excedente para o investimento em grande escala, ao possibilitar às empresas a emissão de novas ações para levantar fundos.

O governo se empenhou na criação de bolsas de valores capazes de preencher essas funções, oferecendo incentivos fiscais tanto às empresas para abrir o seu capital como ao público para colocar seu excedente em ações. Desse modo, o governo procurou criar simultaneamente oferta e procura de ações. Entre 1969 e 1971, o rápido aumento do preço das ações e do volume transacionado parecia coroar de êxito a tentativa. As aplicações na bolsa, no entanto, tinham sobretudo caráter especulativo. O valor das emissões de capital das sociedades anônimas de todo o país, subscritas em dinheiro, passou de 3.911,4 milhões de cruzeiros em 1968 para 5.070,5 cruzeiros, em 1969, e para 5.599,6 milhões de cruzeiros, em 1970, aumentando nesse ano menos que o nível de preços. Elas representaram 31% da formação bruta de capital fixo das empresas em 1968, 35% em 1969 e, provavelmente, bem menos em 1970. A maior parte do dinheiro encaminhado às bolsas se destinou à especulação com ações já emitidas. Em 1971, as expectativas alucinatórias provocadas pela alta excessiva das ações facilitaram a colocação de novas emissões, tendo estas alcançado 14 bilhões de cruzeiros, mas este foi um fenômeno efêmero: tão logo a oferta de ações novas se avolumou, o preço das ações começou a cair, iniciando-se uma baixa que já dura quase um ano. Tudo leva a crer que levará ainda algum tempo antes que as bolsas venham a desempenhar um papel relevante no processo de acumulação no Brasil.

É preciso lembrar que outras formas de concentrar o excedente também foram institucionalizadas recentemente. Entre estas, merece destaque a multiplicação dos bancos de investimento, cujos fundos provêm principalmente de depósitos a prazo fixo com correção monetária. O valor de tais depósitos passou de 1.158 milhões de cruzeiros, em fins de 1969, para 2.625 milhões de cruzeiros em fins de 1970, atingindo a respeitável soma de 5.322 milhões de cruzeiros em fins de 1971. A principal função dos bancos de investimento é a de subscrever (*underwrite*) novas emissões de capital das empresas, para posterior lançamento das ações na bolsa. Além disso, a política governamental tem sido a de estimular a formação de conglomerados financeiros, mediante a constituição de fortes grupos bancários que possuem banco comercial, banco de investimento, financeira, companhia de seguros e, se possível, outros tipos de entidades financeiras. Esses conglomerados, por sua vez, são autorizados a se associar a empresas industriais e de outros setores de atividades, promovendo sua fusão, de modo a constituir autênticos conglomerados industrial-financeiros, de acordo com o modelo japonês. Trata-se, no entanto, de política a longo prazo, que poderá provocar ampla concentração do capital no futuro, mas que não apresenta resultados imediatos que resolvam o problema da mobilização do excedente no atual momento.

Devido a isso, o governo tem aproveitado a conjuntura favorável no mercado internacional para recorrer, de forma cada vez mais ampla, ao capital estrangeiro. Essa conjuntura é o resultado de um processo de liberalização do comércio internacional, iniciado logo após a última grande guerra, com a criação do Fundo Monetário Internacional (FMI) e do Acordo Geral de Tarifas e Comércio (GATT). Esse processo beneficiou, numa primeira fase, os países capitalistas industrializados, cujo comércio mútuo se expandiu rapidamente, suscitando (entre outros eventos) os "milagres" alemão e japonês.

Durante a última década, os países industrializados foram, pouco a pouco, abrindo seus mercados aos produtos dos países que, embora não desenvolvidos, já tinham atingido certo grau de industrialização. Foram particularmente favorecidos países que: a) sediavam sucursais dos conglomerados dos países importadores; b) possuíam níveis salariais baixos e estáveis; c) praticavam uma política de estímulos às exportações. O Brasil, depois de 1964, se adaptava perfeitamente a essas circunstâncias. O subsidiamento das exportações, a condição ainda faltante, tornou-se bem amplo, principalmente depois de 1969, resultando numa certa diversificação das exportações e num rápido crescimento de sua receita, que dobrou nos últimos sete anos, atingindo quase 3 bilhões de dólares no ano passado.

A ampliação da receita de exportações e, portanto, da capacidade de importar do país, coincidiu com uma grande "boa vontade" política em apoiar o regime instaurado em 1964 por parte dos centros financeiros internacionais. Consequentemente, passou a tornar-se fácil levantar empréstimos e financiamentos no exterior, o que é uma forma excelente de simultaneamente obter poupança externa para financiar investimentos e obrigar, mediante o mecanismo da amortização, a concentração do excedente interno. Obviamente, as empresas públicas ou privadas que obtêm os empréstimos são obrigadas a amortizá-los com uma parte do seu lucro bruto, que, dessa forma, é necessariamente subtraída ao consumo. Trata-se de um adiantamento de capital que supõe uma poupança em valor correspondente *a posteriori*. É verdade que o próprio Estado poderia fazer adiantamentos desse tipo, mas nesse caso ele teria que emitir cruzeiros, o que expandiria os meios de pagamento e acarretaria pressões inflacionárias. No caso dos empréstimos estrangeiros, sendo a maior parte deles gasta fora do país, a procura interna pouco se expande, não havendo pressão altista sobre os preços. A poupança, no fundo, é pública em parte, na medida em que as exportações que pagam os empréstimos (e os juros) são fortemente subsidiadas.

Os dados da Tabela 13 dão uma ideia do andamento do processo. O saldo das transações correntes (balanças comerciais e de serviços) mostra o valor das entradas líquidas de capital estrangeiro no país. Vê-se que quase sempre o Brasil tem importado capitais, exceto nos anos de recessões, de 1964 a 1966, quando a saída de capitais foi maior que a entrada. (A saída de capital, nesta coluna, é assinalada por um saldo positivo e a entrada por saldo negativo.)

Considerando-se o valor desse saldo, verifica-se que ele era considerável entre 1959 e 1962, durante os últimos anos do mandato de Juscelino e o início da crise inflacionária. Em 1962, na verdade, a deterioração da "confiança" no Brasil já começava a obstar a entrada de capital estrangeiro, e naquele ano nossa balança de pagamentos apresentou um déficit de 346 milhões de dólares, coberto, principalmente, por "atrasados comerciais" e venda de ouro monetário. Em 1963, o saldo das transações correntes cai e passa a positivo nos três anos seguintes, marcados por recessões, que ocasionaram baixa de nossas importações e, consequentemente, grandes saldos positivos na balança comercial. Com a recuperação da economia, a entrada de capitais se acelera, a partir de 1968, chegando a alcançar *mais de 1 bilhão de dólares em 1971*.

A contribuição da chamada "poupança externa" para a acumulação brasileira de capital foi ponderável no período de Juscelino e volta a sê-lo nos últimos anos: o saldo das transações correntes representou 12,4% da formação bruta de capital fixo em 1960 e 11,7% em 1971.

Tabela 13 – Capital estrangeiro no Brasil (US$ 10^6)

Ano	Saldo transações correntes	Empréstimos e financiamentos (líquido)	Investimentos diretos (líquido)	Rendas de investimentos (líquido)
1959	−311	+62	124	−232
1960	−478	−69	99	−310
1961	−222	+152	108	−290
1962	−389	+15	69	−212
1963	−114	−114	30	−174
1964	+140	−50	28	−262
1965	+368	+59	70	−348
1966	+54	+158	74	−394
1967	−237	+86	76	−514
1968	−508	+99	61	−456
1969	−281	+520	124	−522
1970	−562	+767	108	−706
1971	−1.307	+1.168	124	−840

FONTE: *Conjuntura Econômica*, nov. 1972.

Examinando-se a forma como entra o capital estrangeiro no país, a Tabela 13 mostra que, entre 1959 e 1962, predominam os investimentos diretos, pois nesse período a maior parte dos empréstimos obtidos serve apenas à amortização de dívidas anteriores. (A entrada de recursos nas colunas de empréstimos, investimentos e rendas é assinalada por saldos positivos e a saída por saldos negativos.) Em 1963 e 1964, o saldo dos empréstimos torna-se negativo (isto é, o valor das amortizações supera o de novos empréstimos) e o de investimentos cai a um valor mínimo. A partir de 1965, há uma recuperação dos saldos em ambas as colunas, porém os empréstimos e financiamentos superam nitidamente o valor dos investimentos diretos, tornando-se, principalmente a partir de 1969, a forma predominante de penetração do capital estrangeiro. Em 1971, o valor dos empréstimos é mais de nove vezes superior ao dos investimentos, o que vai ter por consequência a rápida expansão de nossa dívida externa.

Finalmente, é preciso notar que a expansão do endividamento externo do país teria que provocar, como provocou, uma crescente saída de recursos sob a forma de remessas de rendas de investimentos, as quais, até 1964, se mantêm próximas ou abaixo de 300 milhões de dólares, para subir a cerca de 350 milhões-500 milhões de dólares, em 1965-1969, e atingir mais de 700 milhões de dólares, em 1970, e 840 milhões de dólares em, 1971. É de se prever que essa saída de recursos ainda vá se agravar mais nos próximos anos.

O que impressiona, nessa evolução, é o grau de comprometimento crescente do processo de acumulação com a entrada de recursos externos. Apesar de todos os esforços de institucionalização de mecanismos de mercado para mobilizar o excedente interno, torna-se claro que a manutenção de elevadas taxas de crescimento econômico requer quantidades cada vez maiores de capital estrangeiro. O crescimento das reservas cambiais, que atingem no momento (1972) cerca de 2 bilhões de dólares, nível extremamente elevado, não deve ser interpretado como prova de que esse capital é desnecessário, porque ele está sendo entesourado. Na verdade, tal fato indica que o capital estrangeiro é trazido (em parte) para estimular a acumulação *interna*, e a constituição de elevadas reservas cambiais é o penhor de garantia de uma dívida externa cada vez maior, que já ultrapassa os 6 bilhões de dólares.

A manutenção de um alto saldo negativo nas transações correntes implica que o valor das importações tem que crescer tão rapidamente quanto o das exportações. É o que de fato tem acontecido. Seria, aliás, utópico supor que nossas exportações teriam acesso cada vez mais livre aos mercados dos países industrializados se deles não importássemos em proporções igualmente crescentes. Nossa balança comercial com os Estados Unidos, a Alemanha Ocidental e o Japão tem apresentado saldos negativos nos últimos anos. Como a importação de bens de consumo não pode ser expandida sem ameaçar o conjunto de nossa indústria, o que tem crescido sobretudo é a importação de máquinas e equipamentos. Nesse sentido, é preciso considerar que durante a década de 1950, apesar do grande impulso da industrialização, a importação de máquinas, equipamentos e ferragens para a indústria se manteve praticamente no *mesmo* nível; o aumento das inversões industriais nesta década (ver Tabela 12) denota certo esforço de substituição de importações de bens de capital. Essas importações atingiram o seu nível mais elevado em 1961, caindo depois, durante os anos de crise, para retornar ao mesmo volume de 1961 em 1968. Seu crescimento foi rápido desde então, atingindo, em 1970, uma quantidade cerca de dois terços maior que o dos anos 1953-1960. Isto significa que uma parcela crescente da reposição e da ampliação da capacidade produtiva da indústria está sendo realizada com equipamentos importados, em detrimento dos produtos do Departamento I de nossa economia. Um outro indicador, no mesmo sentido, é a evolução das importações de máquinas, veículos e seus acessórios, cujos valores máximos, antes de 1964, foram alcançados em 1954, 1957, 1960 e 1961, com cerca de 520 milhões de dólares; nos últimos anos, essas importações têm atingido 659,4 milhões de dólares, em 1968, 774,9 milhões de dólares, em 1969, e 1.002,7 milhões de dólares, em 1970. O exame dessas cifras leva à hipótese de que a substituição de importações de bens de equipamento está sendo *revertida* e que nossa dependência tecnológica do exterior está aumentando. A inserção do Brasil na "nova divisão internacional de trabalho" parece significar que nos especializamos na produção de carne industrializada, sucos de frutas, café solúvel, mentol, sapatos e quejandos, tornando-nos cada vez mais dependentes do exterior no que se refere a aviões, computadores, geradores atômicos e equipamentos industriais em geral.

É preciso considerar ainda, que, para a continuidade do "milagre" brasileiro, a expansão das exportações é vital na medida precisamente em que a economia se abre, inserindo-se o Brasil na divisão internacional de trabalho como fornecedor de matérias-primas, produtos semielaborados e bens industrializados de consumo, e como importador de máquinas e equipamentos, pois desse modo o circuito da metamorfose do capital (mercadorias – moeda – meios de produção) se estende cada vez mais ao mercado externo. O que aduz mais uma razão para a política de contenção salarial, já que a competitividade de nossos produtos no exterior tem uma de suas bases no baixo custo da força de trabalho.

3.9 O "milagre" brasileiro: até quando?

Em economia não há milagres, embora o capitalismo apresente, de vez em quando, aspectos inesperados. O paradoxo do ciclo de conjuntura – um crescimento que se sufoca devido à sua própria aceleração – parecia uma contradição insolúvel. Com o advento da moeda "administrada", no entanto, o ciclo mudou de caráter, passando a ser o resultado direto e perceptível da luta entre classes pela apropriação do produto. Adquiriu, dessa maneira, o ciclo de conjuntura acentuado caráter político, já que a disputa no campo econômico só permanece "apolítica" na medida em que não interfere com a acumulação do capital.

No Brasil, o novo ciclo dominou a economia desde os anos 1930, tornando-se cada vez mais explícito o seu caráter político, até que o agravamento da inflação desembocou em aguda crise de poder, em 1964. A resolução dessa crise levou à centralização das decisões que afetam a remuneração do trabalho, o que constitui a complementação lógica (do ponto de vista econômico) da centralização dos demais instrumentos de política econômica: controle da moeda, do crédito, do câmbio, dos preços de produtos de importância estratégica no quadro de insumo-produto da economia, dos aluguéis etc. A política salarial posta em prática consistiu na liberação dos salários menores, cujo nível caiu, pois passou a ser determinado pela relação entre oferta e procura de força de trabalho pouco qualificada. Desse modo, o ciclo foi aparentemente neutralizado mediante uma liberalização do mercado de trabalho, em que a negociação coletiva foi abolida e a intervenção estatal foi tornada meramente negativa (ao menos por enquanto), desempenhando o papel de apenas preservar a conduta ordenada das partes contratantes.

Acontece que pela preservação de altas taxas de crescimento mediante a repressão das tensões sociais se paga um certo preço: as tensões não desaparecem, permanecendo ocultas e se acumulando, por ausência de válvulas de escape. Essas tensões são mascaradas por uma mobilidade social ascendente, que se oferece apenas como saída individual para uma minoria de assalariados. Para a grande maioria dos pouco qualificados, que participa da produção de uma riqueza crescente à qual praticamente não tem acesso, o presente "milagre" oferece pouco mais que oportunidades mais numerosas de emprego igualmente pouco remuneradoras. As categorias mais bem pagas estão expostas aos insistentes apelos de uma sociedade do consumo, veiculados pelos meios de difusão de massa, sem que os recursos de que dispõem lhes permita mais que um endividamento progressivo. Há que considerar ainda que esta é uma economia de rápidas transformações tecnológicas, que incessantemente valorizam determinadas qualificações e desvalorizam outras. A ausência não casual de mecanismos que protejam os trabalhadores, individualmente e enquanto categorias, desses azares da vida econômica traz insegurança a amplas camadas quanto ao seu futuro profissional e pessoal. Não se pode predizer por quanto tempo ainda todas essas tensões podem ser mantidas em xeque sem que elas comecem a afetar negativamente o processo produtivo.

Olhando-se o "milagre" brasileiro de um outro ângulo, pode-se considerá-lo como produto de uma fase ascendente do comércio internacional e das transações no mercado internacional de capitais. Essa fase é o resultado de um período relativamente longo, em que os conflitos entre as nações capitalistas industrializadas foram afastados, graças à posição hegemônica alcançada pelos Estados Unidos. Ela é, nesse sentido, análoga à intensificação do comércio internacional na segunda metade do século XIX, sob a égide do predomínio britânico, e que produziu o *boom* do café, do cacau e da borracha no Brasil, do trigo e da carne na Argentina etc. Aquele período de expansão comercial (e imperialista) terminou quando surgiram, como fruto dele mesmo, outros competidores industrializados – Alemanha, Estados Unidos, Japão – que desafiaram a supremacia britânica, resultando daí a formação de blocos antagônicos de nações e, a partir de 1914, um período de intensos conflitos. A história tende a repetir-se agora. A ascensão industrial do Japão e das nações que formam o Mercado Comum Europeu suscitou tensões e conflitos que até o momento se exprimem sob a forma de uma crise do sistema internacional de pagamentos.

É cedo ainda para se poder predizer se a ruína da sistemática acordada em Bretton Woods, irá acarretar uma contração, no futuro próximo, nas relações comerciais e de transferências financeiras entre as nações capitalistas. Não há dúvida, porém, que ainda não foram encontradas regras do jogo, aceitáveis para todos os parceiros. As novas paridades, declaradas em dezembro de 1971, estão ameaçadas pelo ritmo desigual de desvalorização interna das principais moedas, o que acarreta fortes movimentos especulativos, ameaçando o equilíbrio do atual sistema internacional de pagamentos. A longo prazo, um novo sistema de conversibilidade, que assegure bases adequadas para o cálculo econômico a longo prazo, depende não só de um acordo político entre as principais nações industrializadas quanto de uma nova estrutura de poder, no FMI ou em outros órgãos controladores que venham a ser criados, mas de estabilidade *interna* das principais moedas. Caso contrário, os países com mais inflação estarão sempre colocados diante de duas alternativas, ambas incompatíveis com a liberalização do comércio: ou exportar sua inflação, o que infringe as regras da conversibilidade, ou começar a perder posições no mercado externo, à medida que taxas fixas de paridade impõem a elevação dos *seus* preços em confronto com a dos concorrentes que gozam de menos inflação.

Se houver um agravamento da crise no plano econômico internacional, inevitavelmente nossa economia será afetada, pelo menos de duas maneiras: 1) as indústrias que se expandiram para atender a demanda externa – até o momento principalmente as de produtos alimentares, vestuário e calçados e metalurgia – sofrerão recessões de gravidade variável, mas que poderão prejudicar o desempenho da economia como um todo; 2) o processo de acumulação, hoje fortemente dependente de créditos externos, sofrerá por falta de recursos financeiros, afetando sobretudo os programas de inversão de grande vulto e de longa maturação, tais como a expansão siderúrgica, a implantação da indústria petroquímica, a construção de centrais hidrelétricas e nucleares, dos metrôs nas metrópoles etc. Como a economia está se abrindo vigorosamente ao exterior, como fornecedora de manufaturados e semimanufaturados e como importadora de capitais, a nossa dependência se amplia, aumentando a vulnerabilidade da economia. O mais provável, no caso de uma contração do comércio internacional, é que as pressões inflacionárias se agravem, devido à necessidade de desvalorizar externamente a moeda e de restringir as importações, o que deve acarretar o aumento do seu preço. Nessa hipótese, as medidas anti-inflacionárias, que terão que ser adotadas, deverão produzir certo descenso no ritmo de expansão das atividades.

É preciso, no entanto, não exagerar as consequências dessa eventualidade. A economia brasileira ainda se baseia essencialmente no mercado interno e uma crise provocada a partir do exterior tem limitadas possibilidades de afetá-la profundamente, ao contrário de países menores e de economia mais aberta como o Uruguai ou o Chile. O "milagre" brasileiro poderá ser reduzido a uma mera expansão "estável" do tipo mexicano (taxas anuais de 6% a 7% de crescimento), mas ele somente está ameaçado por distúrbios mais sérios se a liberalização do mercado de trabalho for colocada em questão.

II
A economia brasileira depois de 1964[1]

1. As mudanças institucionais

Uma análise da evolução recente da economia brasileira certamente não teria por que ter por ponto de partida 1964, já que esse ano não marca qualquer mudança conjuntural, estando na verdade no meio de uma fase de baixa do ciclo. A partir de 1962, o ritmo de crescimento econômico começa a diminuir, atingindo seu nível mais baixo no triênio 1963-1965. Em 1966, há ligeira recuperação, à qual se segue nova queda em 1967, de modo que só no ano seguinte começa de fato a atual fase de ascensão, conhecida como "milagre brasileiro". Desse modo, um exame descritivo e interpretativo da economia do Brasil deveria tomar 1962 ou 1968 como datas-base e não 1964.

Por outro lado, não há como negar que 1964 representou um ponto de ruptura na história política do país. Naquele ano, a experiência democrática "populista" chegou ao seu fim e um outro regime, que

---
[1] Publicado originalmente em *Debate e Crítica*, n.4, 1974.

acabou de completar dez anos, foi inaugurado. Não importa como se o denomina – autoritário, militar, capitalista dependente ou desenvolvimento associado –; o que não resta dúvida é que ele promoveu mudanças institucionais profundas e que não podiam deixar de afetar a economia do país. É por esse ângulo que se justifica uma análise da economia brasileira depois de 1964, a qual tentaremos desenvolver nas páginas a seguir.

É necessário advertir desde logo que as transformações institucionais promovidas a partir do movimento de março de 1964 não afetam o modo de produção dominante, que continua, como antes, sendo capitalista. Não se verificaram, portanto, transformações revolucionárias. O que houve, no entanto, foram transformações de caráter mais ou menos permanente das regras do jogo, que podem ser enquadradas em três classes:

a) decorrentes do novo equilíbrio de forças entre as classes e frações de classe, que resultou do movimento vitorioso em 1964;
b) decorrentes das necessidades emergentes do processo de desenvolvimento capitalista dependente pelo qual passa o Brasil;
c) decorrentes de mudanças na conjuntura internacional.

2. Consequências do novo equilíbrio de forças entre as classes

Na primeira classe estão as mudanças nas relações de trabalho. O movimento sindical brasileiro dava apoio, de modo geral, ao governo deposto em 1964. A partir de então ele se encontra marginalizado do poder, sendo tolerado apenas como concessão às aparências democráticas que os sucessivos governos após 1964 acharam conveniente manter. As medidas mais importantes que transformaram as relações de trabalho após 1964 foram a nova política salarial e a substituição do sistema de estabilidade no emprego pelo Fundo de Garantia de Tempo de Serviço (FGTS).

Mediante a política salarial adotada, a partir de 1965 foram abolidos, na prática, o direito de greve (que só subsiste legalmente quando serve de protesto contra o atraso no pagamento de salários) e o direito de barganha coletiva por parte dos trabalhadores. Até 1964, esses direitos eram de fato exercidos apenas pelos trabalhadores dos centros urbanos maiores, mas havia uma clara tendência no sentido de paulatinamente alcançarem os trabalhadores de centros menores e das áreas rurais. A legislação trabalhista, promulgada em grande parte durante o "vácuo político" do Estado Novo, estava recebendo um novo conteúdo social, na medida em que o arcabouço legal dela decorrente permitia que mesmo trabalhadores de áreas mais atrasadas pudessem se organizar em sindicatos e reivindicar certos direitos inscritos em lei, como salário mínimo, férias, pagamentos de horas extraordinárias etc., relativamente a salvo de represálias patronais ou policiais. É importante lembrar que, nessa luta pela aplicação dos dispositivos da legislação do trabalho, a existência tanto de garantias jurídicas dos direitos humanos quanto de imprensa livre e de instituições representativas foi crucial.

A legislação referente aos salários, adotada após 1964, atribuiu ao governo federal a fixação das margens de reajustamento salarial em todo o país. Ao negar qualquer recurso, de parte a parte, contra as margens assim fixadas, essa legislação retirou da Justiça do Trabalho e dos sindicatos de empregados sua principal razão de ser. Além disso, a facilidade com que acusações de subversão atualmente provocam a intervenção do Ministério do Trabalho em sindicatos praticamente os impede de exercer com eficiência a fiscalização das leis trabalhistas, a qual passa a depender somente dos fiscais do Ministério do Trabalho ou da Previdência Social. Diante da burocratização crescente das relações, tanto dentro das empresas como fora delas, tornou-se o trabalhador ainda mais dependente da ocasional boa vontade dos funcionários do departamento do pessoal da firma, do sindicato no qual está enquadrado, do instituto de previdência, do BNH etc. Tal burocratização talvez tenha sido inevitável, dada a crescente centralização de atividades em entidades cada vez maiores, mas suas consequências são agravadas pela ausência de qualquer representação independente dos trabalhadores. O controle das instituições que deveriam amparar o trabalhador foi entregue a aparelhos administrativos, cuja ineficiência é, na maioria das vezes, apenas encoberta pela sua arbitrariedade.

A política salarial posta em prática de 1964 em diante tem sido quase sempre analisada do ponto de vista de seu efeito sobre os níveis de salário real e não há dúvida de que ela foi o principal instrumento utilizado (ao lado da fixação dos níveis de salário mínimo) para que o salário real dos trabalhadores de pouca ou nenhuma qualificação caísse, principalmente entre 1965 e 1968 e de 1972 em diante. Este tem sido o uso "conjuntural" da política salarial: combater surtos inflacionários por meio da chamada "contenção" dos salários. Mas, num exame de mais longo prazo, importa assinalar que a política salarial, combinada com as demais medidas assinaladas, provocou uma mudança qualitativa nas relações de trabalho: maior subordinação do trabalhador à disciplina da empresa, maior dependência em relação às autoridades patronais, sindicais, previdenciárias, policiais etc. e menor atenção às necessidades, aspirações e direitos do trabalhador.

É nessa perspectiva que a substituição do regime de estabilidade no emprego pelo FGTS – optativa em tese, mas de fato obrigatória para cada pessoa que entra num emprego – revela seu significado. Do ponto de vista da receita em moeda para o empregado, o regime do FGTS não é, na maior parte dos casos, pior que o da estabilidade. A grande diferença está no fato de que a estabilidade impunha um ônus à empresa na hipótese de esta demitir o empregado, o que assegurava a este uma latitude maior de resistência às imposições patronais. Nas lutas reivindicatórias dentro das empresas, os empregados estáveis (com mais de dez anos de casa) e os que estavam havia mais tempo na firma, mesmo sem terem alcançado ainda a estabilidade, constituíam uma liderança natural, devido à sua maior experiência e sobretudo porque eram "intocáveis" pela principal arma patronal: a demissão. O mesmo tipo de liderança desempenhava papel crucial nas lutas na indústria, sendo que grande parte da liderança sindical era constituída por trabalhadores estáveis.

À medida que o regime do FGTS foi substituindo o da estabilidade, a situação dos trabalhadores mais idosos tornou-se extremamente instável: ameaçados de demissão por constituírem liderança natural de lutas reivindicatórias, eles passaram a estar sujeitos a longos períodos de desemprego pela notória resistência das empresas à admissão de pessoas mais velhas. Há que notar ainda que o efeito da instituição do FGTS é gradativo. No momento da opção oferecida aos empregados, em 1967, a grande maioria dos veteranos escolheu a estabilidade (regime antigo). Mas, com o passar do tempo, muitos foram dando baixa por morte, invalidez ou aposentadoria; outros tiveram que deixar empresas que fecharam ou fizeram "acordos" para receber uma parte das indenizações a que fariam jus. Como todos os novos empregados são obrigados a "optar" pelo FGTS, a proporção de assalariados ainda no "regime antigo" tende a declinar inapelavelmente.

É claro que tudo isso contribui para a manutenção da "paz social": a política salarial, que exclui a barganha entre sindicatos de empregados e empregadores; a sujeição dos sindicatos à estreita vigilância e a frequentes intervenções do Ministério do Trabalho, que naturalmente limita a sua capacidade de representar as respectivas categorias industriais ou ocupacionais; e a eliminação da estabilidade, que dá à repressão econômica do patronato plena liberdade de ação. E, não há dúvida, uma estranha "paz social" desceu sobre a economia brasileira após 1964. As manifestações de "conflito industrial", que caracterizam praticamente todas as economias capitalistas industrializadas ou em vias de industrialização, estão conspicuamente ausentes do panorama brasileiro dos últimos dez anos. E que não se suponha que não houvesse motivos para conflito. Se durante a primeira parte do período de 1964 a 1967 as condições adversas do mercado de trabalho, resultantes das sucessivas recessões, poderiam ter desencorajado eventuais movimentos reivindicatórios, nos anos seguintes a economia passou a crescer a taxas elevadas, o desemprego existente foi consideravelmente reduzido até que, de 1973 em diante, sintomas de escassez de mão de obra, inclusive a de pouca qualificação, passaram a se multiplicar em escala crescente. Dado que a fruição dos resultados desse crescimento estava restrita a uma minoria, enquanto a grande massa de assalariados via sua renda real estagnar e mesmo declinar, seria altamente improvável (para dizer o mínimo) que a ausência de conflitos fosse devida à satisfação generalizada com as condições vigentes...

Essa "paz social" foi, como não podia deixar de ser, devidamente aproveitada pelas firmas para aumentar a produtividade do trabalho. Assim, a notável disciplina imperante permitiu a muitas empresas elevar ao máximo a intensidade do trabalho. Diante de um rápido aumento da procura, o trabalho em horas extraordinárias generalizou-se de tal modo que já se considera que a jornada de oito horas, consagrada em lei, foi na prática abolida na maioria das indústrias.

A gradativa extensão da jornada de trabalho é nitidamente confirmada pelos dados da Pesquisa Nacional por Amostra de Domicílios (PNAD), reproduzidos na Tabela 14. As informações disponíveis cobrem apenas o período 1968-1972, porém já revelam duas tendências que se combinam:

a) redução da porcentagem dos que trabalham menos de quarenta horas por semana, que cai de 16,4% para 12,3% em São Paulo e de 19,2% para 15,3% nos estados do Rio e Guanabara, atestando a relativa absorção do subemprego, à medida que prossegue o atual *boom* da economia brasileira;

b) o forte aumento da porcentagem dos que trabalham mais de 49 horas por semana, de 24,2% para 28,2% em São Paulo e de 23,2% para 31,8% no Rio e Guanabara. Como a escassez de mão de obra começa a se verificar de forma generalizada somente a partir de 1973, deve-se admitir que, atualmente, a proporção dos que realizam jornadas de trabalho superiores à normal deve ser bem maior que a encontrada pela PNAD em fins de 1972.

Tabela 14 – Força de trabalho não agrícola: classes de horas semanais de trabalho (% do total de pessoas ocupadas)

Nº de horas de trabalho por semana	1968 (2º trimestre) SP	1968 (2º trimestre) RJ e GB	1972 (4º trimestre) SP	1972 (4º trimestre) RJ e GB
Até 14 horas	1,6%	1,3%	1%	0,9%
de 15 a 39 horas	14,8%	17,9%	11,3%	14,4%
de 40 a 49 horas	59,4%	57,6%	59,5%	52,9%
50 horas e mais	24,2%	23,2%	28,2%	31,8%
Total de ocupados	100%	100%	100%	100%

FONTE: Pesquisa Nacional por Amostra de Domicílios (1968 e 1972).

O resultado geral foi uma marcante elevação da produtividade física do trabalho, a qual, em sua maior parte, não resultou de avanços da técnica, mas das mudanças nas relações de trabalho analisadas.

Não é fácil documentar esse aumento de produtividade. Eis, no entanto, dois exemplos:

> Em 1965, a produtividade da Usiminas (grande empresa siderúrgica em Minas Gerais) era de 48,5 toneladas/homem/ano; em 1968, o índice já tinha saltado para 121,9 e no ano passado ele foi de 247 toneladas/homem/ano, o mais alto de toda a América do Sul...[2]

> Respondendo por escrito a um questionário de *Opinião*, a Volks (Volkswagen do Brasil, a maior empresa automobilística do país) reconheceu que a produtividade de seus operários tem crescido de ano para ano – a produção de veículos por empregado pulou de 10,4 por ano em 1971 para 12 em 1972 e para cerca de 14 este ano...[3]

Não há como desconhecer que a política trabalhista posta em prática após 1964 foi um importante fator para que a economia alcançasse elevadas taxas de crescimento de 1968 em diante. Mas há, como sempre, o reverso da medalha. Os autores da proeza – os trabalhadores – sofreram sensível piora em suas condições de vida, que transparece por exemplo no avultado número de acidentes de trabalho, que caracteriza nossa economia nestes últimos anos.

> Em 1971, para uma população ativa de 7,6 milhões de pessoas, foram registrados 1,4 milhão de acidentes; em 1972, para 8 milhões de trabalhadores, 1,5 milhão de acidentes; e em 1973, para uma população ativa um pouco superior à do ano anterior, foi registrado 1,6 milhão. Em números relativos, algo próximo da assombrosa taxa de 20% de ocorrências, um dos mais altos índices do mundo.[4]

---

2 "O segredo da Usiminas", *Opinião*, n.81, 27 maio 1974.
3 "Aumentando a velocidade das máquinas", *Opinião*, n.67, 10 dez. 1973.
4 "As mais altas médias do mundo", *Opinião*, n.83, 10 jun. 1974.

Parece não haver dúvida que a elevada frequência de acidentes do trabalho se deve principalmente à fadiga produzida pelo ritmo demasiado intenso de trabalho e pelo grande número de horas trabalhadas por jornada, além da insuficiência de medidas preventivas, que as empresas, graças à reduzida capacidade de pressão dos operários, deixam de adotar para não onerar os custos de produção.

É claro, também, que o quadro institucional inaugurado em 1964, que consagrou o novo equilíbrio de forças entre empregadores e empregados, acarretou sensível queda do padrão de vida, sobretudo dos assalariados urbanos. Indícios, nesse sentido, foram encontrados por pesquisa realizada pelo Departamento Intersindical de Estatística e Estudos Socioeconômicos (Dieese), em São Paulo, entre 1969 e 1970. Verificou-se que entre essa data e 1958, quando a mesma entidade realizou pesquisa análoga, houve sensível diminuição do nível de nutrição do assalariado paulistano.[5] Como consequência provável do agravamento da desnutrição entre as camadas mais pobres da população urbana, verificou-se, desde 1964, um aumento da mortalidade infantil na maioria das capitais para as quais há dados consistentes.

Tabela 15 – Mortalidade infantil em algumas capitais (1950-1972)

Ano	Manaus	Recife	J. Pessoa	B. Horizonte	Vitória	S. Paulo	Goiânia
1950	171,1	230,4	185,8	103,8	137,2	89,7	117,5
1955	109,6	204,1	201,0	101,3	118,1	86,5	175,9
1960	100,2	151,7	119,0	74,2	–	62,9	–
1964	95,2	125,6	179,6	–	103,1	67,7	87,0
1965	90,9	148,8	145,1	92,3	115,4	69,4	90,0
1966	70,2	149,4	137,3	87,2	124,3	73,8	84,0
1967	56,0	142,4	150,4	98,3	132,8	74,4	92,7
1968	81,3	153,9	–	102,3	107,8	75,1	46,6
1969	60,7	165,3	180,5	107,3	117,3	83,8	123,1
1970	80,4	205,7	156,0	107,7	121,9	–	98,5
1971	94,6	190,0	193,7	102,2	115,9	–	122,2
1972	–	178,6	–	105,3	99,5	–	–

FONTES: IBGE, *Anuários Estatísticos do Brasil*, 1965 a 1973.

---

5 Dieese, "Família assalariada: padrão e custo de vida", *Estudos Sócio-Econômicos*, n.2, jan. 74).

Como se pode ver na Tabela 15, a mortalidade infantil caiu acentuadamente entre 1950 e 1960 em todas as capitais que possuem a informação, porém, durante a década seguinte, a tendência ao decréscimo foi revertida, um pouco mais cedo ou mais tarde, em todas elas. Em São Paulo, a mortalidade infantil atingiu seu ponto mais baixo em 1962, passando a aumentar significativamente a partir daí, até atingir em 1969, último ano para o qual se tem a informação, nível quase 40% superior. Evolução análoga se verifica em Belo Horizonte, onde a mortalidade infantil aumentou quase 45% entre 1960 e 1969, tendo se estabilizado no seu nível mais alto nos últimos quatro anos. Nas demais capitais, a reversão da tendência se deu algo mais tarde: a partir de 1964 em Recife e em Vitória, a partir de 1966 em João Pessoa e Goiânia (não considerando dessa capital o dado referente a 1968, provavelmente espúrio) e a partir de 1967 em Manaus.

A uniformidade da tendência ao aumento da mortalidade infantil e o fato de ela se verificar ao longo de um período considerável demonstra que houve realmente queda do padrão de vida pelo menos da população dos centros urbanos maiores. Cumpre lembrar que a taxa de mortalidade infantil é antes um indicador de padrão de vida do que de saúde, pois a sobrevivência de crianças menores de um ano depende mais de condições gerais de higiene e nutrição do que de cuidados médicos. Essa queda do nível de vida está associada às mudanças no nível de remuneração do trabalho ocorridas após 1964, embora em São Paulo e Belo Horizonte o aumento da mortalidade infantil tenha começado um ou dois anos antes dessa data. Essa antecipação se explica pela forte aceleração inflacionária, que reduziu os salários reais a partir de 1961, à qual se somou a recessão de 1963, que abriu a fase de baixa que se prolongou até 1967. No início da década de 1960, houve uma deterioração no padrão de vida devido à mudança de conjuntura, a qual foi prolongada e de fato tornada permanente pelas mudanças institucionais realizadas depois de 1964. Como os dados da Tabela 15 indicam, quando a conjuntura novamente mudou, em 1968, iniciando-se a fase de ascensão do ciclo, a mortalidade infantil não voltou a cair, nem em São Paulo, nem em Belo Horizonte ou em qualquer das outras cidades.

Também não é de se estranhar que o empobrecimento absoluto e relativo dos assalariados – sendo o empobrecimento relativo, dado o forte crescimento do produto nacional, muito maior que o absoluto – tenha acarretado elevação substancial da taxa de lucros, tão logo a economia saiu do período recessivo, de 1968 em diante. Não se dispõe de dados que permitam verificar como a taxa de lucro evoluiu na economia brasileira, mas indicações referentes ao capital americano investido na América Latina mostram que ele tem alcançado taxas de lucro bem mais elevadas no Brasil que em qualquer outro país do continente. Assim, em 1971, o capital americano invertido no Brasil obteve uma taxa de lucro de 14,3% contra 12,3% obtido na Colômbia, 13,4% na Venezuela, 11,9% no Peru, 8% no México e apenas 6,6% na Argentina. Em 1972, a taxa de lucro alcançada pelo capital americano chegou a 18,1% no Brasil, contra 12,5% na Colômbia, 14,5% na Venezuela, 12,1% no Peru, 11,9% no México e 4,7% na Argentina (dados da *Hanson's American Letter* reproduzidos em "EUA: lucros (pequenos?) na América Latina?", *Opinião*, n.52, 3 a 10 nov. 1973).

Naturalmente, não se pode assegurar que as taxas de lucro do capital americano investido no Brasil sejam representativas das do capital em geral no país. Trata-se, na verdade, de capital altamente concentrado que, como o restante do capital estrangeiro no Brasil, atua, em geral, em mercados de concorrência monopolística, nos quais as empresas – por serem grandes e em pequeno número – tendem a alcançar taxas de lucro maiores que a média. Nesse sentido, o que os dados indicam é que o *grande capital* vem alcançando no Brasil taxas de lucro excepcionalmente elevadas, o que não pode deixar de ser atribuído em grande parte à queda relativa e mesmo absoluta dos salários reais.

Essas considerações nos levam à análise de outras mudanças institucionais, introduzidas de 1964 para cá, e que afetam as relações entre empresas grandes e pequenas, estrangeiras e nacionais, estas últimas divididas ainda em estatais e privadas. De uma forma geral, a hegemonia da grande empresa – nacional (quase sempre estatal) e estrangeira – foi consideravelmente reforçada. Em certos setores – como o financeiro, por exemplo –, isso foi o resultado de uma política de fusões oficialmente adotada pelo governo. Em outros setores, grandes empresas receberam favores fiscais e creditícios que lhes permitiram dominar os respectivos mercados. Assim, a expansão da indústria petroquímica, siderúrgica, do alumínio e outras está sendo realizada sob a égide do poder público mediante "grandes projetos", nos quais tendem a participar conglomerados nacionais e estrangeiros e sociedades de economia mista. Há uma generalizada procura de maior eficiência em todos os setores da economia e o pensamento que orienta a política econômica prevalecente após 1964 identifica a grande empresa como detentora de tecnologia mais aperfeiçoada. Esse pensamento é, aliás, anterior a 1964, mas, naquele período, a procura da maior eficiência estava sujeita a contrapressões de pequenos empresários e de outras classes, cujo número avultado e consequente peso político-eleitoral punha entraves significativos ao favorecimento exclusivo da grande empresa. Exemplo típico é a série de favores e subsídios oferecidos às empresas que exportam e que foram estabelecidos nos últimos dez anos. Alguns desses favores se aplicam exclusivamente a empresas estrangeiras que "transplantam" fábricas completas ao país, cuja produção se destina ao mercado externo. Mas mesmo os favores concedidos aos exportadores de artigos manufaturados em geral tendem a favorecer as empresas maiores, já que as de pequeno porte quase sempre atuam apenas no mercado interno. Outro exemplo é o das regulamentações de empréstimos obtidos no exterior, os quais, após 1964, permitiam apenas a empresas que tivessem associados em outros países obter recursos, quando estes se faziam escassos nos mercados financeiros do país. As grandes empresas estrangeiras puderam assim contar com crédito mais abundante que suas competidoras, daí resultando intensa concentração do capital durante o período de recessões, que se prolongou até 1968. Mesmo quando esse privilégio concedido às filiais de conglomerados estrangeiros cessou, as vantagens desfrutadas apenas por grandes empresas no mercado financeiro não cessaram. Assim, por exemplo, as vantagens concedidas às empresas "de capital aberto" só estão na prática ao alcance de empresas de grande porte. Dado o forte viés a favor do grande capital "embutido" na política econômica posta em prática nos últimos dez anos, mesmo programas dirigidos especificamente a favor da pequena e média empresa, como a Fipeme (fundo de beneficiamento especialmente dirigido a firmas menores), não alteram o panorama geral: os mecanismos de mercado que tendem a promover a concentração do capital são tolerados e, em muitos casos, amplificados pelas medidas de política econômica. Até mesmo as tímidas tentativas, postas em prática a partir de 1961, de criar mecanismos legais e administrativos capazes de coibir práticas monopolistas foram, de fato, abandonadas após 1964.

3. Decorrências do desenvolvimento capitalista dependente

Esse favorecimento institucional da grande empresa decorre, em grande parte, de medidas que se enquadram em nosso segundo tipo de mudanças, ou seja, que respondem a necessidades derivadas do desenvolvimento capitalista dependente pelo qual passa o país. Assim temos dois processos que se interpenetram: de um lado, a perda (após 1964) de influência dos pequenos empresários – assim como dos demais grupos de pressão, cuja importância residia antes em seu número do que em sua força econômica – afastou um importante obstáculo à plena "monopolização" da economia; do outro, a prioridade concedida após 1964 à "racionalização" do processo de desenvolvimento mediante sua burocratização levava necessariamente ao mesmo resultado. Ocupemo-nos um pouco mais deste último aspecto. Uma das necessidades primordiais que emergem do processo de desenvolvimento brasileiro das últimas duas a três décadas é a da luta sistemática contra a inflação, a qual reflete grande parte das contradições do desenvolvimento não planejado (ver Paul Singer, "As contradições do milagre", *Estudos*, n.6, Cebrap, out.-dez. 1973). Nessa luta. a estratégia adotada após 1964 exige uma estreita colaboração entre o governo e a empresa privada, a qual é muito mais fácil de organizar em setores dominados por pequeno número de grandes empresas.

Assim, os controles administrativos de preços, que antes de 1964 se restringiam, em geral, aos gêneros de primeira necessidade, foram depois estendidos a grande parte dos produtos industriais, sendo centralizados num órgão de cúpula, a Comissão Interministerial de Preços (CIP). A sistemática de controle adotada foi a de autorizar aumentos de preços apenas quando eram justificados por elevações de custos. (Aliás, diga-se de passagem, essa política é bem mais generosa que a adotada em relação aos salários, cujo reajustamento tende a maior parte das vezes a ser menor que o aumento do custo de vida.) O que interessa aqui, no entanto, é que a correspondência entre custos e preços é norma típica dos oligopólios, cujo domínio dos mercados em que atuam lhes permite adotar uma política de fixação de preços à base dos custos mais uma margem proporcional de lucros. Daí a política da CIP coincidir plenamente com a das grandes empresas, que tendem "naturalmente" a se enquadrar no que se convencionou chamar de combate "gradualista" à inflação. Em setores como o automobilístico, o siderúrgico, o químico e outros plenamente dominados pelo grande capital, as determinações da CIP não encontram, em geral, resistência. Já o mesmo não pode ser dito a respeito de outros setores, como o do leite, da carne ou do óleo comestível, em que atuam numerosas empresas médias e pequenas. Nesses setores, a estrutura de custos varia muito de empresa para empresa, sendo difícil determinar o aumento médio de custos. A tendência das autoridades é naturalmente tomar por base empresas relativamente mais eficientes, para a fixação de novos preços, o que dá lugar a conflitos e o aparecimento de mercado negro, em parte facilitado pelo grande número de vendedores, o que torna a fiscalização mais difícil.

Na medida em que a política de preços dos governos "revolucionários" tem êxito – e até agora é difícil dizer que esse êxito foi grande –, ela leva à concentração do capital, já que, como regra geral, apenas as maiores empresas têm condições de preservar suas margens de lucro sem violar o tabelamento.

Se se pensa a estratégia de combate "gradualista" à inflação como um todo, pode-se verificar que ela, de certa maneira, pressupõe mercados oligopólicos. Isso é verdade não só no que se refere à fixação de preços, mas também em relação a outras áreas, como a tributação e o crédito. Assim, o controle da inflação exige que o orçamento da União seja equilibrado, o que requer que a receita tributária cresça pelo menos na mesma medida em que se expande o produto nacional. Sendo os principais tributos do tipo *ad valorem*, como o IPI e o ICM, essa condição só pode ser satisfeita desde que as empresas paguem os impostos, o que naturalmente é mais fácil quando elas atuam em mercados oligopólicos, em que o valor dos tributos é integralmente incluído nos preços, sendo portanto pago pelos compradores. Em mercados onde predomina a concorrência de preços, isto é, onde cada vendedor procura aumentar sua participação cobrando preço menor que os competidores, a sonegação de impostos oferece vantagens decisivas. Além disso, o grande número de pequenos vendedores em tais mercados torna a fiscalização mais difícil, aumentando as chances de êxito da sonegação. Em tais mercados tendem a se estabelecer longas cadeias de cumplicidade entre vendedores e compradores, em que boa parte da movimentação das mercadorias se faz à margem dos registros fiscais.

Antes de 1964, tentativas de elevar a receita fiscal mediante o aumento da alíquota dos impostos geralmente acabavam por ampliar a margem de sonegação, a ponto de anular o crescimento almejado da receita. Após 1964, as exigências fiscais se tornaram mais amplas e rígidas, a ponto de impedir a sobrevivência de muitas empresas pequenas, incapazes de suportar o peso dos impostos. A adoção, por exemplo, do reajustamento monetário para os débitos fiscais e com a previdência social desencorajou a retenção de impostos e de contribuições. É óbvio que a existência de empresas cuja sobrevivência depende da sonegação de impostos e de contribuições trabalhistas dificilmente se justifica. Nem por isso deixa de ser verdade que sua eliminação, de 1964 em diante, abriu novos campos de acumulação para o grande capital, acelerando a "monopolização" da economia brasileira. Atualmente, a política fiscal do governo, que consiste tanto na imposição de tributos como na concessão de isenções, favorece a concentração do capital de duas maneiras: uma explícita, ao encorajar fusões e favorecer empresas de "capital aberto", firmas que exportam etc., e outra implícita, ao exigir uma série de registros contábeis e legais que tornam a existência da empresa muito pequena pelo menos bastante difícil.

Também no campo do crédito, a política inaugurada após 1964 tende a favorecer a grande empresa, ao promover ativa e deliberadamente a formação de conglomerados financeiros que tendem, à medida que expandem suas atividades de banco de investimento –

subscrição de novas emissões de ações de empresas não financeiras e concessão de créditos a longo prazo –, a transformar-se em conglomerados *financeiro-industriais*. A associação de conglomerados liderados por bancos comerciais com conglomerados não financeiros (industriais, comerciais, agrícolas etc.), aberta ou implícita (mediante domínio acionário pelo mesmo grupo capitalista), é uma forma de concentração do capital que começa a caracterizar a economia brasileira no período que se abre em 1964. Exemplos dessa tendência são a fusão do grupo da Refinaria União com os bancos Irmãos Guimarães, Brasul, Investbanco e outros e a constituição do grupo Brascan, organizado ao redor do Banco Brascan de Investimentos, que controla companhias de eletricidade (São Paulo Light e Rio Light), uma financeira (a Crefinan – Crédito, Financiamento e Investimentos), diversas firmas industriais (Fábricas Peixe – Indústrias Alimentícias Carlos de Brito S.A.; Cervejarias Reunidas Skol Caracu S. A.; Fábrica Nacional de Vagões), de serviços (Brasnac Corretora de Seguros, Brink's S. A. Transportes de Valores, Gávea Hotelaria, Turismo S. A.) e de mineração (Itacobe Minério, Itajubá Minérios, Itanembe Minérios etc.), além de participar em vários outros empreendimentos, tais como a Indústria Eucatex S. A. de madeira, e a Empresa Industrial Garcia S. A. de tecidos (*Guia Intervest*, Rio, 1973).

É claro que tudo isso garante às grandes empresas acesso ao crédito em condições muito mais favoráveis do que às pequenas. A gradativa eliminação dos estabelecimentos de crédito de pequeno porte certamente torna mais fácil ao governo executar sua política de crédito, pois a fiscalização de um número menor de grandes bancos e financeiras tende a ser mais eficaz e também porque a concentração reduz o custo da intermediação financeira, tornando viável ao governo tabelar a taxa de juros em nível mais baixo. Pode-se admitir que este tenha sido o objetivo da política governamental de apoio a fusões de bancos, posta em prática após 1964. Mas um dos efeitos dessa política é que as pequenas empresas não financeiras podem dispor de cada vez menos bancos independentes de grandes grupos capitalistas e que, portanto, dependem primordialmente delas como clientes. A lógica da complementaridade entre as esferas financeiras e não financeiras faz que a concentração em uma acarrete a concentração na outra.

Não é demais afirmar, portanto, que a política econômica inaugurada em 1964 procurou tornar mais eficazes os instrumentos de controle da vida econômica pelo Estado e que, nesse sentido, seu êxito dependeu da concentração do capital, a qual foi acelerada de todas as maneiras. É importante notar que a concentração do capital acompanha necessariamente o desenvolvimento capitalista em qualquer país e a sua promoção pelo Estado como meio de acelerar o desenvolvimento tem precedentes históricos importantes na Alemanha de Bismark e, mais recentemente, na França de De Gaulle. No Brasil, antes de 1964, uma política de apoio ao grande capital teria encontrado obstáculos insuperáveis devido à oposição não só dos pequenos empresários, mas também de outras classes igualmente contrárias à hegemonia da grande empresa. No quadro institucional criado após 1964, esse tipo de oposição foi anulado e as consequências do desenvolvimento capitalista passaram a ter livre curso no país.

4. Decorrência da nova conjuntura internacional

Resta finalmente tratar das mudanças institucionais da última década que decorreram de alterações da conjuntura internacional. Essas alterações constituem, na verdade, um desdobramento de tendências que têm sua origem na reorganização do capitalismo em escala mundial, sob a hegemonia dos Estados Unidos, após a Segunda Guerra Mundial. Com os Acordos de Bretton Woods, em 1945, o capitalismo mundial foi dotado de uma série de órgãos e instituições, tais como o Fundo Monetário Internacional (FMI), o Banco Internacional de Reconstrução e Desenvolvimento (Bird) e o Acordo Geral de Comércio e Tarifas (Gatt), que permitiram a gradual liberalização das trocas internacionais, da qual resultou intensa expansão do comércio internacional. Numa primeira fase, essa expansão se deu sobretudo entre os países capitalistas adiantados, desdobrando-se, a partir da década de 1960, numa gradual abertura dos mercados desses países às exportações de manufaturados de países menos industrializados.

É preciso notar que essa expansão das trocas internacionais se deu num mercado crescentemente dominado pelas empresas chamadas "multinacionais". Dessa maneira, uma parcela cada vez maior das transações internacionais se dá entre subsidiárias daquelas empresas localizadas em países diferentes. Isso confere uma nova dimensão à divisão internacional do trabalho, já que os países exportadores de capital passaram a realizar parte da mais-valia produzida no exterior, importando produtos de subsidiárias de suas próprias empresas. No que se refere às exportações de manufaturados por países não desenvolvidos, estas se tornaram possíveis a partir do momento em que o grande capital internacional deslocou parte de suas operações industriais para aqueles países.

Até 1964, o Brasil quase não participou dos mercados que se abriam aos produtos manufaturados dos países menos desenvolvidos. O fato se explica pela orientação geral dada à industrialização brasileira desde os seus primórdios, qual seja, a de substituição de importações no *mercado interno*. Também as multinacionais, ao investir na indústria brasileira, visavam sobretudo a conquistar posições no mercado interno do país. O desenvolvimento voltado para o mercado interno recebeu, nos anos que antecederam 1964, plena prioridade graças a uma série de medidas nacionalistas, tais como a criação da Petrobrás e da Eletrobrás, e que culminaram com a legislação, adotada em 1963, que restringiu as remessas de lucros ao exterior. Era óbvio que nessas condições as multinacionais estabelecidas no Brasil não tinham interesse em promover a exportação de seus produtos, já que não poderiam dispor livremente da mais-valia assim realizada.

O relacionamento do grande capital internacional com a economia brasileira mudou profundamente depois de 1964. O novo regime mostrou-se interessado em atrair as multinacionais, oferecendo-lhes as mais sólidas garantias econômicas e políticas. As restrições à remessa de lucros foram praticamente abolidas e garantias formais contra expropriações sem indenização "adequada" foram dadas, até mesmo sob a forma de tratados internacionais. Ao mesmo tempo iniciou-se uma política de crédito que, como vimos antes, favoreceu as subsidiárias de capital estrangeiro e uma política de incentivos (no fundo de generoso subsidiamento) às exportações de manufaturados, que naturalmente vieram a beneficiar as mesmas subsidiárias.

Se anteriormente o Brasil se tinha retraído algo da economia capitalista mundial, como consequência da depressão dos anos 1930 e da Segunda Guerra Mundial, após 1964 a economia brasileira novamente se abriu ao exterior, sobretudo depois que o período de recessões, entre 1963 e 1967, foi superado. Apenas é preciso notar que o Brasil não deixou de ser uma economia subdesenvolvida, de modo que essa volta à integração no mercado mundial se deu, como não podia deixar de ser, em termos coloniais. A notória expansão de nossas exportações, nos últimos dez anos, não resultou de nossa superioridade tecnológica (como foi, por exemplo, o caso da Alemanha Ocidental e do Japão), mas da abundância de nossos recursos naturais e do baixo custo de nossa mão de obra. E, o que é ainda mais importante, nossas importações cresceram ainda mais que nossas exportações, sendo o déficit de nossa balança comercial, assim como o da balança de serviços, coberto por entrada de capital estrangeiro, inclusive de quantidades crescentes de capital de empréstimo, o que acarretou crescimento ainda mais notável de nossa dívida externa.

O novo relacionamento do Brasil com o grande capital internacional, iniciado em 1964, significou, de certa forma, a *reversão* do processo de substituição de importações. Dada a limitação de recursos para investir, o Brasil passou a alocar uma parcela crescente deles a setores de exportação – desde minério de ferro até sapatos, sucos de frutas e serviços de infraestrutura como os badalados "corredores de exportação" –, negligenciando a expansão de atividades dirigidas ao mercado interno. O nosso notório atraso na expansão da siderurgia, e da produção de metais não ferrosos e de fertilizantes, para mencionar apenas alguns exemplos, atesta uma das consequências da nova ênfase dada ao desempenho do Brasil no mercado mundial. Sobretudo o atraso de nossa indústria de bens de capital num período de forte expansão das inversões, como é o de 1968 para cá, explica a crescente dependência do exterior que se traduz numa expansão mais que proporcional de nossas importações.

Numa recente exposição de motivos dirigida ao presidente da República, essa situação é assim caracterizada pelos ministros do Planejamento e da Indústria e do Comércio:

Com efeito, grande parte dos investimentos fixos realizados na economia brasileira está sustentada pela importação de equipamentos. Em relação à demanda interna desses bens, as importações brasileiras atingem cerca de 40% para o global do setor, ou de 50% a 55% para os equipamentos sob encomenda. O crescimento dessas importações se tem verificado a taxas da ordem de 30%, explicando, entre 1970 e 1972, cerca de 50% do aumento das importações totais.[6]

Na estratégia mundial das multinacionais há um papel especial reservado para países de grande extensão territorial e ampla população e de regime político "seguro", como o Brasil, a Indonésia ou o Irã entre outros. Esse papel é o de "entreposto industrial' que liga o centro altamente desenvolvido do mundo capitalista à periferia não desenvolvida. A esses países está reservada a função de desenvolver certas linhas de produção, que requerem mão de obra abundante ou recursos naturais escassos no centro, para que seu *output* seja trocado pelos "serviços" do capital ou do *know-how* tecnológico das economias adiantadas. Assim, se a Indonésia e o Irã têm petróleo, o que justifica que em tais países se expanda a petroquímica, o Brasil tem minério de ferro e manganês, o que justifica que aqui se expanda a siderurgia. O que essa estratégia prevê é que, num futuro não remoto, a Europa, a América do Norte e o Japão serão abastecidos não mais apenas de matérias-primas, mas também de produtos industriais por certos países semi-industrializados da periferia. Trata-se, no fundo, de uma extensão da tendência à integração econômica que une hoje a Europa ocidental no Mercado Comum Europeu e a aproxima mediante os "Kennedy Rounds" dos Estados Unidos, Canadá, Japão etc. O aspecto essencial dessa extensão é que ela se faz no quadro das multinacionais, cujas subsidiárias tenderão a dominar a principal parte dos produtos industriais que serão exportados tanto aos países do centro desenvolvido como ao resto da periferia não desenvolvida.

Os países que apresentam melhores condições econômicas para desempenhar o papel de entreposto industrial são os que já atingiram

---

6 "A empresa nacional fortalecida" (encarte), *Planejamento & Desenvolvimento*, ano 1, n.12, jun. 1974.

certo grau de industrialização, possuindo infraestrutura mínima de serviços básicos e um certo volume de mão de obra qualificada, que possam proporcionar "economias externas" aos projetos das multinacionais. Em geral, os países que já alcançaram esse estágio são relativamente grandes, dispondo de amplo mercado interno, que serviu de base à sua industrialização inicial. Na competição pela preferência das multinacionais, o Brasil apresenta vantagens consideráveis: amplo mercado interno, volumosos e diversificados recursos naturais, infraestrutura relativamente desenvolvida e, acima de tudo, o fato de as principais multinacionais já estarem instaladas e operando no país há vários decênios.

Não há dúvida de que o desenvolvimento econômico brasileiro, depois de 1964, foi deliberadamente orientado no sentido de "aproveitar" as oportunidades que a nova estratégia mundial das multinacionais oferecia ao país. Os projetos mais importantes a serem implantados em setores como a siderurgia, mineração, metalurgia dos não ferrosos, indústria química e petroquímica, automobilística, de equipamento de comunicações e outras foram confiados ou a consórcios de empresas estatais e privadas brasileiras e estrangeiras ou diretamente a subsidiárias das multinacionais. Na maior parte desses projetos, a totalidade ou uma parte ponderável da produção deverá ser exportada, tanto aos países onde estão sediadas as matrizes das multinacionais participantes como a outros mercados da periferia. Assim, manifesta-se uma tendência cada vez mais clara de o Brasil servir de "entreposto industrial" para várias multinacionais, por exemplo, penetrarem com mais facilidade nos mercados dos países que formam a Associação Latino-Americana de Livre Comércio (Alalc).

Do ponto de vista do desenvolvimento das forças produtivas, a integração do país na nova divisão internacional de trabalho que se esboça sob a égide das multinacionais pode parecer vantajosa, mas tem um preço que não deve ser ignorado. É que esse desenvolvimento é dependente num duplo sentido: de um lado, depende dos países importadores do centro, de sua boa vontade política de oferecer uma parcela crescente do seu mercado interno à indústria brasileira; do outro, depende em grau crescente do fornecimento externo de tecnologia, equipamento e (não poucas vezes) de matérias-primas.

Poder-se-ia pensar que, no quadro dessa nova divisão internacional de trabalho, as relações entre o centro desenvolvido e os novos fornecedores de produtos industriais não seriam tão desiguais como as que caracterizam as relações entre o centro e a periferia fornecedora de produtos primários. Mas, na verdade, o velho ranço colonial se mantém. No caso dos produtos industriais, que países como o Brasil estão começando a exportar, ou sua produção está nas mãos de subsidiárias dos compradores ou estes dispõem da imensa vantagem de poder substituir essas importações sempre que lhes for conveniente. Essa possibilidade obviamente não está aberta ao Brasil e demais países no mesmo estágio de desenvolvimento, pois estes, ao se especializarem na produção de alguns produtos industriais para os quais há demanda externa, deixam de substituir importações essenciais – sobretudo *know-how* tecnológico e bens de capital –, passando a depender completamente do fornecimento externo. Nesse sentido, o óbvio atraso de nossa indústria de máquinas, que de modo algum acompanhou o *boom* industrial dos últimos seis anos, representou o que chamamos antes de reversão do processo de substituição de importações, que tinha sido a mola de nosso desenvolvimento até 1964.

Na mesma exposição de motivos citada, dizem ainda os ministros do Planejamento e da Indústria e do Comércio:

> no conjunto de investimentos de expansão realizados e programados na economia brasileira nos últimos anos, verifica-se que o setor produtor de equipamentos tem-se comportado segundo uma atitude bastante conservadora, diferente da que ocorre em relação aos demais setores da economia e da indústria em particular... Tal atitude empresarial é explicada, de um lado, pela existência de capacidade ociosa, só muito recentemente absorvida e, de outro, pela incerteza quanto às encomendas... Por fim, explica-se ainda pela ausência de razoável domínio da tecnologia absorvida do exterior, ou desenvolvida no país à custa de investimentos de longa maturação, em nível adequado ao completo atendimento das especificações dos compradores.[7]

---

[7] "A empresa nacional fortalecida" (encarte), *Planejamento & Desenvolvimento*, ano 1, n.12, jun. 1974.

O que os ministros deixam de mencionar é que essa estranha "atitude empresarial" decorreu da baixa prioridade que o setor recebeu da política industrial adotada após 1964. Muito caracteristicamente, a forma encontrada recentemente de estimular a indústria nacional de equipamentos foi a de oferecer-lhe os mesmos "incentivos" que são dados aos exportadores de artigos industriais.

É preciso deixar claro que a substituição de importações naturalmente não cessou de todo após 1964. Mas ela tornou-se mais parcial, subordinando-se ao novo papel do Brasil no mercado mundial. A política de industrialização adotada deu prioridade aos novos ramos de exportação, limitando a substituição de importações a algumas indústrias de bens intermediários (sobretudo a petroquímica), sem estendê-la a setores vitais, como o de equipamentos que incorporam tecnologia de vanguarda. É nesse sentido que houve reversão. A industrialização do país prosseguiu intensamente, sobretudo de 1968 em diante, mas ela não serviu para conduzir o Brasil à vanguarda tecnológica, como ocorreu quando iniciamos, sem apoio e até contra a resistência das multinacionais, a grande siderurgia com Volta Redonda, durante a última guerra mundial, e a moderna indústria petrolífera com a Petrobrás, nos anos 1950. Não há exemplos análogos para o período após 1964, com a notória exceção da indústria aeronáutica, iniciada como uma empresa estatal – a Embraer – há alguns anos. O fato de esse caso ser uma exceção confirma a regra: iniciamos, a partir de 1964, um novo ciclo de nossa história econômica – o das exportações de produtos industriais –, o qual promete repetir os anteriores (do açúcar, do ouro, da borracha, do café), trazendo prosperidade para determinadas áreas e grupos, cujo caráter efêmero decorre dos altos e baixos da economia capitalista mundial, aos quais ele se encontra inapelavelmente atrelado.

Esse caráter efêmero do ciclo de exportações industriais está sendo cruamente revelado nos dias que correm. A forte elevação dos preços do petróleo, a partir do último trimestre de 1973, ocasionou uma relativa crise no mercado mundial, que mostra quão precária é a situação de países como o Brasil, que não conseguem restringir convenientemente suas importações quando sua capacidade de importar sofre uma queda. Enquanto os países industrializados que importam nossos calçados ou sucos de frutas[8] podem substituí-los por produção própria, somos obrigados a recorrer ao endividamento externo ou ao uso de nossas reservas cambiais para importar equipamentos e matérias-primas e para pagar *royalties* e "serviços" do capital estrangeiro. Essa crise está provocando uma primeira tentativa de volta à via real de redução da dependência externa do país mediante a substituição da importação de bens de capital. Resta ver se se trata mesmo de uma mudança de rota ou de mero expediente ditado por dificuldades momentâneas no balanço de pagamentos. Porque, no fundo, as duas vias são mutuamente incompatíveis. Ou se dá prioridade à expansão das exportações ou à substituição de importações estratégicas. A atual capacidade de acumular capital do Brasil não permite que se persigam as duas metas: na alocação de recursos tem que se optar entre os grandes projetos voltados para o mercado externo, como as siderúrgicas de Itaqui e Tubarão, os "corredores de exportação" etc. e novas iniciativas como a recém-lançada Embramec, destinada a financiar a substituição de importações de equipamentos.

Resta ainda registrar que o novo relacionamento do Brasil com o grande capital estrangeiro, iniciado após 1964, foi coroado por amplo elenco de projetos, cuja execução mal foi iniciada. Tais projetos são concebidos a prazos mais ou menos longos e implicam concessões e compromissos que dificilmente podem ser rompidos, o que significa que certas tentativas de apenas corrigir "distorções" estão fadadas ao fracasso. Dentro do quadro institucional formado a partir de 1964, a economia brasileira não pode deixar de se desenvolver em consonância com a estratégia mundial das multinacionais. Basta

---

8 Sob o título "Sucos críticos: situação continua ruim" conhecida publicação para homens de negócio relata: "Nem mesmo a intervenção das autoridades nas exportações de sucos de laranja, fixando em 560 dólares/t o preço mínimo, poderá alterar as sombrias perspectivas. Dificilmente as vendas de 1974 (permitidas até 110 mil t) ultrapassarão as cifras de 1973, quando foram exportadas 118.572 t, a 62,2 milhões de dólares (FOB). Os maiores prejuízos, porém, serão da citricultura, que nos últimos anos vinha obtendo crescente participação no comércio exterior. Espera-se que, de uma produção de 65 a 75 milhões de caixas, estão perdidos entre 13 e 23% (na melhor ou na pior das hipóteses). Com negociações suspensas com os industriais, os agricultores estão usando as frutas na alimentação do gado, quando não as deixam apodrecer nos laranjais".

examinar-se o tamanho da dívida externa já assumida e o papel concedido às subsidiárias estrangeiras no desenvolvimento de setores cruciais para se poder concluir que nada menos que mudanças institucionais muito amplas podem desviar nossa economia da crescente integração na nova divisão internacional do trabalho.

5. Há um novo modelo econômico no Brasil?

Indubitavelmente, as mudanças institucionais apontadas enquadraram a economia brasileira numa estrutura relativamente coerente e significativamente diferente da que existia até 1964. O aprofundamento da exploração do trabalho permitiu acelerar a acumulação do capital, dando ensejo a um pronunciado aumento de produtividade independentemente de transformações técnicas. A "monopolização" da economia fez que os frutos desse aumento de produtividade fossem cada vez mais acumulados por relativamente poucas mãos, concentrando ao mesmo tempo considerável poder de decisão econômica numa elite executiva, a qual serve de interlocutora aos que manejam os instrumentos de política econômica, conferindo-lhes maior eficácia. Nesse processo de concentração, desempenham papel fundamental os dirigentes das multinacionais, que mantêm em suas mãos as chaves tanto do mercado mundial de produtos como do mercado mundial de capital. Constituiu-se, dessa maneira, uma estrutura de poder em cujo ápice se encontram os representantes do poder político, os dirigentes de grupos econômicos brasileiros e das multinacionais. O que caracteriza essa cúpula é o pequeno número de interesses representados, o que deve facilitar a formulação de políticas consistentes.

Seria um erro dizer que essa estruturação da economia brasileira é inteiramente nova. Já antes de 1964, o poder de decisão econômica estava em boa medida nas mãos dos mesmos personagens. A grande diferença é que outros interesses também tinham que ser necessariamente considerados: os dos trabalhadores assalariados, os das empresas pequenas e médias, os dos setores comprometidos com a substituição de importações de equipamentos e de tecnologia etc. A conciliação desses interesses era muito mais difícil e vagarosa, dando à formulação da política econômica muitas vezes caráter contraditório. Porém, a maior consistência atingida após 1964 pode ser questionada quanto à validade dos seus resultados. Os interesses não representados não deixam de existir, e se seu eventual não atendimento pode dar maior eficácia à política econômica, os resultados desta podem ter cada vez menos em comum com as necessidades e aspirações da maioria da população.

Talvez seja exagero falar-se de um novo modelo econômico que o Brasil esteja apresentando ao mundo. Afinal, o que caracteriza hoje nossa vida econômica são certos traços que um estudante de economia pode prontamente identificar no modelo clássico do capitalismo dos livros de texto correntes em qualquer universidade do mundo ocidental: um mercado de trabalho com poucas "imperfeições", a eutanásia da pequena empresa no altar da eficiência e uma industrialização sensível à lei das vantagens relativas na qual se baseia a teoria do comércio internacional. Se no Brasil de hoje se realizam em maior grau que na maioria dos outros países as premissas do capitalismo enquanto construção teórica apologética, isso demonstra apenas o quanto a plena realização desse modelo é pouco compatível com a representação na estrutura de decisões de interesses contraditórios que, no entanto, não deixam de existir e de persistir. É preciso concluir, portanto, que, se há algum modelo de fato novo no Brasil, ele é sobretudo político. O ordenamento econômico que dele decorre apresenta as vantagens e desvantagens esperadas do capitalismo quase em estado "puro": intensa expansão das forças produtivas, forte polarização social e manutenção do relativo atraso histórico, na medida em que os mecanismos de mercado tendem a transformar as debilidades dele decorrentes em outras tantas "vantagens competitivas" no mercado mundial.

As recentes crises da economia capitalista internacional – do dólar e do petróleo – estão acentuando as desvantagens da abertura de uma economia como a brasileira ao exterior. Às tensões assim provocadas, que a partir do balanço de pagamentos se irradiam por toda a economia, somam-se as contradições de um crescimento que tende a ultrapassar a sua base de recursos reais, do que resulta uma crise inflacionária que ameaça seriamente desembocar em recessão. Chegados a este ponto, cabe naturalmente a pergunta: poderá a perda das ilusões quanto ao desempenho "milagroso" da economia levar a uma reapreciação mais sóbria do modelo político? A resposta dependerá provavelmente da medida em que as contradições, reprimidas no campo econômico pela "monopolização", puderem reaparecer no plano político onde se encontram as precondições para sua solução.

III
Evolução da economia brasileira: 1955-1975

1. Os anos de Juscelino Kubitscheck: O grande salto

Na segunda metade da década de 1950, o processo de industrialização, que vinha decorrendo, sem muita solução de continuidade, desde 1935 aproximadamente, sofreu visível aceleração. Esse período ficou marcado pelos empreendimentos do então presidente Juscelino Kubitscheck: mudança da capital para o Planalto Central, construção de extensa rede rodoviária interligando através de Brasília as várias regiões do país, implantação da indústria automobilística, expansão da siderurgia, construção de grandes usinas hidrelétricas etc.

Tratava-se de forte *aceleração* de um processo em curso, mediante a criação de nova capacidade de produção tanto em ramos insuficientemente desenvolvidos como em ramos ainda inexistentes. A escolha dos ramos que seriam expandidos decorreu de projeções da demanda a partir da *experiência do passado*, o que significava sancionar implicitamente tanto a estrutura social preexistente como a repartição da renda que dela decorria. Foi assim que se considerou apenas "natural" que os ramos industriais que deveriam crescer mais seriam os que produziam bens de consumo duráveis e, dentre estes, sobretudo a indústria automobilística. Desse modo decidiu-se, sem muita consciência do que se estava fazendo e das consequências para o futuro, que: 1) o país se urbanizaria rapidamente; e 2) que as novas estruturas urbanas se baseariam no transporte individual – no automóvel – e não no transporte de massas. As consequências são mais claras hoje, quando a produção nacional de veículos está em vias de alcançar 1 milhão de unidades anuais, enquanto em nenhuma de nossas cidades há sequer ainda uma linha de metrô funcionando.

A aceleração do desenvolvimento requeria obviamente forte mobilização de recursos. A ideia era efetuar essa mobilização mediante os mecanismos de mercado, condicionando-os através de adequada ação do Estado. Tratava-se, em suma, de financiar os projetos decorrentes do Plano de Metas, que consubstanciava o plano de desenvolvimento de Juscelino, sem *aparentemente* prejudicar outras atividades. A forma escolhida foi encaminhar aos ramos privilegiados capital público e capital privado subsidiado. Numa primeira etapa, o setor que liderou o processo foi o da construção civil, graças ao grande volume de obras públicas, inclusive a construção de Brasília: entre 1955 e 1957, o produto real da construção cresceu 18%, ao passo que o da indústria de transformação aumentou apenas 11,4%. Depois, quando os investimentos industriais começaram a amadurecer, a liderança passou para a indústria de transformação, cujo produto real aumentou, entre 1957 e 1961, nada menos que 62%, ao passo que o da construção cresceu apenas 20% (dados da FGV, *Conjuntura Econômica*, n.9, 1971).

Os recursos necessários tanto para serem diretamente invertidos pelo Estado como para subsidiar o capital privado foram gerados principalmente mediante déficits no orçamento da União, cobertos por emissão de moeda. O que acontecia, simplesmente, era que o governo gastava mais do que arrecadava por via fiscal, lançando mão do poder de compra que ele mesmo criava. Aparentemente, os recursos haviam surgido do nada, ilusão muito fácil de ocorrer numa economia capitalista, na qual cada operação parece submergir no enorme número de transações que se realiza a cada momento. Na realidade, os fatores de produção comprados com o dinheiro emitido pelo governo eram subtraídos de outras atividades, cujo poder competitivo era menor. É provável, por exemplo, que a agricultura tivesse tido que ceder boa parte dos recursos para a realização do Plano de Metas. Foi dela que vieram os "candangos" que construíram Brasília, assim como os milhares de trabalhadores que foram engajados na construção das rodovias, das represas e demais obras de infraestrutura.

Embora não haja dúvida de que a abertura das grandes rodovias federais, sobretudo a Belém-Brasília, permitiu a integração na agricultura comercial de áreas até então não ocupadas ou apenas utilizadas em economia de subsistência, não há dúvida também de que as áreas agrícolas mais antigas, de Minas e do Rio Grande do Sul, tiveram que pagar um preço ponderável, em termos de mão de obra e também de mercados (parte dos quais foram conquistados pela nova agricultura pioneira).[1] Outro setor que pagou seu preço foi o artesanato e a pequena indústria, que não conseguiram resistir à concorrência da grande empresa, quando os produtos desta puderam atingir, pelas novas rodovias, os mercados do interior. A crise da tradicional, em parte obsoleta, indústria têxtil do Nordeste foi notória e serviu para ressaltar o contraste entre a opulência gerada pela industrialização acelerada de São Paulo e adjacências – o coração industrial do Brasil – e a miséria agravada nas regiões periféricas, marginalizadas do processo.

É curioso notar que, após uma década de intensa industrialização, a participação da indústria de transformação no emprego total *caiu* de 9,4% em 1950 para 8,8% em 1960. Embora o número total de empregos industriais tenha crescido de 1.608.309 para 2.005.775 nesse período, ele cresceu menos que o emprego total, o que só pode ser explicado pelo fato de que a redução do emprego artesanal e na pequena indústria compensou, em parte, o crescimento certamente

---

[1] Tomando-se médias de três anos para evitar flutuações devidas a fatores climáticos, temos a seguinte evolução entre 1954 e 1956 e entre 1959 e 1961 em termos de participação na renda nacional (em cruzeiros correntes): a da agricultura como um todo caiu de 28,7% para 26,9%; a da agricultura de Minas Gerais desceu de 5% para 4% e a da agricultura do Rio Grande do Sul caiu de 3,8% para 3,1%. Essa decadência relativa não atingiu, porém, a agricultura do Nordeste, cuja participação na renda *subiu* nesse período de 5,1% para 5,8%.

impetuoso do emprego na grande indústria.[2] Esta foi a grande favorecida pela industrialização acelerada: não apenas porque as obras rodoviárias lhe ofereciam, pela primeira vez, um mercado nacional unificado onde se expandir, mas também por usufruir de infindável série de favores, que iam desde isenções fiscais até economias externas subsidiadas pelos cofres públicos, sem falar em créditos a longo prazo e a juros reais negativos.

Poder-se-ia pensar que os setores que cederam recursos fossem menos "produtivos" do que os setores que os receberam. Essa proposição seria fácil de provar, em termos de contabilidade nacional: o produto por pessoa ocupada – que é a medida usual da produtividade do trabalho – é, sem dúvida, muito maior na indústria de transformação do que na agricultura e, dentro da indústria, ele é maior nos ramos denominados "dinâmicos" (produtores de bens de consumo duráveis, bens de capital e intermediários) do que nos "tradicionais" (produtores de bens de consumo semiduráveis e não duráveis). Mas, para que essa comparação faça sentido, é preciso que se entenda o sistema de preços relativos como refletindo, em linhas gerais, uma estrutura da demanda que efetivamente exprime as necessidades e preferências da "sociedade". Em outras palavras, para se poder dizer que um operário da indústria automobilística é x vezes mais produtivo do que um agricultor, por exemplo, é preciso supor que o preço do automóvel em comparação, digamos, com o do leite exprima, de fato, a utilidade do primeiro em relação ao último. Se se supuser, porém, uma ampla redistribuição de renda, de modo que o poder aquisitivo das grandes massas pobres fosse significativamente acrescido, em detrimento do poder aquisitivo da atual elite econômica, é provável que a demanda de leite aumentaria bastante e a de automóveis diminuiria. Isto deveria acarretar uma queda no preço dos automóveis e um aumento no

---

2 Em 1949, os estabelecimentos que empregavam até cinco operários eram responsáveis por 12,2% do emprego e 9,7% do valor de transformação industrial (VTI) de toda a indústria. Em 1959, essas porcentagens tinham caído para 8,5% e 4,4%, respectivamente. Em compensação, a participação dos estabelecimentos com quinhentos ou mais operários no emprego e no VTI aumentou de 24,7% e 27,1% em 1949 para respectivamente 29% e 36% em 1959 (dados dos censos industriais de 1950 e 1960).

do leite. Nessas condições, mesmo que a produtividade física do operário da indústria automobilística e do agricultor não se alterasse, a mera mudança dos preços poderia tornar o agricultor mais produtivo do que o operário da indústria automobilística. Além disso, a mudança dos preços tornaria a criação de gado leiteiro uma atividade muito lucrativa e a produção de automóveis, talvez, até mesmo deficitária. Ocorreria então uma fuga de capitais dessa indústria, parte dos quais seria atraída pela criação de gado leiteiro. Após algum tempo, essa atividade apresentaria elevado índice de crescimento e seria considerada "dinâmica" pelos analistas, ao passo que a indústria automobilística talvez estagnasse, o que faria que fosse considerada "tradicional".

É claro, portanto, que a transferência intersetorial de recursos que resultou da realização do Plano de Metas obedeceu à evolução da estrutura da demanda, condicionada por um processo de concentração da renda. Embora não haja dados pelos quais se possa comprovar essa concentração, não resta dúvida de que o crescimento desigual da economia favoreceu a produção de bens consumidos apenas pelos grupos de renda elevada, o que teria sido economicamente inviável, por deficiência de demanda efetiva, se a participação desses grupos na renda não tivesse também aumentado. A desigualdade relativa no crescimento econômico dá uma ideia das dimensões que a concentração da renda deve ter assumido: entre 1955 e 1961, o produto real (índice de base física) da indústria de material de transporte, que inclui a automobilística, cresceu 549,9% ao ano, o da indústria de material elétrico e de comunicações, que inclui a de eletrodomésticos e de eletrônicos, cresceu 367,7% (24,2% ao ano), ao passo que o da indústria de produtos alimentares cresceu apenas 46,4% (6,6% ao ano) e o da indústria têxtil aumentou 28,9% (4,3% ao ano). Embora não se disponha de dados específicos quanto ao leite, para se ilustrar o exemplo citado, pode-se usar como aproximação o produto real da produção animal e derivados, que entre 1955 e 1961 aumentou somente 21,2% (3,3% ao ano) (dados da FGV, *Conjuntura Econômica*, n.9, 1971).[3]

---

3 Poder-se-ia supor que o forte crescimento das indústrias produtoras de bens de consumo duráveis fosse devido sobretudo à substituição de importações, de modo que a oferta total desses bens teria variado muito menos. Mas este não foi

O que importa notar, porém, é que essa concentração da renda não foi intencional, no sentido de ter sido formulada como objetivo explícito da política econômica. Ela meramente "aconteceu" como consequência inevitável de um tipo de desenvolvimento que apenas procurou antecipar e acelerar as tendências "naturais" da economia de mercado. Poder-se-ia supor, no entanto, que a intensificada acumulação no polo capitalista da economia deveria ter, ao menos, ampliado a demanda por mão de obra assalariada, com isso elevando o nível de emprego e eventualmente o de salários. Acontece, no entanto, que a forma utilizada para mobilizar os recursos, por parte do governo, impediu que a maior procura por força de trabalho efetivamente acarretasse uma melhora do salário real das grandes massas, embora alguns grupos de trabalhadores qualificados de fato fossem beneficiados.

Para se perceber como isto se deu, é preciso voltar à forma como foram mobilizados os recursos com os quais se acelerou a acumulação de capital. De acordo com o modelo clássico capitalista, a poupança das empresas e das famílias é encaminhada ao mercado de capitais por intermediários financeiros (bancos, companhias de seguros etc.), onde o jogo da oferta e da procura a distribui pelas empresas que pretendem realizar inversões. No Brasil, não havia então (e não há ainda hoje) um mercado de capitais capaz de desempenhar tal função. Não havia, nos novos setores a serem expandidos, empresas capazes de captar nem as poupanças pessoais nem a poupança das empresas já existentes, sendo que esta tendia a ser reaplicada em geral no mesmo negócio.[4] Não havia, enfim, mecanismos de mercado que pudessem

---

o caso. A preços constantes de 1955, a oferta total (importações mais produção nacional) de bens de consumo duráveis cresceu de 21,1 milhões em 1955 para 75,3 milhões em 1961, sendo que desses totais as importações representavam apenas 10% em 1955 e 3,3% em 1961. Em contraste com esse aumento de 257% na oferta de bens de consumo duráveis (17% ao ano), a oferta de bens de consumo não duráveis aumentou apenas 47% nesse período (6,7% ao ano). Candal, A., *A industrialização brasileira: diagnóstico e perspectiva*, quadro 43.

4 É esta, em geral, a conduta das empresas dirigidas pelos proprietários: estes tendem a manter-se nos ramos que conhecem, reaplicando na própria empresa os lucros. Quando se torna óbvio que a empresa não pode ser expandida com proveito, o lucro tende a ser aplicado em imóveis ou em papéis de renda fixa.

operar a transferência intersetorial de recursos que a continuação do desenvolvimento requeria. A tendência à reaplicação dos lucros fixava a estrutura produtiva da economia, reproduzindo em escala crescente a mesma divisão do trabalho e, portanto, mantendo a economia no mesmo patamar de desenvolvimento. Para romper esse impasse, abrindo caminho para a mudança estrutural, o Estado teve que assumir a função que o modelo clássico atribui ao mercado de capitais e tornar-se, ele mesmo, o redistribuidor de recursos.

É claro que o Estado começou a desempenhar essa função antes de 1955, mas foi com Juscelino que ele se tornou de fato o centro impulsionador da acumulação de capital. Ao emitir, o Estado lança um imposto indireto sobre todas as transações, na medida em que o crescimento da demanda monetária suscita a elevação dos preços. O Estado provoca, dessa maneira, "poupança forçada" que aparece, já socializada previamente, nas suas mãos. À medida que o Estado se lançava aos grandes empreendimentos desenvolvimentistas, o futuro da poupança forçada aparecia sob a forma de poupança pública, que era ou diretamente investida pelo Estado ou entregue, sob a forma de créditos a longo prazo e juros fixos (no final de contas, inferiores à inflação), às empresas privadas.

Poder-se-ia perguntar por que o Estado não procurou arrecadar os mesmos recursos via tributação, onerando os grupos de maior nível de renda e ao mesmo tempo preservando a estabilidade dos preços. A resposta é que essa alternativa parecia ser politicamente inviável. Não era possível punir economicamente nenhum grupo de forma ostensiva e direta, embora, como vimos, tais punições acabaram tendo lugar, mas *mediadas pelos mecanismos de mercado*. A pequena indústria arruinada, a agricultura estagnada pela emigração às cidades, as regiões empobrecidas pela marginalização eram vítimas de uma hemorragia lenta e contínua aparentemente ocasionada por processos "naturais". É lógico que sua reação contrária no plano político não era do mesmo jaez que a de grupos poderosos que se sentissem atingidos pela expropriação fiscal. Dessa maneira, a linha de menor resistência, pelo menos a curto prazo, foi recorrer à inflação como instrumento para provocar poupança forçada.

Ora, a inflação resultava, em última análise, da tentativa de inverter uma parcela maior do produto do que a que estava sendo espontaneamente poupada. Essa inflação poderia ser considerada como sendo de custos, à medida que a competição por bens de capital, insumos e mão de obra qualificada ia elevando os custos de produção, inclusive dos bens de consumo, o que "naturalmente" forçava a elevação dos preços destes. A elevação do custo de vida desvalorizava os salários, que só eram reajustados uma vez por ano, de modo que os trabalhadores eram obrigados a restringir seus gastos de consumo, realizando assim poupança forçada. É claro que, nessas circunstâncias, o crescimento da procura de força de trabalho não podia resultar em elevação do salário real, ainda que em determinadas áreas do país, onde se concentrava a industrialização, tivesse surgido uma situação próxima do pleno emprego. Na verdade, o máximo que os sindicatos operários conseguiram nessa época foi reconduzir os salários reais periodicamente ao seu nível anterior, de onde eram logo mais derrubados pelo persistente aumento dos preços.[5]

O aumento anual do custo de vida na Guanabara (considerado o índice oficial no que se refere à determinação dos salários reais) evoluiu do seguinte modo: 1956 – 20,5%; 1957 – 16,5%; 1958 – 14,5%; 1959 – 39%; 1960 – 39,3%; 1961 – 33,4%. A partir de 1959, houve uma clara aceleração inflacionária, a qual teve por efeito não só transferir renda dos assalariados para as empresas – pois estas tinham condições de reajustar seus preços tão logo os custos se elevavam –, mas também transferir renda das camadas pobres, digamos os consumidores de bens semiduráveis e não duráveis, para as camadas médias e ricas, consumidoras também de bens duráveis, que os novos ramos industriais estavam lançando no mercado em quantidades crescentes. É isso que explica as transformações na estrutura da demanda

---

5 Para se ter uma ideia da ordem de grandeza do processo, bastam os seguintes dados: entre 1955 e 1962, o salário real dos operários da indústria de transformação subiu apenas 12,3% (1,7% ao ano), ao passo que sua produtividade aumentou 72,8% (8,2% ao ano). A diferença é particularmente grande nas indústrias que fazem bens de consumo duráveis e de capital, nos quais um aumento de salários reais de 11,5% contrasta com um aumento de produtividade de 121,4% nesse período. (ver Candal, *A industrialização brasileira: diagnóstico e perspectiva*, quadro 31.)

que tornaram viável a forma que assumiram os "cinquenta anos em cinco" que Juscelino havia proclamado.

A aceleração do desenvolvimento requeria, também, ampliação das importações de equipamentos e de *know-how*, mas para tanto não havia disponibilidade na balança comercial. Era o período pós-Guerra da Coreia, em que o declínio dos preços das matérias-primas não deixou de atingir o Brasil, acarretando uma piora nas relações de troca. Se a conjuntura internacional, nesse período, era pouco favorável a uma ampliação das exportações, ela apresentava, no entanto, perspectivas cada vez melhores de obtenção de capital estrangeiro, sob a forma de investimentos diretos. O período de reconstrução pós-bélica na Europa estava se encerrando e os capitais americanos assim liberados, acrescidos dos provenientes da Europa (principalmente da Alemanha Ocidental), estavam à procura de novos campos de inversão. Explica-se, dessa maneira, que uma parte significativa dos ramos industriais que estavam sendo implantados – sobretudo a indústria automobilística, de tratores, de construção naval, de material elétrico e eletrônico etc. – foi, desde o início, dominada por subsidiárias das multinacionais.

Resta acrescentar que, apesar da entrada relativamente vultosa de capital estrangeiro, geralmente sob a forma de equipamentos, muitas vezes já usados e tecnicamente obsoletos, a balança de pagamentos tendia a apresentar déficits e o país acumulou, nesse período, ponderável dívida externa.

2. *Crise econômica e política: o impasse e a solução*

No fim da década de 1950, a economia estava crescendo a pleno vapor, mas as contradições decorrentes dessa aceleração do desenvolvimento estavam começando a surgir à tona: a inflação aumentava cada vez mais, como se viu, e os salários reais dos trabalhadores, apesar da elevação da produtividade, tendiam a cair.[6] Para recuperar seu

---

6 O índice dos salários reais dos operários da indústria (1955 = 100) caiu de 113,2 em 1958 para 112,3 em 1962 (Candal, *A industrialização brasileira: diagnóstico e perspectiva*, quadro 31).

poder aquisitivo, a classe operária era obrigada a mostrar uma militância cada vez maior, o que levaria, a médio prazo, à radicalização política das massas urbanas e, em menor medida, até dos trabalhadores rurais. No Nordeste, os pequenos agricultores, organizados em "ligas camponesas", começavam a entrar em choque com os grandes proprietários, enquanto no Rio Grande do Sul o próprio governo estadual denunciava o empobrecimento do estado. A política de acumular mediante poupança forçada estava se esgotando rapidamente.

A crise política, que se abre em agosto de 1961, com a renúncia do presidente da República, contribuiu para agravar os problemas econômicos. A partir do ano seguinte, a taxa de crescimento da economia começou a cair, atingindo seu ponto mais baixo entre 1963 e 1965, quando o produto *per capita* chegou a diminuir, a economia manteve-se em depressão, caracterizada por curtos períodos de expansão, interrompidos por sucessivas recessões, até pelo menos 1967. É fácil de ver que as tensões políticas e sociais, que estão na raiz dessa fase de baixa conjuntural da economia brasileira, são em essência resultantes das contradições que o "grande salto adiante" jusceliniano produziu.

A inflação se agravou a partir do momento em que os assalariados reuniram forças suficientes para negar-se a carregar o fardo da poupança forçada, sob a forma de reajustamentos salariais que meramente restituíam os salários reais aos seus níveis de um ano antes, enquanto crescia, visivelmente, a produtividade do trabalho. Os exportadores, que tinham grande parte dos seus lucros extraordinários socializada mediante o chamado "confisco cambial" (taxas de câmbio menores, isto é, menos cruzeiros por dólares, aplicadas aos mais importantes produtos de exportação), também se juntaram à revolta, apoiados no precário estado do balanço de pagamentos. A situação deste piorou com a diminuição da entrada de capital estrangeiro no Brasil, o que inicialmente (1961) pôde ser atribuído à incerteza política reinante, mas que continuou em sua queda, mesmo depois de 1964, devido à depressão em que se encontrava a economia.

É importante ver como essas tensões se encadeavam, reforçando-se mutuamente. Para equilibrar o balanço de pagamentos, o cruzeiro foi desvalorizado sucessivas vezes, a partir de 1961, o que não deixava de alimentar a inflação, pois acarretava o aumento dos preços dos produtos importados. Os efeitos sobre as exportações, porém, foram negligenciáveis, pois o Brasil dependia então de um reduzido número de "artigos coloniais" – café, cacau, algodão, açúcar etc. –, cujos preços internos estavam separados dos preços externos por uma sólida barreira de confiscos e subsídios. Na tentativa de frear a espiral preços-salários, o governo tentou controlar, e se necessário subsidiar, os preços dos produtos componentes de uma "cesta de consumo básico", que fundamentava os índices de custo de vida. Os controles de preços, entretanto, diminuíam a lucratividade dos ramos atingidos, o que acabava por levar à queda da oferta dos referidos produtos, que periodicamente só podiam ser encontrados a preços muito mais altos no mercado negro. Os subsídios acabaram por onerar o orçamento público, cujos déficits requeriam emissões crescentes, o que mais uma vez estimulava a inflação.

As causas imediatas da queda do nível de atividade foram as medidas adotadas, a partir de 1963, para debelar a inflação, sobretudo o controle do crédito. O assunto é hoje assaz conhecido: a partir de certo momento, o combate à inflação passa a ter maior prioridade que a manutenção do nível de atividade e passa-se a adotar medidas que, a par de serem anti-inflacionárias, são depressivas. No Brasil, o momento (no período sob exame) foi o fim de 1962, ano em que o custo de vida na Guanabara tinha, pela primeira vez, aumentado em mais de 50% (51,6% em termos exatos). Adotou-se, então, o Plano Trienal de Desenvolvimento, que continha medidas estritas de contenção do crédito. A sua aplicação, durante a primeira metade de 1963, causou forte recessão, cujas consequências no plano político o governo não se mostrou capaz de suportar: após idas e vindas e mudanças ministeriais, as restrições ao crédito foram aliviadas, o que fez que a inflação retomasse seu rumo ascendente, sem que o nível de atividades se recuperasse. Tornava-se cada vez mais claro que a solução da crise exigia o rompimento do impasse político: ou se aplicava consequentemente um programa anti-inflacionário de fundo monetarista, com o sacrifício transitório do nível de emprego, ou se impunham medidas cada vez mais amplas de contenção dos preços, que implicavam, a médio prazo, um aumento ponderável do controle da economia pelo Estado.

É claro que essas duas alternativas implicavam "modelos" distintos de desenvolvimento. A primeira, que visa controlar o aumento dos preços pela contenção da demanda monetária, decorre de um "modelo" em que o andamento da economia é basicamente determinado pelos mecanismos de mercado, em que a intervenção estatal é reduzida ao mínimo e em que toda a primazia política e social é dada à "iniciativa privada" (leia-se: capital particular). A segunda, que visa frear a inflação mediante maior controle da oferta, decorre de um "modelo" em que o processo econômico é sujeito cada vez mais ao planejamento, tendo em vista objetivos sociais, entre os quais avulta o da redistribuição da renda, para cuja realização a "liberdade econômica" (entenda-se: a liberdade de quem tem propriedade) teria que ser inevitavelmente sacrificada.

Em março de 1964, o impasse político acabou com a derrubada do governo, presidido por João Goulart, pelas Forças Armadas e sua substituição por um regime autocrático, que imediatamente passou à realização da primeira alternativa. A inflação acabou sendo jugulada, mas sua taxa só baixou a níveis "toleráveis" – isto é, de menos de 25% – a partir de 1967. A relativa demora foi atribuída à estratégia "gradualista" posta em prática. O fator principal que motivou o gradualismo foi a persistência da depressão, que mesmo para o regime de 1964 era dificilmente suportável. É interessante notar que a vitória do movimento militar sem derramamento maior de sangue deveria ter restaurado de imediato a confiança na economia, tanto dos meios empresariais brasileiros como do capital internacional. Não era descabido esperar que um amplo fluxo de investimentos, provocado pelo retorno do capital "fugido" e pelas inversões das multinacionais, contribuísse para contrabalançar o efeito depressivo das medidas anti-inflacionárias.

No entanto, nada disso ocorreu. As entradas de capital do exterior foram decepcionantes, tendo o saldo (positivo) do movimento de capitais autônomos do balanço de pagamentos *decrescido* de 92 milhões de dólares em 1964 para 67 milhões de dólares em 1965 e para 43 milhões de dólares em 1966 (ver IBGE, *Anuário Estatístico do Brasil*, 1967). Também a formação bruta de capital, dependente quase inteiramente da poupança interna, deixou de reagir, como indicam os seguintes dados, em milhões de cruzeiros de 1969: 1961 – 15.500; 1962 – 16.900; 1963 – 16.900; 1964 – 16.300; 1965 – 14.900; 1966 – 16.100; 1967 – 16.200; 1968 – 20.200; e 1969 – 21.900 (dados brutos da FGV, *Contas Nacionais do Brasil*, Rio de Janeiro, 1972).

Como se vê, a restauração da confiança política no regime esteve longe de provocar a recuperação do nível de investimentos, o qual começa a cair em 1964, atingindo seu ponto mais baixo em 1965 para só voltar a crescer de forma nítida a partir de 1968. Foram as medidas de política econômica (principalmente a política salarial, que severamente restringiu o mercado interno) os principais obstáculos que se antepunham à expansão dos investimentos privados. A proibição das greves, o reajustamento dos salários a níveis bem inferiores ao aumento do custo de vida acabaram por deteriorar o poder aquisitivo das massas urbanas, fazendo que caísse sua demanda por bens de consumo. A formação de estoques invendáveis nas mãos do comércio fez que os pedidos à indústria fossem drasticamente reduzidos, e é claro que nessas circunstâncias os planos de ampliação da capacidade de produção iam sendo adiados *sine die*. As dificuldades de realização que acometeram a economia brasileira nesse período podem ser ilustradas pela variação de estoques que, em milhões de cruzeiros de 1967, passou de 689 em 1963 para 820 em 1964 e para 2.390 em 1965, quando atingiu seu ponto máximo; em 1966 ela caiu a –16,5, voltando a subir a 524 em 1967 (dados brutos da FGV, *Contas Nacionais do Brasil*, Rio de Janeiro, 1972).

Foi nessas circunstâncias que a vaga inflacionária, gerada pela aceleração do desenvolvimento durante o período de Juscelino, acabou sendo dominada. Se no período de 1956-1961 a expansão da economia se deu a taxas elevadas e a transformação estrutural avançou a passos de gigante, não há dúvida de que tudo isso acabou sendo pago com o retardamento do processo, que consumiu um quinquênio inteiro: 1962-1967. O produto interno bruto (PIB) a preços constantes cresceu 35,4% no quinquênio 1951-1956, acelerando-se sua expansão para 48,6% em 1956-1961, que no quinquênio 1962-1967, no entanto, caiu a 18,3%.

Seria interessante indagar em que medida a relativa depressão em que caiu a economia entre 1962 e 1967 era "necessária", como consequência de sua aceleração anterior. Hoje parece claro que, dado o quadro institucional vigente, o controle da inflação impunha a paralisação relativa do desenvolvimento. Mas seria um erro supor que o simples "superaquecimento" da economia nos anos de Juscelino foi a causa da crise inflacionária que iria estourar no início dos anos 1960. As raízes dessa crise estavam, como foi mostrado, no fato de que os mecanismos financeiros utilizados para mobilizar recursos, destinados a investimento autônomo,[7] destinavam-se a mascarar a redistribuição da renda que o processo de desenvolvimento, em moldes capitalistas, inevitavelmente acarreta. Provocava-se poupança forçada na medida em que os que estavam sendo forçados – agricultores, exportadores, assalariados – eram vítimas da chamada ilusão monetária, ou seja, não percebiam que no meio da elevação geral de preços, suas receitas perdiam terreno em relação às dos demais. Quando houve a tomada de consciência desse processo e a inevitável reação a ela, a inflação se acelerou e seu resultado líquido, em termos de poupança forçada, passou a cair para zero.

Nessas condições, o processo de mascaramento inflacionário tinha se esgotado. Era preciso, agora, definir claramente quem teria a ganhar e quem teria a perder com o desenvolvimento. Daí o impasse político. É claro que, desde que se pressuponha que o desenvolvimento *só* pode ser capitalista, a união indissolúvel entre lucro e acumulação impõe uma redistribuição regressiva da renda. Desenvolvimento capitalista significa capitalistas prósperos e uma taxa crescente de acumulação requer uma taxa crescente de lucro. Poder-se-ia objetar que a acumulação poderia também ser expandida mediante uma compressão adequada do consumo improdutivo. Na realidade, porém, o consumo improdutivo – que toma principalmente a forma de consumo de bens duráveis e de certos serviços (como o turismo, por exemplo) pela chamada "nova classe média" – já se tinha tornado o elemento essencial da demanda efetiva para tornar viável a expansão industrial. A contenção do consumo improdutivo, significando

---

[7] Entende-se por investimento autônomo o que não responde a um aumento prévio da demanda que resulta da elevação da renda. Caem nessa categoria a construção da nova capital e grandes obras de infraestrutura.

o consumo de camadas que não contribuem diretamente para o processo de produção de valores de uso, teria exigido uma reformulação do parque industrial, tal qual ele se constituiu durante o período de Juscelino – com a indústria automobilística em sua vanguarda –, o que requereria, por sua vez, uma solução para o impasse político num sentido não capitalista.

A novidade, no período anterior a 1964, era que se começava a intuir que o desenvolvimento brasileiro não tinha que ser necessariamente capitalista. Essa intuição ainda não tinha assumido a forma de um programa capaz de aglutinar setores sociais significativos, mas havia um processo nesse sentido, que o movimento militar daquele ano abruptamente interrompeu. A partir desse momento, a "correção das distorções" do processo consistiu, essencialmente, na tentativa de criar outras formas de mobilizar recursos para a acumulação que não as de caráter inflacionário, até então utilizadas. Essas novas formas foram principalmente a elevação da receita pública mediante reforma do fisco e a criação de novos fundos parafiscais como o Fundo de Garantia de Tempo de Serviço (FGTS), o Programa de Integração Social (PIS) etc. Assim, a participação da receita fiscal no PIB, que oscilava entre 17% e 21% no período 1957-1964, começou a subir a partir de 1965 e alcançou 26,7% em 1968 (último ano para o qual se dispõe de informações). Em compensação, o déficit orçamentário da União, como porcentagem do PIB, atingiu seu máximo em 1962 e 1963 – 4,3% –, passando a cair a partir de 1965 até chegar a 0,6% em 1969.[8]

A elevação da receita fiscal como forma não inflacionária de mobilizar recursos certamente foi mais que um mero "ovo de Colombo", descoberto a partir de 1964. É que os inúmeros obstáculos políticos que se opunham a um aumento significativo da carga fiscal, antes de 1964, foram eliminados pela centralização do poder de decisão no Executivo federal, que se verificou a partir daquele ano. Convém notar que a *composição* da receita federal não se alterou muito nesse período: como porcentagem do PIB, os impostos indiretos cresceram de 12,8% em 1963 para 17,9% em 1968, ao passo que os impostos diretos aumentaram de 5,2% para 8,8% nesse período. É fácil ver que

---

8 Maneschi, "The Brazilian Public Sector", em Roett, *Brazil in the Sixties*.

o peso dos impostos indiretos foi carregado pelos consumidores e, como é notório, sua incidência é regressiva. O caráter progressivo dos impostos diretos por sua vez é ilusório. Na verdade, o que realmente aumentou nessa categoria foram as contribuições previdenciárias, cuja arrecadação, em termos reais, cresceu 100% entre 1964 e 1968, ao passo que a do imposto de renda cresceu nesse período apenas 33%.[9] A incidência das contribuições previdenciárias no Brasil é nitidamente regressiva, pois elas estão sujeitas a um teto. Isto significa que, quanto mais elevados os salários, tanto menor a proporção que é descontada para fins de previdência social.

Assim, a fonte principal dos recursos empregados nas inversões públicas ou que o Estado passou a transferir ao setor privado sob a forma de crédito -- pelo Banco Nacional de Desenvolvimento Econômico (BNDE), pelo Banco Nacional da Habitação (BNH) ou pelo Banco do Nordeste etc. – continuaram sendo os assalariados, como antes, só que a forma como esses recursos passaram a ser "transferidos" mudou. Em lugar de um aumento *crescente* do custo de vida, que os salários acompanhavam com atraso, a "transferência" passou a se dar mediante um aumento *decrescente* do custo de vida (ao menos entre 1965 e 1972) que *não* era acompanhado pelos salários. Os lucros, assim acrescidos, eram, em parte, confiscados pelo Estado, que os utilizava para financiar seus próprios investimentos e os do setor privado nos setores considerados prioritários.

Ao lado dos assalariados, outros setores sacrificados foram certas categorias de pequenos produtores (como os do leite) e de pequenos comerciantes (como os açougueiros). O sistema de controle de preços adotado não difere em essência do que existia antes de 1964, a não ser que ele se torna mais abrangente, mas a grande diferença está na autoridade muito maior dos que se encontram em sua direção. Daí ter aumentado a eficiência do sistema na limitação dos aumentos dos preços, tendo como efeito lateral a promoção de maior produtividade, o que, no sistema capitalista, é sempre resultado de maior concentração de capital. Em mercados em que competem pequenos e grandes operadores, a imposição de preços máximos à base

---

9 Ibid.em.

de estimativa dos custos médios tende a eliminar a margem de lucro dos pequenos operadores, cujo holocausto tem como resultado reforçar a economia de escala dos que conseguem permanecer no mercado. A resistência dos pequenos, que tira sua força do fato de serem numerosos e se manifesta, em geral, no plano político, foi esmagada pelo rolo compressor da "busca da eficiência", manejado por uma tecnocracia estatal mais poderosa que nunca.

3. *O longo período de prosperidade*

Qualquer série de tempo que se examine, referente à economia brasileira, mostra que 1968 foi o ano em que se deu a inflexão para cima. Essa inflexão foi o resultado de uma mudança na política econômica: o combate à inflação foi dado como vitorioso e a aceleração do crescimento passou a receber máxima prioridade. A partir de 1967, à construção civil foram destinados créditos abundantes do BNH e, em 1968, o seu produto cresceu 23% em relação ao ano anterior. Este foi o início do *boom*, que logo depois envolveu a indústria automobilística e outros ramos produtores de bens duráveis de consumo.

Para estimular a demanda, mecanismos de crédito foram acionados e em grande escala. No caso da construção civil, o BNH oferecia crédito maciço aos construtores, permitindo-lhes acelerar as obras e, dessa maneira, encurtar o ciclo do capital e reduzir seus custos e ao mesmo tempo proporcionava aos adquirentes créditos a longo prazo, com o saldo reajustado trimestralmente de acordo com a inflação. O programa falhou em relação aos assalariados pobres, pois entrava em contradição com a política salarial (que permitia apenas reajustamentos anuais dos salários), de modo que grande parte dos mutuários deixou de pagar as prestações e muitos acabaram sendo despejados. Mas o programa foi um sucesso com a nova classe média, cujos ganhos tendiam a aumentar mais que a inflação, e representou não apenas tremendo estímulo às atividades imobiliárias (inclusive especulativas), mas também às atividades cujo mercado é a própria construção, tais como: a indústria de minerais não metálicos, a metalúrgica, a de material elétrico etc. No caso dos bens duráveis de consumo, criou-se elaborado sistema financeiro, capaz de atrair poupança privada com o chamariz da "correção monetária", o que permitiu financiar amplamente a venda desses bens.

Dessa maneira, a demanda efetiva por bens industriais foi estimulada, o que levou, num primeiro período, ao crescimento da oferta mediante utilização crescente da capacidade produtiva. Na realidade, a demanda se dirigiu predominantemente a determinados ramos da indústria, pois ela era o resultado de um processo de concentração da renda que privilegiava as necessidades de uma elite relativamente reduzida. No período de 1968-1971, a indústria de material de transporte (na qual predomina a automobilística) cresceu 19,1% ao ano, a de material elétrico (na qual se inclui a de aparelhos eletrodomésticos e a de eletrônicos) cresceu 13,9% ao ano, ao passo que a indústria têxtil cresceu apenas 7,7% ao ano, a de produtos alimentares 7,5% ao ano e a de vestuário e calçados 6,8% ao ano. Como se vê, a produção de bens duráveis de consumo, que são comprados principalmente pelos grupos de elevadas rendas, cresceu a um ritmo duas a três vezes maior que a produção de bens não duráveis de consumo, que são adquiridos por toda a população.

A unilateralidade desse crescimento ainda foi maior, pois o crescimento da produção de bens não duráveis atendeu, em boa medida, à demanda externa. Estudo recente[10] mostrou que, do crescimento da produção de vestuário e calçados no período em questão, nada menos que 67,6% corresponde ao aumento das exportações, sendo que, no caso da indústria de produtos alimentares, essa proporção foi de 45,3% e na têxtil de 14,3%. Em contraste, a componente exportação foi reduzida no aumento da produção de material de transporte (2,1%) e no da produção de material elétrico (7,2%). Pode-se dizer, portanto, que o crescimento industrial se deu, a partir de 1968, de uma forma desigual, num duplo sentido: 1) cresceram muito mais as indústrias que produzem bens duráveis de consumo, equipamentos e bens intermediários do que as de bens não duráveis de consumo; e 2) enquanto as primeiras se expandiram em resposta a um forte aumento da demanda interna, as últimas tiveram seu crescimento voltado para fora.

---

10 Suzigan, *Crescimento industrial no Brasil*, tab. II.18.

A expansão das exportações industriais brasileiras foi tornada possível por uma conjuntura favorável no mercado mundial e por uma generosa política de isenções e subvenções fiscais por parte do governo. A conjuntura favorável foi o resultado de um processo de integração econômica do mundo capitalista, que começou (ou, se quiser, recomeçou) a partir do fim da Segunda Guerra Mundial. A partir do Acordo Geral de Tarifas e Comércio (Gatt), as trocas, sobretudo entre os países industrializados, foram-se avolumando, sendo o seu ritmo de crescimento persistentemente maior que o do crescimento da produção. Essa ampla expansão do comércio mundial se deu no quadro de uma expansão ainda maior das chamadas companhias multinacionais, que tendem a tornar o capital de fato móvel no plano internacional, alocando seus investimentos nos países onde os fatores de produção são relativamente mais baratos.

Como se viu, o Brasil foi objeto dessa expansão das multinacionais na segunda metade da década de 1950, mas estritamente em função do seu mercado interno. As grandes empresas automobilísticas, de material elétrico, químicas etc. estabeleceram então indústrias subsidiárias no Brasil, tendo em vista assegurar parte do seu mercado. Não se cogitou então que essas indústrias poderiam vir a dar lucros abastecendo o mercado externo. A situação mudou a partir dos anos 1960 e não só para o Brasil. Dessa época em diante, o grande capital internacional, vendo esgotar-se as reservas de mão de obra na Europa, passa a procurar em países não desenvolvidos ou semidesenvolvidos condições propícias para expandir a produção industrial, sem incorrer em custos que lhe parecem proibitivos. Não é certamente por coincidência que, quando cresce a exportação de capital para o mercado não desenvolvido e se avoluma a contracorrente de exportação de manufaturados para os países industrializados, a emigração em massa de trabalhadores da periferia mediterrânea para a Europa se agiganta.

Dessa maneira, abriram-se novos mercados para as indústrias dos países não desenvolvidos, sobretudo para aquelas que requerem grande volume de mão de obra pouco qualificada. Na verdade, foi só depois de 1964 que o Brasil passou a enxergar nessas oportunidades um caminho alternativo de industrialização, voltado para fora, ao contrário da substituição de importações, que é por definição voltada para dentro. A partir de 1969, sobretudo, o governo passou a oferecer um volume de incentivos de tal ordem às exportações de manufaturados que estas passaram a crescer aceleradamente. É interessante observar como o preço de um produto (gravado com 15% de imposto sobre produtos industrializados – IPI), sendo exportado, passou a ser cada vez menor em relação ao seu preço para o mercado interno (= 100), à medida que novas subvenções fiscais iam sendo concedidas: 87 em 12/10/1967; 74 em 31/12/1967; 64 em 17/7/1969 e 57 em 1970.[11] Na mesma proporção em que o produto brasileiro era assim barateado no mercado mundial, crescia ano a ano o valor das exportações industriais: 32,2%, em 1967; 11,2%, em 1968; 32,3% em 1969; 45,3% em 1970; 27,5% em 1971; e 52,2% em 1972.[12]

A maior parte dessas exportações foi, como se viu, de bens não duráveis de consumo: calçados, café solúvel, suco de laranja etc. Mas, nos últimos anos, também as chamadas indústrias "dinâmicas" têm participado mais intensamente da pauta de exportações. Tem havido, sobretudo, exportação de aparelhos de medida e material de instalação elétrica, televisão, rádios e fonógrafos, máquinas de terraplenagem, máquinas de escritório etc. É sinal de que as multinacionais tendem a incluir cada vez mais o Brasil como base de produção industrial para o mercado mundial. A recente instalação de uma fábrica de motores de automóvel, com produção exclusivamente destinada à exportação, foi nesse sentido um marco. Dado o baixo custo dos fatores de produção, particularmente da mão de obra, além dos incentivos fiscais, é até de se estranhar que isso não tenha acontecido antes.

A expansão quase explosiva das exportações brasileiras (e não só das indústrias), cujo valor em dólares cresceu de 1.654 milhões em 1967 para 6.199 milhões em 1973 – 275%, em seis anos ou cerca de 24% ao ano –, possibilitou uma alteração básica na estratégia de desenvolvimento. Ela tornou possível trazer recursos do exterior numa medida muito mais ampla que no passado. Para se ter uma ideia do seu montante, basta observar que a dívida externa do Brasil

---

11 Suzigan, *Crescimento industrial no Brasil*, tabela II.15.
12 Ibidem, tabela II.14.

subiu de 4,4 bilhões de dólares em 1969 para 12,6 bilhões de dólares em 1973, devendo ter atingido cerca de 17,3 bilhões em 1974. Uma disponibilidade tão grande de recursos externos proporcionou à política econômica graus adicionais de liberdade ao: 1) permitir a abertura de pontos de estrangulamento, constituídos por oferta inelástica a curto prazo de certos bens, mediante sua importação acrescida; 2) suplementar a poupança interna com meios financeiros externos para a aquisição de bens de capital (em geral, no exterior).

A nova estratégia de desenvolvimento baseou-se, portanto, em boa medida, na abertura da economia para fora. Isto significa que as prioridades no processo de industrialização deixam de ser as necessidades do mercado interno apenas, e passam a ser também as necessidades do mercado mundial. Como os recursos disponíveis para investimento a cada momento são limitados – estamos pensando em recursos reais: mão de obra de diferentes graus de qualificação, equipamento, matérias-primas –, sua utilização está sendo condicionada cada vez mais pelo objetivo da integração da economia brasileira na divisão internacional do trabalho, não mais como mero fornecedor de matérias-primas, é certo, mas como fornecedor também de bens industriais. Volta-se, assim, ao critério das "vantagens comparativas" na alocação das inversões, o que significa que, em lugar de se expandir a indústria de equipamentos tecnologicamente sofisticados, que podem mais "facilmente" ser adquiridos no exterior, o Brasil expande ramos como a indústria de calçados, a tecelagem ou mesmo a indústria de máquinas de escritório, cujos produtos competem mais "facilmente" no exterior.

Nessa mudança de estratégia, o Brasil cedeu às admoestações dos economistas liberais, que povoam os órgãos econômicos e financeiros internacionais e sempre condenaram a substituição de importações "exagerada". Dessa maneira, o país vendeu por um prato de lentilhas – a "ajuda" externa – o seu direito de primogenitura no sentido de procurar alcançar a fronteira tecnológica e, um dia, tornar-se uma nação plenamente desenvolvida. Pois que outra coisa significa uma estratégia que leva a expandir a produção e exportação de calçados ou mesmo componentes de sistemas de processamento de dados e a importar as máquinas de fabricar calçados e os computadores?

Não há dúvida que uma divisão de trabalho à base das "vantagens comparativas" – cada um se especializa no que pode produzir a custo mais baixo – entre países adiantados e países atrasados só pode ter por resultado a consolidação do desnível e o aprofundamento da dependência dos últimos em relação aos primeiros.

Nesse sentido, a abertura para fora da economia brasileira, que se caracterizou também, como não podia deixar de ser, por ampla expansão das multinacionais por quase todos os ramos de atividade, acarretou sensível aumento da dependência tanto financeira como tecnológica do exterior. Importantes firmas brasileiras, que haviam dominado a tecnologia de suas áreas de atuação, foram compradas por multinacionais ou se associaram com elas. Apenas nos ramos em que atuam empresas estatais – principalmente de petróleo, transportes e mineração –, a penetração das multinacionais foi algo barrada, limitando-se sua participação a *joint ventures*, em associação com o capital público e, às vezes, com o capital privado nacional.

O prolongado *boom*, que começou em 1968, baseou-se portanto nos seguintes elementos: 1) uma demanda interna por bens duráveis de consumo em expansão, graças à concentração da renda e a mecanismos financeiros que permitiram a ampliação do crédito ao consumo; 2) uma demanda externa em expansão graças à liberalização do comércio internacional e ao subsidiamento das exportações; 3) forte injeção de recursos do exterior, que complementam a poupança interna e permitem eliminar focos inflacionários, graças a uma capacidade de importar tornada superelástica. O que não se tinha tornado visível é que, nessa constelação, faltava um quarto elemento: uma crescente taxa de inversões.

É verdade que, segundo os dados oficiais, houve efetivamente uma elevação da taxa de investimento, medida pela relação entre a formação bruta de capital fixo e o produto nacional bruto, que oscila ao redor dos 15% no período de baixa, entre 1965 e 1967, retoma seu nível normal entre 16% e 17% em 1969 e salta depois para 21,2% em 1970, 22% em 1971, 22,2% em 1972 e 22,8% em 1973 (FGV, *Conjuntura Econômica*, nov. 1972 e jan. 1975). O que importa, porém, é comparar essas taxas de investimento com o ritmo de expansão do produto. Num período de crescimento reduzido, como o de 1965-1967, uma taxa de inversão de 15% pode ter sido até exagerada, tendo talvez contribuído para aumentar a capacidade ociosa. No período de 1968-1969, em que o crescimento acelerado pôde contar com reservas consideráveis de capacidade, uma taxa de investimento de 16% ou 17% pode ter sido suficiente. Mas, se essa capacidade começou a esgotar-se paulatinamente, como era inevitável, então é duvidoso que taxas de investimento de 22% ou 23% sejam suficientes para sustentar um crescimento anual médio de 10% do produto.

Um raciocínio simples permite visualizar as dimensões do problema. Admitamos que a relação capital/produto seja igual a 2 (o que é bastante conservador) e que a depreciação anual seja de 5% desse capital, ou seja, de 10% do produto.[13] Isto significa que inversões equivalentes a 10% do produto se destinam a meramente repor elementos gastos do capital fixo. Sendo a taxa de inversão bruta de 22% ou 23%, a taxa de inversão líquida seria então de 12% ou 13% do produto, que significaria uma expansão de 6% ou 6,5% do capital social (que se supõe ser duas vezes o produto). Em outras palavras, entre 1970 e 1973, a um aumento da produção 10% ao ano teria correspondido um aumento anual líquido de capacidade de 6% ou 6,5%, o que faz prever um rápido esgotamento das reservas de capacidade em futuro próximo. Para que a capacidade crescesse pelo menos no mesmo ritmo que a produção, a taxa líquida de inversão teria que ter sido de 20% e a bruta de 30%. É, aliás, o que indica o exemplo do Japão, um dos poucos países em que o PNB tem crescido a taxas anuais de mais de 10% por muitos anos: sua taxa bruta de inversão foi de 25,2% entre 1953 e 1960 e de 33% entre 1961 e 1967 (ver *Conjuntura Econômica*, nov. 1972).

A partir de 1973, o desenvolvimento das forças produtivas começou a se chocar com uma série de barreiras "físicas": o sistema de transporte passou a não dar mais vazão a volumes acrescidos de mercadorias (mormente em época de safra); numerosas matérias-primas (desde papel até aço) e insumos acabados (desde material de embalagem até fertilizantes) passaram a escassear tanto no mercado

---

13 A Contabilidade Nacional no Brasil admite que a depreciação seja apenas 5% do produto, o que representa forte subestimação, como o mostram as comparações com outros países, nos períodos 1953-1960 e 1961-1967, nos quais a *menor* taxa fora do Brasil foi de 7,86%, situando-se a maioria entre 9% e 11% (ver *Conjuntura Econômica*, nov. 1972, tabela IV, p.29).

interno quanto no externo; outros serviços, como o dos telefones, por exemplo, começaram a vergar sob o peso de uma demanda excessiva. A aceleração do ritmo inflacionário, que se registra a partir daquele ano, apesar de toda a rigidez do sistema de controle dos preços, foi o resultado da contradição entre um impulso cada vez mais poderoso para acumular e as limitadas disponibilidades reais para fazê-lo.

Os recursos para inversão dependem, a curto prazo, da capacidade de importar do país e da capacidade de produção do seu Departamento I, isto é, do conjunto de atividades que produzem meios de produção. É preciso considerar que, a curto prazo, não somente é dada essa capacidade de produção do Departamento I, como também não se pode desprezar o tempo necessário à sua utilização, ou seja, o período que transcorre entre a encomenda de determinado volume de capital fixo (ou a formulação do anteprojeto que fundamenta a decisão de investir) e o momento em que essa nova capacidade de produzir passa a ser utilizada. Uma boa parte das barreiras físicas, que limitam hoje, no Brasil, o impulso para crescer, decorre, precisamente do fato de que decisões cruciais para investir foram tomadas muito tarde. Exemplo disso é a siderurgia, cuja produção nos últimos anos tem-se expandido a taxas inferiores à demanda, ensejando importações crescentes de aço. A formulação de planos grandiosos de expansão siderúrgica, que pretendem tornar o Brasil importante exportador de aço na década de 1980, não é solução para o ponto de estrangulamento que *hoje* se apresenta.

Uma indicação do esgotamento da capacidade de produção de meios de produção é dada pela participação crescente das importações na oferta total dos ramos industriais relevantes. Assim, no caso da mecânica, por exemplo, aquela participação passou de 28,2%, em 1965 (ano de parcos investimentos, como foi visto), para 35,6% em 1970 e para 40,4% em 1972. E isto apesar de inversões crescentes na indústria mecânica: 97 milhões em 1967, 135 milhões em 1968 e 193 milhões em 1969 (cruzeiros de poder de compra constante de 1969).[14]

Há dois obstáculos atualmente à expansão suficientemente rápida da capacidade de produção do Departamento I no Brasil: a

---

14 Suzigan, *Crescimento industrial no Brasil*, tabelas II.5 e II.9.

abertura para fora, que desestimula as inversões na substituição de importações tecnologicamente "complexas" e a falta de recursos humanos e materiais ou, se quiser, de trabalho vivo e morto em quantidade e qualidade adequadas. Quanto ao primeiro obstáculo, ele já foi analisado anteriormente e basta acrescentar que a recessão mundial iniciada em 1974 reduziu algo o brilho da estratégia de crescimento "para fora", o que fez que fossem adotadas medidas tendentes a enfatizar novamente a substituição de importações. Os efeitos práticos dessas medidas, no entanto, só se farão sentir em alguns anos, pois resultam em investimentos de média e longa duração em setores de base. O que importa, porém, a prazo mais longo é o segundo obstáculo: uma expansão significativa do Departamento I de uma economia com o grau de industrialização já atingido pelo Brasil implica o domínio de novos processos de produção; novos no sentido de que foram desenvolvidos mais ou menos recentemente nos grandes centros industriais. Para tanto, haveria que executar todo um programa de preparação de cientistas, técnicos, administradores e trabalhadores especializados, além de se criar a base institucional necessária. Dessa maneira, a elevação da taxa de investimento ao nível que permitiria sustentar um crescimento do produto da ordem de 10% ao ano requer não somente um volume adequado de recursos poupados, mas uma série de medidas de caráter qualitativo que, ao que parece, ainda não foram contempladas.[15]

Uma outra maneira de ver o problema seria a seguinte: para que a economia pudesse continuar crescendo a 10% ao ano, seria preciso transferir uma parcela ponderável da força de trabalho do Departamento II, isto é, da produção de meios de consumo, para o Departamento I, ou seja, para a produção de meios de produção. Essa transferência não pode ser operada mediante os mecanismos usuais

---

15 A. Fishlow, em sua perspicaz análise da economia brasileira ("Algumas reflexões sobre a política econômica brasileira após 1964", *Estudos Cebrap*, n.7, jan.-março 1974), já apontou a insuficiência da poupança como um possível obstáculo à continuação do crescimento acelerado. Ele, no entanto, deu ênfase apenas aos aspectos quantitativos da poupança, ao passo que nós cremos serem mais importantes ainda os aspectos qualitativos do processo de acumulação, que, no caso de um país como o Brasil, implicam um amplo grau de avanço tecnológico.

de mercado, nem mesmo se estes forem estimulados por subsídios, incentivos etc., simplesmente porque se trata de implantar atividades que ainda não existem no país e que não se encontram no horizonte de perspectivas de nenhuma das empresas existentes. É o caso, por exemplo, da indústria de computadores ou da indústria aeronáutica. Esta última vegetava, resumindo-se a alguns estabelecimentos privados de pequeno porte, até que o governo resolveu criar a Embraer, que parece abrir perspectivas de avanços significativos nesse campo. Iniciativas como estas – empresas estatais com dotações orçamentárias adequadas e planos de grande alcance – constituiriam a base institucional mínima sobre a qual uma nova etapa do desenvolvimento poderia ser inaugurada. Mas, mesmo que isto se fizesse já, essa transferência de mão de obra para novas atividades de grande complexidade tecnológica requereria intensa preparação, que de qualquer modo demandaria tempo.

É preciso concluir, portanto, que o período de crescimento rápido da economia brasileira, entre 1968 e 1974, foi, em essência, um período de recuperação da recessão de 1962-1967, cujas possibilidades estão se esgotando. No plano das aparências, esse esgotamento se manifesta sob a forma de pressões sobre o balanço de pagamentos e o nível de preços. Sintomaticamente, tanto o déficit do primeiro (cerca de 1,3 bilhão de dólares) quanto a elevação do segundo (cerca de 35%) atingiram em 1974 níveis de recorde. Mas o controle do balanço de pagamentos e da inflação são apenas as contingências imediatas que obrigam o Estado a pôr um freio ao crescimento. No fundo, o que se dá é a incapacidade do sistema de transformar-se estruturalmente, de modo a expandir o Departamento I a ponto de tornar a taxa de inversão independente da capacidade de importar. Em 1974, a necessidade objetiva de incrementar as inversões contribuiu no mínimo, tanto quanto a elevação dos preços do petróleo, para que as importações dobrassem, em valor, em relação ao ano anterior. É claro que, enquanto uma parcela qualitativamente essencial das inversões depender de importações, o ritmo de crescimento da economia será uma função das vicissitudes da economia internacional, cujas perspectivas, aliás, não são das mais alvissareiras.

Momentos da conjuntura

I

As contradições do "milagre"*

1. O milagre superou o ciclo?

Quando o crescimento do produto bruto brasileiro superou pela terceira ou quarta vez a marca dos 9%, proclamou-se o "milagre brasileiro". Eis aí uma economia nacional – e ainda mais, de um país subdesenvolvido! – que iria repetir o extraordinário desempenho econômico da Alemanha e do Japão no pós-guerra. Proclamava-se (e ainda se proclama) que o Brasil iniciou a marcha batida em direção ao pleno desenvolvimento, que seria alcançado antes do fim do século. Realmente, mantendo-se a taxa de crescimento do produto *per capita* ao redor de 7% ao ano, ele dobra a cada dez anos, de modo que, tendo a marca dos 500 dólares sido atingida em 1971, é de se esperar que a do 1 mil dólares seja alcançada em 1981 e a dos 2 mil dólares em 1991.

É claro que essa perspectiva supõe que o crescimento não venha a sofrer solução de continuidade. Em outros termos, deve-se admitir

---

* Publicado anteriormente em *Estudos Cebrap*, n.6, abr.-jun. 73.

que o "milagre econômico" tenha superado o ciclo de conjuntura, dotando a economia brasileira de uma estabilidade que nenhuma outra economia capitalista jamais conheceu.

Na verdade, a pretensão de que determinado "modelo" de capitalismo tenha superado o ciclo não é nova. A última tentativa nesse sentido surgiu por ocasião do *boom* excepcionalmente longo pelo qual a economia americana passou entre 1961 e 1969. Até então, o período máximo de expansão da economia americana tinha sido de 80 meses, de junho de 1938 até fevereiro de 1945, e sua duração excepcional se explica facilmente pelos efeitos da Segunda Grande Guerra. Quando em fevereiro de 1961 começou uma fase de expansão que chegou a durar 105 meses,* quebrando um recorde de mais de um século de ciclos, cuidadosamente medidos e registrados, não faltou quem proclamasse também que a "nova economia" (keynesiana) tinha abolido o ciclo nos Estados Unidos. Não foi por acaso que, em abril de 1967 (após mais de seis anos de expansão contínua), o Social Science Research Council reuniu uma conferência sob o sugestivo título de "Está o ciclo de conjuntura obsoleto?".**

No Brasil, desde que a propaganda oficial e a oficiosa proclamaram o "milagre", a curiosidade dos incrédulos se dirigiu à questão de: até quando? Alguns basearam o seu ceticismo na improbabilidade de que a demanda por bens duráveis de consumo se mantenha crescendo em ritmo tão rápido. Outros aventaram a hipótese de que a poupança interna (e externa) não se expandiria com velocidade suficiente para financiar o volume de investimentos requerido pela continuação do "milagre". Outros, finalmente, previam que a crise do sistema internacional de pagamentos acabaria acarretando uma queda da demanda externa (no quadro de uma crise geral do comércio mundial), o que levaria a uma redução correspondente de nossa taxa de crescimento.

Apesar dessas previsões sombrias, a economia brasileira continuou sua expansão em 1972 e este ano (1973) promete repetir a dose. Já há, no entanto, vários sinais de que o "milagre" se aproxima do seu

---

* Hunt; Sherman, *Economics: an Introduction to Traditional and Radical Views*, p.342-3.
** Bronfenbrenner (ed.), *Is the Business Cycle Obsolete?*, 1969.

fim. São sintomas de inflação reprimida, que começaram a aparecer no ano passado, quando pecuaristas, frigoríficos e açougueiros reduziram a oferta de carne, em protesto contra os preços oficiais, julgados insuficientes. Este ano, os mesmos sintomas voltam a aparecer, de forma mais aguda e, sobretudo, generalizada. Faltam à mesa do consumidor, ao lado da carne, o leite e (durante um período) o feijão, produtos considerados essenciais à dieta popular. Mas faltam também os automóveis: para certos tipos de carro, o comprador tem que esperar dois meses e meio pela entrega, a não ser que pague um "extra", o que indica que está se constituindo verdadeiro mercado negro de veículos. E há escassez de matérias-primas: os fabricantes de refrigeradores estão produzindo 15% abaixo de sua capacidade, devido à dificuldade de obter matérias-primas; também para a fabricação de motoniveladores faltam componentes (transmissões) e matérias-primas (aços fundidos e forjados, metais não ferrosos e ligas); a produção de papel está contida por falta de celulose, tendo sido suspensa a exportação e liberadas as importações; teme-se a falta de papel para a imprensa; a agricultura, estimulada por generosos aumentos de preços mínimos e injeções de crédito, não consegue aumentar sua capacidade de produção, pois faltam insumos essenciais: a produção de tratores caiu 7% entre junho e julho e outros 3,1% entre julho e agosto, devido à falta de matérias-primas e componentes; também há falta de fertilizantes e até de defensivos agrícolas, sendo a produção destes contida pela falta de embalagens; há crescente escassez de cloro e soda e de insumos farmacêuticos, que afeta as indústrias química e farmacêutica; escasseia também o alumínio, que tampouco se encontra para importar e cuja produção nacional só deverá aumentar em 1976; a indústria têxtil enfrenta crescente escassez de fibras naturais e fios químicos, tendo sido suspensa a exportação de algodão e liberada a importação; a situação é tão grave nesse ramo que pequenas empresas estão fechando e arrendando seu maquinário a empresas grandes, que conseguiram fazer estoques de matérias-primas; também a produção de sabão está sofrendo a falta de sebo, cujo preço subiu de 1,40 cruzeiro o quilo em janeiro a 4,00 cruzeiros em agosto; há crescente falta de peças de reposição de automóveis, o que prejudica os frotistas, notando-se já a falta de pneus, sobretudo no Nordeste, devido à escassez de borracha natural, inclusive no mercado internacional, onde seu preço subiu 114% nos últimos 12 meses; a própria produção nacional de automóveis, o ponto alto do "milagre", acabou sendo alcançada pela escassez de matérias-primas: entre agosto e setembro caiu a produção de automóveis de 40.085 para 34.598 unidades, a de utilitários e camionetas de 20.548 para 18.532 unidades e a de caminhões de 5.753 para 5.590 unidades.*

Esse quadro geral de "desabastecimento", que vai engolfando a economia brasileira, é completado por reiteradas notícias e queixas de falta de mão de obra, inclusive da pouco qualificada, na construção civil, na agricultura, na fabricação de cimento etc. A falta de pessoal e a inexperiência de muitos dos recém-admitidos está acarretando uma impressionante queda do padrão de certos serviços, como os bancários, por exemplo. Finalmente, o pagamento de salários maiores que o mínimo a serventes de construção e a antecipação do reajustamento salarial por parte de empresas que não podem enfrentar a ameaça de certos trabalhadores que se recusam a fazer *horas extras* indica claramente que se criou uma situação de insuficiência generalizada de oferta no mercado de trabalho, que poucos acreditariam possível num país de enorme excedente "estrutural" de mão de obra, como o Brasil.

É claro que a inflação reprimida não configura uma crise, mas o contrário dela, um *auge* conjuntural. Mas também é óbvio que não será possível manter a economia nesse estado por muito tempo. A economia brasileira entrou num processo de acumulação de capital e de expansão de atividade produtiva que é excessivo e por isso está se chocando contra certas barreiras *físicas*, que não podem ser alargadas de súbito por atos de política econômica. Esta pode somente mascarar essas barreiras, ao impedir que a escassez se traduza em aumento de preço. Mas, ao fazer isso, o governo viola a lógica da economia capitalista e entra em choque com os interesses de vários grupos que dominam áreas da produção que se converteram em pontos de estrangulamento. E, por mais poderoso que o governo seja (e todos

---

* Dados recolhidos da publicação *Análise da Economia Brasileira para o Homem de Negócios*, entre julho e outubro de 1973.

sabem que não é poder que falta ao atual governo brasileiro), a sua possibilidade de impor preços que se afastam cada vez mais da "realidade do mercado" também é limitada, como se viu claramente no caso do leite: nem ameaças nem punições conseguiram impedir a queda da oferta, de modo que as reivindicações dos produtores (quase todos pequenos) acabaram sendo atendidas, apesar das metas anti-inflacionárias do governo.

Para melhor entender o caráter do atual ciclo da economia brasileira é necessário um exame, ainda que perfunctório, da teoria das crises, da qual ele não passa, afinal, de um caso algo peculiar, mas não excepcional.

2. As crises no capitalismo

A possibilidade das crises no capitalismo é dada pela "anarquia da produção", ou seja, pelo fato de as decisões que afetam a vida econômica serem tomadas separadamente, por inúmeras unidades de produção e de consumo, sendo compatibilizadas apenas *a posteriori* pelos mecanismos do mercado. A necessidade das crises é dada pelo impulso a acumular, que depende apenas de indicadores de mercado – basicamente preços e custos –, os quais tendem a se reforçar cumulativamente. Dessa maneira, o crescimento da produção tende a acelerar-se até que sejam encontradas as barreiras físicas à expansão, contra as quais o impulso a acumular se choca, o que ocasiona a crise, a partir da qual os indicadores de mercado invertem seu sentido, levando ao decréscimo da acumulação, o que produz a depressão ou, quando moderada, a recessão.

Na fase da expansão, o sistema conta com amplas reservas de recursos "reais" – mão de obra desempregada, capacidade ociosa, terra não cultivada etc. – que resultaram da depressão (ou recessão) anterior. A expansão da atividade permite a utilização crescente da capacidade em todos os setores. Como todos os ramos de produção são interligados pela divisão social do trabalho, o aumento de atividade em alguns deles se transmite prontamente aos demais como que por um sistema de vasos intercomunicantes. Digamos, por exemplo, que por um fator qualquer (o BNH, por exemplo) aumenta a atividade na construção civil. Como esse ramo é apenas de montagem, sua expansão determina o aumento da demanda pelos insumos, tais como cimento, aço, madeira, vidro, tijolos, telhas, ladrilhos, canos, fios, misturadoras de concreto etc. A expansão da atividade nos ramos em que são produzidas essas mercadorias induz a expansão em uma série de outros e assim por diante. As ondas de expansão se reforçam porque, à medida que aumenta a utilização da capacidade, a taxa de lucro das empresas sobe,* o que as leva a investir, o que naturalmente eleva a demanda por bens de produção com os mesmos efeitos expansivos sobre os ramos que os produzem e sobre o conjunto da economia.

É claro que o sistema de vasos intercomunicantes não é perfeito, porque ninguém determina de antemão que largura cada vaso deve ter. De modo que, possivelmente, alguns sejam muito estreitos, acabando por constituir-se em pontos de estrangulamento. Assim, no nosso exemplo, se a produção de aço não se expandir – na medida em que o requer o crescimento da atividade não só da construção civil, mas também dos outros ramos que usam equipamento de aço para produzir cimento, madeira, canos, fios etc. –, a expansão dos demais ramos será barrada. É aí que entram os mecanismos de mercado: a escassez de aço determina a elevação do seu preço, que tem duas funções: 1) como em um leilão, a alta elimina os compradores de menor poder aquisitivo; 2) a alta eleva os lucros, acelerando a acumulação de capital na siderurgia e, ao mesmo tempo, atraindo novos capitais a esse ramo. Desse modo, as novas inversões devem elevar a capacidade de produção de aço e, naturalmente, sua oferta, eliminando o ponto de estrangulamento.

Se o mercado, mediante o mecanismo de preços, pudesse abrir *imediatamente* quaisquer pontos de estrangulamento, não haveria crises, pois as barreiras físicas à expansão seriam eliminadas com a mesma facilidade e rapidez com que são eliminadas as barreiras financeiras e a economia de mercado seria, de fato, equivalente a

---

* A taxa de lucro é a relação entre o lucro anual e o capital avançado. Com maior utilização da capacidade, a produção e o lucro aumentam mais que o capital, cuja parte fixa permanece a mesma, elevando-se, portanto, a taxa de lucro.

uma economia planejada. Acontece, porém, que os mecanismos de mercado, na realidade, demandam *tempo* para cumprir sua função compatibilizadora. *Depois* que o mercado indica a escassez de uma mercadoria pela majoração do seu preço, é preciso tempo para elaborar projetos, tempo para levantar os recursos financeiros e tempo finalmente para a construção das novas plantas. No intervalo, enquanto a produção suplementar não chega ao mercado, é preciso *reduzir* a demanda por aço (no exemplo apresentado), ou seja, é preciso *reduzir* a expansão dos ramos que utilizam o aço como insumo. Isto significa, simplesmente, que nenhuma economia pode crescer num ritmo superior ao que lhe permitem seus recursos reais. O problema no capitalismo é que a economia tende, gradativamente, a ultrapassar o seu ritmo máximo de expansão, começando a girar em vazio até ser colhida num vendaval inflacionário.

O defasamento no tempo entre o aumento do preço do produto escasso e o aumento de sua oferta, com a eliminação da escassez, faz que os demais ramos afetados pela escassez também tenham que reduzir *sua* produção e, portanto, criam-se condições para a elevação dos *seus* preços. Desse modo, no exemplo, aumentaria não apenas o preço do aço mas também do cimento, da madeira, dos canos, dos fios e das casas. Essa generalização dos aumentos de preços chama--se inflação e ela tende a mascarar os pontos de estrangulamento. Na mesma medida em que todos os ramos são interdependentes, os preços são solidários entre si. Com o aumento dos preços em geral, o preço relativo do aço volta a cair, podendo deixar de cumprir o papel de reduzir a demanda pelo produto escasso e de atrair recursos para o ponto de estrangulamento. Nada garante que o preço do aço suba mais que o de outro produto qualquer tornado escasso devido à inelasticidade (temporária) na produção de aço, pois isso depende de certas características de cada mercado: do grau de monopólio, da elasticidade-preço da demanda etc.

O mesmo vale também quanto à mão de obra. No início da expansão, o exército industrial de reserva sói ser bastante amplo. Com o crescimento da atividade produtiva, cresce também o emprego, transferindo-se paulatinamente mão de obra para o exército ativo. No início são absorvidos os mais facilmente mobilizáveis. Depois se estimula a transferência de mão de obra no espaço mediante migrações internas e mesmo internacionais e se atrai à força de trabalho grupos que estavam fora dela: donas de casa, aposentados, estudantes etc. Bem antes que a totalidade da força de trabalho potencial tenha sido absorvida começa a escassear a mão de obra para determinadas atividades. Algumas vezes trata-se de mão de obra cuja qualificação requer longo período de aprendizado. Em outras, começam a faltar trabalhadores para tarefas que requerem grande esforço físico em condições insalubres de trabalho ou que simplesmente são estigmatizadas por preconceitos. São exemplos os mineiros, os trabalhadores da construção, da limpeza pública. Essa forma de esgotar-se o exército industrial de reserva, em que se importam trabalhadores para tarefas pouco qualificadas e pouco prestigiadas, enquanto emigram profissionais universitários, parece ser o caso mais comum recentemente nos países industrialmente avançados da Europa. Mas não é totalmente impossível que se dê também em São Paulo ou em Brasília – que constituem áreas adiantadas –, que funcionam em relação a outras regiões menos desenvolvidas do país como a Alemanha Federal funciona em relação à Turquia. O fato é que, quando a expansão se aproxima do seu auge, o emprego cresce com tal rapidez que os canais "normais" de suprimento de mão de obra já não conseguem acompanhar o aumento da demanda.*

Nesse caso, o mercado de trabalho também começa por cumprir o seu papel: o salário da mão de obra escassa sobe, eliminando a demanda de menor poder aquisitivo e (talvez) atraindo mais força de trabalho para as atividades em questão. Mas a produção, afetada pela escassez de braços, diminui, generalizando-se a elevação de preços de modo que, quando a volta inflacionária se completa, o salário nominal aumentou, mas o salário real pode ter voltado ao seu nível anterior, devido ao aumento do custo de vida, de modo que a demanda

---

* É interessante observar que, à medida que aumenta a escolaridade da população, aumenta o nível de aspirações dos trabalhadores, tanto em termos de remuneração como de tipo de ocupação, o que leva à escassez relativa de oferta de força de trabalho para ocupações que requerem um grau de qualificação *inferior* ao da maior parte da população ativa.

pela mão de obra volta a subir, manifestando-se o mesmo desequilíbrio de antes.

A inflação, sobretudo quando ainda está em sua fase inicial, se dá por "voltas" que percorrem a economia a partir dos pontos de estrangulamento, ou seja, a partir dos mercados em que, por qualquer circunstância, a oferta é inelástica aos preços, isto é, que não pode ser aumentada a curto prazo, por mais atraentes que sejam os preços e as margens de lucro. Quando a inflação é crescente, o que é praticamente sempre o caso, quando a fase de expansão do ciclo começa a encontrar os limites físicos do crescimento, a vaga de aumentos de preços tende a ser *crescente* também, o que significa que as mercadorias que se encontram mais "distanciadas" dos pontos de estrangulamento tendem a sofrer aumentos *maiores* que as que estão na origem mesma de escassez. No exemplo já referido, as casas, cuja oferta é limitada pela escassez de aço e de outros produtos também tornados escassos devido à falta de aço, podem sofrer um aumento de preços maior que o próprio aço. Isso se dá porque o aumento do preço das casas se dá depois e decorre não apenas de uma insuficiência da oferta, mas também da elevação de custos, além da expectativa de novos aumentos de custos e preços, mantida tanto por compradores como por vendedores.

Na medida em que a expansão se torna cada vez mais fictícia, pois contida de fato pelas barreiras físicas, mais as empresas precisam de crédito para disputar entre si as matérias-primas e equipamentos escassos. O sistema financeiro, ao fornecer esse crédito, quase sempre a juros muito baixos ou mesmo negativos, capacita as empresas a colocar mais encomendas de bens de produção do que efetivamente estão disponíveis. Em termos reais, o ritmo da expansão vai sendo reduzido à medida que o financiamento das inversões funciona cada vez menos para efetivamente transferir trabalho do Departamento II, que produz bens de consumo, ao Departamento I, que produz bens de produção (ou bens de exportação que servem para se poder adquirir bens de produção no exterior). A queda da eficácia do financiamento em promover o que se poderia chamar de poupança "real", ou seja, redução do consumo individual para que se incremente o consumo produtivo, decorre, como já vimos, da perda de eficácia do mecanismo de preços em nortear a alocação de recursos quando a inflação se generaliza.

Vejamos agora que tipos de alternativas se apresentam ao comando da política econômica quando o agravamento da inflação ameaça provocar distorções na alocação de recursos – sobretudo na acumulação de estoques especulativos e no aparecimento de formas espúrias de entesouramento –, as quais reduzem ainda mais as possibilidades de se abrir os pontos de estrangulamento. É necessário notar, no entanto, que essas alternativas estão limitadas aos instrumentos habituais de intervenção na economia de mercado, que têm que respeitar a autonomia de decisão da empresa. Por mais que essa autonomia possa ser incidentalmente infringida, ela não pode ser afetada a ponto de pôr em perigo o sistema de incentivos em que se baseia a economia capitalista. É essa limitação que garante, em última instância, a persistência do ciclo da conjuntura, apesar de todas as alterações sofridas pelo capitalismo nas últimas décadas.

Quando se expandem as inversões, o que se expande realmente é a *demanda por bens de produção*, o que estimula os ramos que produzem esses bens (numa economia que vamos supor "fechada" para simplificar o raciocínio). Na medida em que há capacidade de reserva nesses ramos, aumenta neles a produção e o emprego. O volume acrescido de salários, por sua vez, vai fazer que cresça a demanda por bens de consumo. Se a economia fosse planejada, o conhecimento da disponibilidade dos recursos reais levaria à colocação de limites rígidos aos planos de investimento das empresas, rateando-se entre estas os recursos escassos e concentrando-se uma grande parte dos mesmos na abertura dos pontos de estrangulamento. Numa economia de mercado, a disponibilidade dos recursos reais não é conhecida, mas cada empresa supõe que *para ela* tal disponibilidade é infinita, pois, em geral, *sua* demanda é uma fração insignificante da demanda global. E essa suposição é realista porque a escassez se traduz de imediato num aumento de preço que ou a elimina do mercado ou lhe permite comprar a quantidade que deseja, ao eliminar competidores mais fracos. Para as empresas que conseguem ficar no mercado, há todas as razões para continuar expandindo sua produção; portanto, para aumentar sua demanda pelo produto escasso e para passar adiante, aos clientes, os ônus decorrentes da elevação dos custos.

À medida que um número crescente de ramos se transforma em elo de transmissão de pressões inflacionárias, a espiral custos-preços se acelera até que a depreciação da moeda se torna ameaçadora. É claro que a avaliação dessa ameaça é em grande parte subjetiva e decorre de critérios que são mais políticos do que econômicos. O que importa aqui, no entanto, é assinalar que quando o governo resolve que não pode mais tolerar a progressão inflacionária, o que ele faz, em geral, é dar ordens ao sistema financeiro para não prover mais as empresas de meios para realizar seus planos de investimento. A outra alternativa é tentar antes controlar os preços administrativamente, o que será examinado mais adiante.

O ideal seria que o governo pudesse restringir o crédito apenas das firmas cujas demandas aumentam a pressão sobre os pontos de estrangulamento. Na prática, esse procedimento é administrativa e politicamente impossível. Administrativamente, ele requer um conhecimento detalhado das demandas de todas as firmas que nenhum órgão, numa economia de mercado, possui. Politicamente, ele supõe um poder de discriminação entre interesses privados por parte das autoridades financeiras que, tampouco, Estado capitalista algum detém.* É por isso que medidas anti-inflacionárias do tipo fiscal, financeiro e monetário são quase sempre de caráter geral – é notável, por exemplo, a oposição do FMI às taxas múltiplas de câmbio – e têm por fim reduzir a demanda ao longo de toda a economia, o que acaba colocando um ponto final à expansão, embora seu efeito sobre a inflação seja muito mais duvidoso. Ao lado da restrição ao crédito, o arsenal das medidas anti-inflacionárias conta com a redução dos gastos públicos, o aumento da carga fiscal e o controle dos salários e de alguns preços considerados estratégicos. À medida que a queda da

---

* Cada vez que se tenta, por meios administrativos, impor normas que discriminam entre empresas, o processo acaba inteiramente viciado pela enorme pressão corruptora dos interesses privados. A concessão de licenças de importação pela antiga Cexim foi um exemplo notável dessa tendência, que acentua a inviabilidade política do planejamento numa economia capitalista.

demanda efetiva, assim provocada, reduz a lucratividade de parte das empresas, estas reduzem seus investimentos afetando a lucratividade de outras, e assim por diante, até que o volume global de investimentos caia, reduzindo-se o nível de emprego e, em consequência, a demanda de consumo final.

A impossibilidade de uma verdadeira seleção do crédito e, de uma forma geral, de um combate à inflação que não afete o dinamismo da economia está no cerne de uma economia de mercado, que pela sua própria natureza não pode ser planejada. O funcionamento de uma economia de mercado requer que cada empresa paute sua estratégia de luta no mercado e, portanto, seus planos de investimento pela lógica do lucro. Se as empresas fossem levadas a obedecer a algum plano geral, elas deixariam de procurar a máxima lucratividade e... não seriam mais empresas capitalistas, mesmo que continuassem formalmente sendo propriedade privada. A necessidade de manter e reforçar o sistema de incentivos, na verdade, é tão grande no capitalismo que empresas pertencentes ao mesmo "conglomerado" são levadas a competir entre si e empresas pertencentes ao Estado tendem a ser geridas como se fossem empresas privadas. É notável que a crescente burocracia técnico-administrativa, que viceja no setor público da economia da maior parte dos países capitalistas, se distinga cada vez menos, pela sua formação, pelos seus princípios e, sobretudo, pelo seu modo de agir, da burocracia técnico-administrativa que dirige grandes empresas privadas.

Examinemos agora a outra alternativa, a do controle administrativo dos preços. Esse modo de intervir na economia, à qual se recorre cada vez mais frequentemente nos últimos anos, principalmente sob a forma de congelamentos de preços e salários por prazo limitado, atesta o reconhecimento de que, no capitalismo contemporâneo, o mecanismo de preços já deixou de desempenhar qualquer papel essencial na alocação de recursos. No passado, quando a inflação "endêmica" era pouco generalizada, ninguém pensaria a sério na imposição de controles administrativos dos preços, a não ser em épocas de guerra. A ninguém ocorreria suprimir o que era tido como o mecanismo essencial pelo qual mudanças da demanda podiam evocar respostas adequadas do aparelho produtivo. Teoricamente, o controle administrativo não só reconhece a inoperância do mecanismo de preços, mas deve substituí-lo por algum tipo de planejamento. Por isso, o controle dos preços é essencialmente incompatível com o capitalismo. Recorre-se a ele como medida de emergência, na tentativa de quebrar a espiral ascendente de preços e salários. Porém, tão logo o controle é suspenso, a espiral retoma o seu movimento com renovado vigor. Daí a inocuidade e o caráter recorrente dos congelamentos. O congelamento de preços é, comumente, colocado como uma fase A de um plano de combate à inflação, à qual se deve seguir uma fase B de semiliberação dos preços e uma fase C, em que "a verdade dos preços" será plenamente restabelecida. Quase sempre, antes que se tenha alcançado a fase C, a alta dos preços força a volta a um novo congelamento.

Quando o controle administrativo dos preços é imposto por um período mais longo, sua incompatibilidade com as regras do jogo capitalista se torna mais clara. As empresas que se sentem prejudicadas pelo fato de que as condições de procura e oferta no mercado lhes permitiriam cobrar mais pelo que vendem acabam restringindo ainda mais a oferta no mercado "legal", suscitando o aparecimento de um mercado paralelo ou "negro". Mesmo que a fiscalização do poder público possa impedir que grandes empresas se engajem em práticas ilegais, ela é, em geral, impotente ante o pequeno comércio, que conta com a cumplicidade do público comprador, apesar de que este deveria ser o suposto beneficiário do controle de preços.* A médio prazo, o desafio dos mercados paralelos é mortal para autoridades incumbidas de manter um certo controle sobre o processo econômico: a generalização do mercado negro falseia as estatísticas do custo de vida, torna irrisórios os aumentos salariais, desmoraliza o fisco, a cujo controle escapa um número cada vez maior de transações, e com o tempo pode vir a criar toda uma economia paralela, cuja importância pode até ofuscar a economia "legal".

---

* Em geral, quando se trata de mercado negro, pensa-se em bens de consumo individual. Mas é muito comum o mercado negro de matérias-primas, pelas de reposição de componentes. Nesses casos, os compradores, para poder passar adiante seus custos mais elevados, são forçados também a vender seus produtos em mercado negro, que dessa maneira se generaliza.

3. O atual ciclo brasileiro

Deve-se considerar o período de depressão entre 1963 e 1967, caracterizado por baixas taxas de crescimento, como pertencente a um ciclo cujo auge foi um pouco anterior, possivelmente em 1961. Em 1968 começou um novo ciclo, cuja fase de expansão teve seu começo naquele ano. Essa expansão pôde contar inicialmente com abundante capacidade ociosa e um amplo exército industrial de reserva. Por isso, durante os primeiros dois ou três anos da expansão, deu-se um intenso crescimento do nível de atividade e do emprego sem que a taxa de inversão mostrasse qualquer incremento. A taxa de formação bruta de capital se manteve entre 16% e 17% em 1968 e 1969, ou seja, no mesmo nível que a média anual do período 1962-1967.

A partir de 1970, a capacidade ociosa foi sendo cada vez mais reduzida e o mesmo foi-se dando com o exército industrial de reserva. Devido ao tempo necessário para a ampliação da capacidade produtiva em uma série de pontos-chave da economia, a possibilidade de que vários pontos de estrangulamento pudessem surgir era muito grande. Tal não se deu, no entanto, pelo menos até este ano, devido à possibilidade de complementar a produção interna com importações. Estas cresceram notavelmente nos últimos anos, passando de uma média anual de 1.820 milhões de dólares no período de 1966-1970 a 3.245,5 milhões de dólares, em 1971, e a 4.224,1 milhões de dólares, em 1972. Pode-se ter uma ideia da medida em que as importações contribuíram para abrir pontos de estrangulamento em potencial examinando-se como evoluiu a importação de insumos produtivos. Assim, a importação de produtos químicos, borracha natural e sintética se elevou de 299,6 milhões de dólares em média por ano, entre 1966 e 1970, para 522,5 milhões de dólares, em 1971, e para 735,5 milhões de dólares, em 1972; a de metais comuns e suas manufaturas cresceu de uma média anual de 231,9 milhões de dólares, no período 1966-1970, para 428,8 milhões de dólares, em 1971, e para 463,9 milhões de dólares, em 1972; a de máquinas e aparelhos, material elétrico e de transporte aumentou de 602,9 milhões de dólares anuais entre 1966 e 1970 para 1.236,9 milhões de dólares, em 1971, e para 1.760 milhões de dólares, em 1972.*

---

* Dados do Banco Central do Brasil, *Relatório de 1972*.

É fácil de ver que, se o rápido aumento de tais importações não fosse possível, a expansão dos últimos anos teria esbarrado em limites físicos que a teriam afetado sobremaneira.

A continuidade da expansão e, sobretudo, a ausência de fortes pressões inflacionárias, apesar das taxas inusitadamente altas de crescimento do produto, se devem, portanto, em boa medida, ao rápido crescimento de nossa capacidade para importar, proporcionada pela grande expansão das exportações e a forte elevação das entradas de capital estrangeiro. No que se refere às exportações, estas se elevaram da média anual de 2.065,4 milhões de dólares no período 1966-1970 para 2.881,6 milhões de dólares, em 1971, e para 3.987 milhões, em 1972. O forte crescimento das exportações se deve, acima de tudo, à diversificação da pauta, na qual surgiram muitos produtos novos, tanto primários (tais como soja, carnes, pescado) como industrializados (tais como calçados, material de transporte, sucos de frutas).* Na análise da evolução recente da economia brasileira, a expansão das exportações tem sido encarada pela maioria dos observadores como um fator a mais de expansão da demanda. O que não foi visto, pelo menos em toda sua importância, é que as exportações substituem, numa economia como a nossa, o Departamento I, na medida em que se podem importar bens de produção em vez de implantar ou expandir sua produção interna. A vantagem de importá-los, do ponto de vista conjuntural, é que se pode obtê-los com muito maior rapidez. É claro que a expansão das exportações não decorreu apenas da campanha de incentivos promovida pelo governo, mas também de uma conjuntura favorável no mercado mundial. O que importa aqui é que o Brasil tirou pleno proveito dessa conjuntura favorável para realizar uma parcela cada vez maior do seu excedente no exterior, o que veio facilitar a conversão do capital acumulado sob a forma de moeda em capital produtivo, na medida em que, sendo essa moeda conversível, ela pôde servir de meio de pagamento por recursos produtivos adquiridos em outros países.

Quanto aos capitais estrangeiros, o seu saldo líquido passou da média anual de 405 milhões de dólares em 1966-1970 para 1.360 milhões

---

* Ibidem.

de dólares em 1971 e para US$ 3.483 milhões em 1972.* Também aí houve a conjunção de uma situação de grande liquidez no mercado mundial de capitais com uma política governamental destinada a atrair capitais estrangeiros ao país, tanto sob a forma de investimentos como de empréstimos. Na verdade, a entrada de capitais estrangeiros, principalmente sob a forma de empréstimos em moeda, acabou sendo demasiada, ocasionando um crescimento excessivo ao mesmo tempo da dívida externa e das reservas cambiais. Do ponto de vista que interessa aqui, a entrada de capitais estrangeiros serviu para cobrir o déficit da balança comercial, que atingiu 363 milhões de dólares, em 1971, e 237 milhões de dólares, em 1972, e o déficit da balança de serviços, que cresceu rapidamente de uma média anual de 598 milhões de dólares em 1966-1970 para 958 milhões de dólares, em 1971, e para 1.231 milhões de dólares, em 1972. É mister notar que o crescimento do déficit da balança de serviços se deve, em boa parte, ao próprio capital estrangeiro, cujo "serviço" (remessas de lucros, juros etc.) representa quase a metade do déficit total dos serviços.** Seja como for, no entanto, é preciso registrar que a entrada maciça de capital estrangeiro permitiu que as importações crescessem, nestes últimos anos, a um ritmo ainda maior que as exportações e, desse modo, foi possível prolongar por mais algum tempo a expansão da economia, sem que surgissem pressões inflacionárias demasiado fortes.

A possibilidade de abrir pontos de estrangulamento mediante importações tem naturalmente seus limites. Em primeiro lugar, nem todas as mercadorias são importáveis. Em geral, não se importam serviços de comunicações nem de transporte interno, nem de energia. Tampouco a escassez de mão de obra pode ser remediada mediante importações, sobretudo para um país como o Brasil, que não está no circuito dos fluxos migratórios internacionais de trabalhadores pouco qualificados, mesmo porque os salários pagos aqui por esse tipo de trabalho são muito menores que nos países que recebem esses imigrantes. Em segundo lugar, nem sempre as mercadorias que se necessita importar se encontram disponíveis no mercado mundial.

---

* Ibidem.
** Ibidem.

É este precisamente o caso este ano, como se viu, para uma série de mercadorias como a borracha natural e sintética, a celulose, o alumínio e, mais recentemente, o petróleo. Essa escassez resulta, de um lado, da coincidência de fases ascendentes do ciclo nos vários países industrializados – Estados Unidos, Japão, Europa ocidental –, cuja produção industrial cresceu mais de 10% ano passado (1972) e, do outro, da desvalorização das principais moedas de reserva do sistema internacional de pagamentos, o que levou, ao que se noticia, muitos especuladores, inclusive países exportadores de petróleo e companhias "multinacionais", a acumularem estoques de matérias-primas como reserva de valor.

Há, evidentemente, muito de circunstancial nessa situação de escassez de matérias-primas no mercado mundial, que acarretou, entre julho de 1972 e julho de 1973, um aumento de 77,1% nos seus preços. Os aspectos circunstanciais, cujos efeitos talvez venham a desaparecer em poucos meses, são a crise do sistema internacional de pagamentos e a atual guerra do Oriente Médio. Mas, além dessas circunstâncias, o que realmente importa é a coincidência das fases de *boom* em quase todo o mundo capitalista, inclusive o Brasil. Há boas razões para se supor que um ciclo de conjuntura comum esteja sendo engrenado pela crescente facilidade com que fluxos de valores (mercadorias e capitais) se movimentam entre todos os países capitalistas. À medida que esses fluxos transmitem estímulos de um país para outro, deve-se esperar que surja um mesmo ciclo para todos os países capitalistas, inteira ou parcialmente industrializados, em cuja fase de expansão o Brasil pode estar participando no momento. Se isso é assim, vários pontos de estrangulamento dos principais países industrializados podem estar sendo transferidos ao plano mundial. Como os preços no mercado internacional não são controlados, a internacionalização da escassez fá-los subir, de modo que possivelmente estejam vogando algo acima dos preços internos dos países produtores. Se isto for assim, a ameaça de uma "inflação importada" deve estar pairando sobre muitos países, sobretudo os que recorrem ao controle administrativo dos preços.

Isso abre perspectivas interessantes, sobre as quais se pode especular. Um ciclo comum aos países capitalistas *hoje* não significa apenas, como no passado, que as mudanças de conjuntura nos países de maior envergadura econômica se transmitem aos demais pelas vias do comércio e dos fluxos internacionais de capitais. É que, atualmente, as mudanças de conjuntura são frutos de decisões *políticas* e ninguém garante que a conjuntura *política* nos diversos países capitalistas esteja engrenada do mesmo modo que a econômica. Isto significa, por exemplo, que se os Estados Unidos e a Grã-Bretanha estão empenhados em experiências de inflação reprimida, com controle de preços e salários, eles manterão elevada por mais tempo sua demanda por matérias-primas no mercado mundial, o que pode vir a prejudicar países que se mantêm fiéis a uma política mais liberal e que restringem sua demanda efetiva por meio de medidas gerais "monetárias", esperando com isso reduzir a inflação. Nesse caso, a inflação reprimida em alguns países acabaria sendo importada por outros. Pode-se imaginar que, no futuro, venha a se colocar o problema de uma política anticíclica comum aos países afetados pela mesma dinâmica conjuntural.

O Brasil tem uma tradição já antiga de controle de preços, o qual nunca deixou de ser tentado, de uma forma ou de outra, desde a última guerra mundial. Mas a forma atual de controle, mediante a Comissão Interministerial de Preços (CIP), é a mais ampla e abrangente de todas. Não se trata de controlar os preços de algumas mercadorias, devido, por exemplo, à sua importância para o consumo popular, mas sim de um sistema que abrange, em princípio, todas as mercadorias, para as quais só se autorizam aumentos de preços desde que devidamente justificados por elevações de custos. A justificativa desse tipo de controle é a necessidade de se combater a inflação sem sacrificar o ritmo de crescimento da economia. O governo se recusa, dessa maneira, a reduzir a pressão sobre os pontos de estrangulamento mediante cortes de crédito, preferindo neutralizar o efeito dos pontos de estrangulamento sobre os preços. A inflação, dessa maneira, não é propriamente combatida, mas apenas reprimida. A escassez persiste, mas, em vez de se manifestar sob a forma de alta dos preços, ela aparece como alongamento dos prazos da entrega.

É interessante observar que as normas da CIP, que consistem essencialmente em manter constante a margem de lucro, mesmo que as condições de procura e oferta permitam que ela seja expandida, correspondem às normas do *pricing* dos grandes conglomerados. A política de preços das empresas monopolistas consiste em manter a mesma margem de lucro e responder a um aumento da demanda com expansão da oferta, e não com elevação do preço. Na impossibilidade de expandir imediatamente a produção, a empresa monopolista tende antes a prolongar os prazos de entrega (o que não deixa de ser uma forma de racionamento) do que a eliminar uma parte da demanda do mercado mediante elevação do preço. As razões desse comportamento dos conglomerados decorrem da natureza da concorrência monopolista, que não se faz pelos preços, mas pela diferenciação dos produtos e pela segmentação do mercado. Não é vantagem para a Volkswagen, por exemplo, aumentar o preço do seu automóvel Brasília e desviar desse modo parte da procura para outras marcas. O ganho a curto prazo em termos de lucro não compensa a perda, a um prazo mais longo, em posição do mercado. É por isso, possivelmente, que os controles da CIP tiveram relativo êxito durante algum tempo, pois eram aplicados sobretudo nos mercados dominados por empresas monopolistas.

Acontece, no entanto, que o grau de monopólio é muito desigual na economia brasileira. Determinados vasos comunicantes do sistema ainda estão organizados competitivamente em grande número de pequenas e médias empresas, muito difíceis de fiscalizar e que tendem a transformar o "racionamento" do grande capital monopolista num "leilão" em proveito próprio. Assim, mesmo que a Volkswagen não altere o preço do Brasília, os intermediários podem aproveitar-se da situação para cobrar "por fora" pela entrega mais rápida do veículo. Assim, mesmo que houvesse o propósito de respeitar as determinações da CIP por parte das grandes firmas, o controle administrativo tinha que acabar fracassando tão logo a escassez se generalizasse, dada a impossibilidade de fiscalizar um enorme número de pequenos operadores. As espetaculares punições, impostas a firmas apanhadas no delito de violar as normas sobre os preços, de fato não garantem a observância delas, mas apenas demonstram que as autoridades estão encontrando dificuldades crescentes para reprimir uma inflação cujo ímpeto é cada vez mais forte. E, na medida em que o controle fracassa em determinadas áreas da economia, o sistema de vasos comunicantes leva o impulso inflacionário não reprimido a novas áreas, sob a forma de aumento de custos. Assim, na questão do leite, por exemplo, a concessão, por parte do governo, de um aumento maior que o da norma de 12% – meta inflacionária fixada para 1973 – repercute sobre o custo de vida e vai determinar reajustamentos maiores de salários.

Na realidade, o fracasso da política de controle administrativo dos preços não decorre apenas de sua incompatibilidade com o sistema capitalista de incentivos, mas de sua incapacidade de suscitar um crescimento equilibrado. Não basta, evidentemente, anular um mecanismo de compatibilização de decisões, como o dos preços: é preciso substituí-lo por algo melhor. Aí penetramos no âmago das contradições do capitalismo contemporâneo, cujo caráter monopolista não garante que os múltiplos planos de expansão das empresas sejam compatíveis entre si. A anarquia da produção continua a produzir seus resultados. De um lado, a procura por bens de consumo individual – apartamentos, carros, gravadores de som, viagens – é excitada por campanhas publicitárias e concessão de crédito cada vez maiores; do outro, a procura por bens de consumo produtivo – equipamentos, matérias-primas e produtos semielaborados – é estimulada não só pelo crescimento da procura final, mas também por um amplo sistema de incentivos à inversão, que vai desde abatimentos do imposto de renda até créditos a juros negativos, isenções fiscais etc. Ninguém pode saber de antemão qual vai ser a resposta do aparelho produtivo a essas solicitações, nem como fazer para prevenir novos pontos de estrangulamento, antes que estes se manifestem plenamente. O mero controle dos preços é, no fundo, uma tentativa de negar os pontos de estrangulamento, de obrigar os operadores econômicos a não tomar conhecimento deles. Mas, como os fatos têm cabeça dura, a CIP vai, pouco a pouco, entrando em choque com um número cada vez maior de empresários, sua autoridade vai sendo erodida, enquanto o ritmo de crescimento da economia é forçado a se adequar à real disponibilidade de recursos.

É provável que a mudança de governo, prevista para 1974, venha a permitir uma mudança da política econômica. Não seria de surpreender se o novo comando da política econômica redescobrisse as virtudes do liberalismo econômico e a importância dos mecanismos de mercado, abrindo mão do controle administrativo dos preços. Isso faria a inflação vir à tona, o que poria fim ao mito de que no Brasil o capitalismo é capaz de sustentar elevadas taxas de crescimento sem que pressões inflacionárias se avolumem. Uma vez sabida qual a real taxa de inflação, mais cedo ou mais tarde serão adotadas medidas financeiras, de caráter geral, destinadas a combater a inflação, ainda que com o sacrifício do ritmo de desenvolvimento.

II
O Chile: uma inflação diferente*

O visitante que chega a Santiago, quase a qualquer hora do dia ou da noite, testemunha um espetáculo incomum, principalmente no centro da cidade: os bares e restaurantes da Alameda se encontram repletos, ao redor dos balcões fazem-se verdadeiras filas. Os ônibus andam, em geral, cheíssimos e quase não se encontram táxis desocupados. São sinais inequívocos de uma febre de consumo que nem sempre encontra bens e serviços aptos a saciá-la. Muito caracteristicamente, a partir das 23 horas não se encontra uma gota de refrigerante em muitos bares da Alameda.

A um observador desatento, o Chile pode parecer à beira de um colapso inflacionário. O custo de vida tinha subido 114,3% nos doze meses anteriores a setembro deste ano (1973). Para quem se lembra de uma situação aparentemente análoga, pela qual passamos entre 1963 e 1965, vem logo à memória o modo como a inflação brasileira foi jugulada: congelamento salarial, restrições ao crédito, elevação de tributos etc. e suas consequências para o conjunto da economia:

---

* Publicado pela primeira vez no semanário *Opinião*, n.9, de 10 jan. 1973.

recessões, aumento do desemprego, das falências etc. Seria um erro, no entanto, estabelecer muitas analogias entre o Chile, atualmente, e experiências passadas e recentes do Brasil ou de outros países latino-americanos. A inflação chilena é diferente, quanto à sua origem, quanto aos seus mecanismos de propagação e, principalmente, quanto às formas como está sendo combatida. Para compreendê-la é preciso considerar as profundas transformações que o país tem sofrido nos últimos dois anos.

Com a subida ao poder, em fins de 1970, do novo governo, formado por uma coligação de partidos de esquerda, iniciou-se a execução de um amplo programa econômico: redistribuição progressiva da renda, nacionalização de uma grande faixa de atividades, desde a grande mineração do cobre (principal produto de exportação) até o sistema bancário, parte do comércio atacadista e da indústria e aceleração da reforma agrária, iniciada no governo anterior. A redistribuição da renda se fez, principalmente, mediante elevações mais fortes dos salários menores, sobretudo do salário mínimo, que passou de 12 para 20 escudos diários. Ao mesmo tempo se impôs um severo controle aos preços, que foram em grande parte congelados. A estratégia do governo visava induzir as empresas a aproveitar a capacidade ociosa, aumentando o emprego e expandindo a produção, de modo que a elevação da demanda de consumo fosse enfrentada por um aumento correspondente de produção.

Em 1971, essa política foi coroada de pleno sucesso: o produto interno bruto, que tinha crescido menos de 1% em 1970, cresceu 8,5%, destacando-se o crescimento da indústria (14,8%) e da construção (12,2%); quanto à redistribuição da renda, verificou-se um significativo aumento da participação dos assalariados no produto, de 45% em 1970 para 52% em 1971. E, naturalmente, o nível de emprego elevou-se fortemente, tendo sido criados, em 1971, 194 mil novos lugares de trabalho, o que explica a queda do desemprego de 7,2% da força de trabalho em dezembro de 1970 para 3,9% em dezembro de 1971. Ao mesmo tempo, a inflação, que fora de 34,9% em 1970, caiu para 22,1% em 1971, considerando-se o índice de preços ao consumidor.

Apesar do desempenho excelente da economia, já no segundo semestre do ano passado (1971) começam a aparecer os primeiros sintomas do que no Chile chamam de "desabastecimento". A súbita elevação do consumo de certos artigos provoca sua falta. De repente, não se encontra em lugar algum papel higiênico. Quando o abastecimento desse produto se normaliza, é a vez dos cigarros. E assim, de forma intermitente e temporária, um ou outro produto desaparece do mercado. É possível que a profunda reorganização de amplos setores da produção e da distribuição, provocada pelas nacionalizações, tenha também contribuído para que surgissem interrupções temporárias no fluxo de abastecimento. Seja como for, o "desabastecimento" se torna cada vez mais frequente e, ao longo do primeiro semestre deste ano (1973), se agrava.

Dá-se, então, todo um processo de causação circular e acumulativa. Os consumidores, dotados de abundante poder aquisitivo, sem condições para adquirir sempre o que desejam, entregam-se à formação de estoques particulares de artigos que tinham escasseado. Assim, quando, por exemplo, volta a haver cigarros, todo mundo, em vez de comprar a quantidade habitual, adquire reservas para novos períodos de eventual "desabastecimento". É claro que esse aumento anormal da demanda prolonga a escassez. Mesmo quando a indústria consegue expandir a oferta de cigarros, eles tornam rapidamente a desaparecer. Dessa maneira, à medida que os consumidores se habituam a armazenar bens não perecíveis – de sabonetes a artigos têxteis –, o "desabastecimento" se prolonga e se agrava. O círculo vicioso dá uma nova volta quando especuladores percebem que, por ocasião da falta de determinados artigos de primeira necessidade, os consumidores se dispõem a pagar preços muito mais elevados que os fixados oficialmente. Torna-se então uma operação extremamente lucrativa açambarcar determinados artigos, provocando artificialmente sua escassez, para vendê-los no mercado negro. Agora o "desabastecimento" surge e se prolonga como resultado de manobras especulativas, que criam e aumentam mercados paralelos, numa operação que se caracteriza como uma clara sabotagem à política econômica do governo.

O aparecimento ubíquo do mercado negro se explica também pela política excessivamente liberal de emissões praticada pelo governo. Em 1971, o volume de meios de pagamento expandiu-se 116%.

Como consequência, houve ampla expansão do poder aquisitivo dos consumidores em geral, tornando-os propensos a aceitar os preços extorsivos do mercado negro. Essa gigantesca expansão dos meios de pagamento não foi, porém, uma mera liberalidade do governo, mas a resposta à chamada "campanha do terror econômico", que foi desencadeada desde o fim de 1970 (antes mesmo da posse de Allende) e que consistia na retirada maciça de depósitos dos bancos e do sistema de poupança. Está havendo, desde então, uma séria fuga de capitais do Chile, o que se reflete na taxa absurdamente elevada do escudo no câmbio negro. Qualquer visitante estrangeiro, no Chile, é insistentemente abordado para vender seus dólares a 250 ou 300 escudos, quando a taxa oficial é de 46 escudos por dólar. As emissões foram, em parte pelo menos, necessárias para que o esforço de reativação da economia não fosse estrangulado por falta de crédito.

Examinando-se o conjunto da situação econômica do Chile, é fácil de ver que muitas de suas características decorrem da verdadeira guerra econômica que se trava entre o governo e as classes possuidoras. O governo expropria empresas, mas paga indenizações, entregando poder aquisitivo a um setor da sociedade cujas esperanças de volta a uma posição dominante se cifram no "quanto pior, melhor". As classes possuidoras continuam possuidoras, embora não mais de ativos imobilizados, mas de recursos líquidos. Usam-nos, então, para comprar dólares (muito úteis no caso de uma retirada para o exterior) ou para especular no mercado negro. O governo enfrenta a sangria de recursos líquidos (moeda), expandindo as emissões, o que naturalmente eleva o poder aquisitivo de todos os consumidores, tornando-os mais exigentes em suas demandas e menos resistentes aos apelos do mercado negro.

Em meados deste ano, o governo verificou que sua política de contenção dos preços havia sido derrotada. Os aumentos de salários concedidos, tendo em vista a redistribuição da renda, estavam sendo anulados pelo fato de que os trabalhadores não podiam deixar de se abastecer no mercado negro. Urgia retomar a ofensiva, o que foi feito mediante um reajustamento maciço dos preços oficiais e, ao mesmo tempo, dos salários. Dessa maneira, reequilibrava-se o orçamento doméstico dos trabalhadores e o orçamento financeiro das empresas nacionalizadas, ao mesmo tempo que a desvalorização interna do escudo "esterilizava", por assim dizer, uma parte do poder aquisitivo sobrante, causado pelo excesso de emissões. Ao mesmo tempo, iniciou-se (desde fins de 1971) uma séria ofensiva contra o mercado negro, mediante o estabelecimento das Juntas de Abastecimento e Controle de Preços (JAP), órgãos locais compostos por representantes de juntas de vizinhos, centros de mães, sindicatos, clubes etc., além dos pequenos comerciantes organizados. Essas juntas dependem de comitês comunais coordenadores e têm por finalidade assegurar que os pequenos comerciantes sejam adequadamente abastecidos, evitar o açambarcamento, a especulação de preços etc.

Podem-se distinguir, portanto, duas fases na atual inflação chilena. Uma, que se estende dos fins de 1970 até meados deste ano, em que o controle oficial dos preços funcionou inicialmente, até que o círculo vicioso de "desabastecimento" – estocamento particular e mercado negro – lhe retirasse grande parte da efetividade. Esta poderia ser chamada uma fase de inflação reprimida. Já de agosto em diante, os reajustamentos oficiais de preços e salários, por assim dizer, "liberaram" a inflação. Como sempre acontece nesses casos, os reajustamentos dos preços não foram idênticos para todas as mercadorias. Os preços de artigos considerados de luxo, como os automóveis, por exemplo, sofreram aumentos muito maiores que os artigos de primeira necessidade ou de consumo popular. Dessa maneira, o governo utiliza a estrutura de preços para implementar sua política de redistribuição da renda.

As medidas e contramedidas acabaram exasperando os ânimos, aprofundando as tensões sociais, o que levou a uma verdadeira rebelião das classes possuidoras contra o governo, em outubro último. Como todos sabem, o conflito iniciou-se com um *lockout* dos empresários do transporte rodoviário, ao qual aderiu o comércio varejista, havendo simultaneamente greves de solidariedade de categorias profissionais universitárias, como os médicos e os engenheiros das ferrovias. *El Paro* de outubro, como o movimento se tornou conhecido no Chile, pode ser interpretado como protesto contra uma política de redistribuição da renda (e do poder político) por parte dos prejudicados por ela. O fato é que o *paro* acarretou uma mudança qualitativa no processo político chileno. A polarização das classes sociais antagônicas aumentou muito. A grande burguesia conseguiu unir atrás de si amplos setores da classe média e da pequena burguesia, embora muitos desses setores tenham sido beneficiados, até agora, pela política econômica do governo. É o caso do comércio varejista, cujo movimento aumentou fortemente graças à elevação da demanda de consumo. Mas, enquanto o pequeno comércio se levantou solidário com o grande capital, o conjunto dos assalariados (exceto algumas categorias universitárias) assumiu, em bloco, uma posição contrária ao *paro*. As tentativas do patronato de paralisar a indústria fracassaram completamente. Às ofertas dos patrões de duas semanas pagas em casa, os operários responderam com a decisão de manter as empresas em atividade. Onde a insistência dos empregadores foi maior no sentido de paralisar a produção, houve a ocupação das empresas pelos trabalhadores.

É claro que o *paro* generalizou o "desabastecimento", exacerbando as tensões inflacionárias. Mas, na luta contra os efeitos do *lockout*, criou-se uma rede de abastecimento paralela ao comércio em greve, na qual as JAP tiveram papel de destaque. No final, houve um reforço da mobilização popular na luta contra o mercado negro, o que abre novas perspectivas para o combate à inflação. No fundo, trata-se de saber se é possível um controle eficaz de preços por parte dos próprios consumidores organizados, em uma situação em que a penúria do supérfluo tende a acentuar-se, embora o abastecimento dos artigos essenciais esteja assegurado. O futuro da inflação chilena dependerá, portanto, menos da política econômica do governo (que, é de se esperar, não mudará quanto aos seus objetivos, nos próximos três anos), mas do grau de organização e participação popular numa campanha que, pelas suas implicações, tende a ultrapassar o campo do mero abastecimento, abrindo perspectivas da instituição de um controle social da produção e da distribuição.

E afinal de contas, a evolução do processo inflacionário chileno dependerá, sobretudo, do crescimento da oferta interna e externa de bens e serviços. Se a oferta crescer num ritmo adequado, o problema de como fazer os produtos chegarem aos consumidores é de mais fácil solução. De fato, as perspectivas quanto ao crescimento da oferta *interna* continuam alvissareiras: a produção industrial continuou se expandindo este ano, embora as colheitas tenham sido más, principalmente devido a condições meteorológicas desfavoráveis. Isto significa que diminui a produção de alimentos, sendo necessário elevar sua importação. Acontece que as reservas de divisas do Chile estão quase esgotadas, sendo a situação do seu balanço de pagamentos sombria. O peso de uma elevada dívida externa, herdada de governos anteriores, se faz ainda maior no momento em que as principais instituições internacionais de crédito (Banco Mundial, Banco Interamericano etc.) se negam a conceder novos financiamentos ao país. É preciso acrescentar ainda que o preço do cobre caiu de cerca de 20% nos últimos dois anos, o que reduz sensivelmente a receita de exportações do Chile. É, portanto, na oferta externa que se encontra uma das chaves do enigma. Se o Chile não puder importar os alimentos básicos – nem todas as matérias-primas de que necessita sua indústria –, as pressões inflacionárias poderão tornar-se incontroláveis.

O "boicote" internacional contra o Chile, comandado pelas companhias americanas do cobre, que foram expropriadas, tem impelido o governo a ir procurar auxílio em outras partes do mundo. Conforme a resposta, o Chile poderá prosseguir com sua original experiência política e econômica ou terá que render-se à pressão inflacionária. Neste último caso, o governo poderá ser forçado a aceitar as reivindicações das classes possuidoras, tanto do Chile como do exterior, freando o processo de redistribuição que é seu principal objetivo.

Como se vê, a inflação chilena apresenta um tal caráter político que o seu exame sob ótica exclusivamente econômica não seria suficiente. Na segunda semana de dezembro não havia carne bovina em Santiago. Os consumidores da classe média e alta devem ter-se sentido frustrados. Já os consumidores das classes baixas, que raramente comem carne de *vacum*, mal devem ter notado sua falta. Por volta da mesma época do ano, cerca de 35 mil pessoas *sin coches* protestavam contra a elevação enorme dos preços dos automóveis. Também nesse caso, a discriminação é contra as classes possuidoras. Um dos problemas é saber quanto "desabastecimento" o operário chileno aguenta sem que seu apoio ao governo seja abalado. Até agora, o seu modesto nível de vida poupou-lhe muitos dos dissabores que afligiram a classe média. É possível, também, que seu apoio ao programa da Unidade Popular independa do respeito que o governo lhe mereça. A identificação da grande massa popular chilena com o seu governo se baseia em outros valores, que não o desempenho imediato da economia.

Foi o que expressou um cartaz empunhado por um anônimo numa demonstração de rua: "Este gobierno es de mierda, pero es mio, mierda".

III

A inflação brasileira: o estado das coisas[*]

Com o fim do ano se aproximando, começam a ser cotejados os índices do desempenho da economia com os objetivos ou previsões das autoridades. Entre estas se destaca a que diz respeito à inflação, que não deveria ultrapassar 15% este ano. A atenção se concentra nesse item porque parece o mais difícil de realizar. Ainda estão na lembrança de muitos as promessas do sr. Roberto Campos, quando ministro de Planejamento do governo Castelo Branco, sempre inapelavelmente desmentidas pela realidade. A atual equipe governamental, com o sr. Delfim à frente, mostrou-se até o ano passado muito mais cautelosa, cuidando-se em não fazer previsões específicas a respeito do andamento futuro da inflação. Porém, no começo de 1972, essa atitude foi abandonada e a marca fatal dos 15% foi apresentada.

Como todos sabem, pode-se medir a inflação de várias maneiras: pelos preços no atacado, pelo índice geral de preços e por vários índices do custo de vida (um na Guanabara, dois em São Paulo, outros ainda em Belo Horizonte, Porto Alegre e Curitiba). Como esses

---

[*] Publicado no *Jornal do Bairro* (fins de 1972).

índices são calculados e costumavam ser divulgados mensalmente, era possível acompanhar (e até torcer a favor ou contra) os êxitos e malogros na luta contra a inflação. Até o meio do ano, o governo parecia estar ganhando a parada: os índices do custo de vida, que são os que realmente importam devido ao seu impacto sobre o bolso do povo, iam registrando elevações algo menores que no ano passado, tornando viável o cumprimento da promessa do governo. No segundo semestre, porém, os preços dos alimentos começaram a subir aceleradamente. As autoridades lançaram mão de vários expedientes para freá-los: proibiu-se a exportação da carne, cujo preço foi tabelado; os supermercados foram "sugestionados" a baixar os preços de certos gêneros. Dessa maneira, o governo andou dando uns torcicolos na lei da oferta e da procura, tudo para manter os índices dentro dos limites previstos.

Por coincidência ou não, a divulgação dos índices de custo de vida atrasou, porém o pior é que os dados oficiais podem não estar correspondendo à realidade, quando forem divulgados. É notório que o tabelamento da carne nem sempre é respeitado e os ovos, cujos preços os supermercados diminuíram, também sofreram uma assustadora redução de tamanho. O que não constitui propriamente novidade para quem viveu o drama das tentativas de controle de preços na década passada. A moral da história é sempre a mesma: numa economia de mercado, tentar controlar os preços sem controlar a produção nem a distribuição é sempre muito difícil. Nesse sentido, o estabelecimento de uma central de remédios pelo governo, para torná-los mais acessíveis à população desprovida de meios, é uma solução que tem muito mais probabilidade de êxito.

A luta contra a inflação é, apesar de tudo, o único item no programa econômico que vem diretamente a favor da grande maioria da população, que dispõe apenas de rendas fixas, isto é, dos assalariados. Sendo os reajustamentos salariais, além de minguados, apenas anuais, o poder de compra dos salários, entre um reajustamento e outro, vai depender do comportamento dos preços. Se estes sobem menos, os que ganham salário podem comprar mais.

Não há como duvidar do empenho das autoridades em alcançar a meta dos 15% de inflação este ano. Trata-se de autoridades que dispõem de poderes inéditos sobre a economia: elas fixam o montante dos reajustamentos salariais, da correção monetária de débitos, aluguéis, títulos da dívida pública etc.; controlam a variação dos preços de vários artigos industriais mediante a Comissão Interministerial de Preços, sem falar do controle sobre o crédito e a taxa de juros, sobre a taxa de câmbio etc. Nessas condições, é de se perguntar o porquê de tanta dificuldade em se reduzir uma inflação – que já estava oficialmente abaixo dos 20% no ano passado – a 15%. Não há explicações específicas que satisfaçam. Segundo o *JB* de 3 de dezembro último, o desempenho da agricultura foi bom, devendo fechar o ano com 7% de crescimento do seu produto; o estado do balanço de pagamentos é alvissareiro, devendo as importações alcançar o recorde de 4,5 bilhões de dólares; a expansão dos meios de pagamento está perfeitamente sob controle (22,8% até outubro) e é bem possível que o tesouro encerre o ano com superávit. Por tudo o que se divulga, a forte puxada para cima dos preços, nestes últimos meses, é algo inexplicável, como um relâmpago num céu azul.

Tudo isso leva a pensar que nossa inflação, tão renitente, deve ser resultado de causas mais genéricas e profundas. O fato básico é que a economia brasileira é controlada, mas não planejada. As decisões cruciais – de quê, como e quando produzir, de quanto cobrar etc. – continuam predominantemente nas mãos de empresários, cujos objetivos, perspectivas e informações se limitam, em essência, à sua própria empresa. Essas decisões são depois compatibilizadas entre si pelos mecanismos de mercado, os quais, como é notório, só podem corrigir, mas não prevenir. Se num ano de safra abundante os preços de certos produtos caem, os agricultores sentem os prejuízos e plantam menos quantidade desses produtos. No ano seguinte, a oferta menor puxa os preços para cima. Ou, se o governo oferece incentivos para a exportação de produtos manufaturados, ele pode estar pensando que dessa maneira poderá haver aproveitamento da capacidade ociosa. Mas, dado o caráter genérico dos incentivos, ninguém pode garantir que a exportação não acabe por reduzir a oferta no mercado interno. Ou toma-se o caso do tabelamento dos preços. A intenção é fixar os preços em tal nível que os produtores eficientes tenham lucros razoáveis, ao mesmo tempo que os produtores marginais, de custos mais altos, sejam eliminados do mercado. Dessa maneira, haveria um ganho de produtividade média que beneficia diretamente os consumidores. Porém o tiro pode sair pela culatra: os preços tabelados podem desencorajar os produtores mais eficientes a aumentar sua produção, enquanto o afastamento dos produtores marginais reduz a oferta, seguindo-se a escassez do produto, mercado negro etc.

Não há, portanto, como escapar da conclusão de que um controle eficaz dos preços requer muito mais que uma intervenção governamental esporádica nos mecanismos de mercado. Ele exige um controle mais amplo dos fatores que condicionam as decisões sobre a produção, ou seja, uma intervenção direta nas empresas ou, pelo menos, a criação de empresas dirigidas por representantes do governo e que concorram, nos mercados considerados de importância essencial, com as privadas. É o que está experimentando fazer no caso dos remédios. Porque, no fundo, o que se almeja não é tanto impedir que os preços subam, mas, mediante a contenção dos preços, *aumentar o consumo*. Se a contenção dos preços resulta numa redução da oferta, nada mais se terá alcançado do que transformar uma inflação de "aberta" em "reprimida". Uma inflação é reprimida quando a subida dos preços é barrada nominalmente, mas a escassez das mercadorias se mantém. Nesse caso, ou se impõe o racionamento do consumo (o que pelo menos iguala as privações) ou o resultado da operação, para o consumidor, é nulo. Portanto, a única maneira de efetivamente lutar contra a inflação é assegurar que a oferta de cada mercadoria cresça na mesma proporção que sua demanda. Se isso não se consegue, a intervenção externa sobre os preços é de pouca valia.

Examinando o que acontece na economia nestes últimos anos, observa-se que a política econômica do governo tem muito mais êxito quando ela se dirige a *favor* do empresário do que quando se *opõe* a ele. A resposta aos incentivos para exportar tem sido entusiástica. Os investimentos nas áreas da Sudene e da Sudam, na pesca, no turismo e no reflorestamento têm demonstrado a sensibilidade do empresário ao estímulo das isenções tributárias. Também o capital estrangeiro tem respondido com fervor às facilidades que lhe são oferecidas de livremente movimentar-se para dentro e para fora do país. No caso dos preços, porém, o estímulo não é a cenoura, mas a chibata. E, na hora da verdade, verifica-se que a autoridade do governo, autolimitada pela ideologia do respeito à "livre empresa", não consegue se impor à lógica férrea da busca do lucro pelo empresário. De modo que, ou o governo amplia, de modo decisivo, seu raio de ação econômica, passando, por exemplo, a considerar como verdadeiros serviços públicos a produção de gêneros de primeira necessidade, ou a luta contra a inflação continuará apresentando magros resultados.

IV
A economia em sua hora da verdade*

O noticiário econômico está cada vez mais dominado pelos problemas da escassez de determinados produtos. Faltam alimentos como a carne, o leite e, durante um período, o feijão. A indústria gráfica se queixa da falta de papel; a têxtil, da falta de fibras; a de tratores, da falta de pneus; e a de pneus, da falta de borracha. A lista ainda poderia ser mais alongada. O que se nota é que em pontos cada vez mais numerosos da economia faltam matérias-primas ou componentes, o que impede que a produção cresça de acordo com as exigências da demanda.

O governo, empenhado na luta por conter o aumento dos preços, procura manter um controle rigoroso sobre eles, apesar dos protestos de setores empresariais, que alegam que suas margens de lucro se tornam insuficientes, devido à elevação dos custos. Mas torna-se cada vez mais difícil, numa economia de mercado como a nossa, fazer que as empresas deixem de aproveitar-se dos mecanismos de

---

* Com o título "As tensões reprimidas", este ensaio foi publicado no semanário *Opinião*, n.54, de 19 nov. 1973.

mercado para aumentar os preços. As punições, em número crescente, de firmas acusadas de especular atestam essa dificuldade cada vez maior. Em alguns casos, o controle administrativo dos preços tende mesmo a agravar a escassez, ao elevar a redução da oferta interna. É o que se dá quando a elevação do preço internacional induz os empresários a exportar uma parcela maior da produção. Em muitos casos, o governo é obrigado a limitar ou mesmo proibir as exportações, o que vem contradizer outras metas dele próprio. No caso do leite, a limitação do aumento do preço levou à queda da produção, o que afetou a oferta interna, mesmo sem haver exportação. A situação chegou a ser tão grave que o governo foi obrigado a ceder, aceitando um preço bem mais alto do que pretendia inicialmente impor. O êxito dos produtores de leite poderá encorajar outros grupos de empresários a tentar também resistir ao controle de preços, o que pode vir a ameaçar a sua efetividade.

Os episódios de punições de empresas condenadas à "morte" por asfixia pelo corte do crédito mostra que, em determinados ramos, as práticas de mercado negro estão se difundindo. Isso seria mesmo de se esperar, já que o controle dos preços tende a perpetuar, pelo menos durante certo período, a escassez de mercadorias. A elevação do preço, se fosse permitida, eliminaria do mercado os compradores de menor poder aquisitivo, equilibrando procura e oferta. Mantendo-se os preços no mesmo nível, ninguém se retira do mercado e a escassez se manifesta por um alongamento dos prazos de entrega. É o que caracteriza a "inflação reprimida": a fome de bens realmente não é aplacada, apenas não se permite que ela pressione os preços para cima. No fundo, a inflação reprimida é um sistema de racionamento em que os bens são distribuídos de acordo com a ordem cronológica: quem chega antes, leva. Daí as filas, visíveis no varejo, menos visíveis, porém não menos reais, no atacado. A inflação aberta, pelo contrário, não é um sistema de racionamento, mas de leilão: quem paga mais, leva. Pode-se, de um ponto de vista ético, defender a superioridade da inflação reprimida comparada à aberta: todos esperam mais, mas os pobres também levam. Mas a questão é saber se uma economia de mercado como a nossa pode funcionar a prazo médio (para não dizer longo) em inflação reprimida. Afinal, quem controla a ordem de chegada é o vendedor, que decide qual o tempo de espera de cada freguês. A tentação é muito grande de transformar esse poder em fonte de renda. Quem cai na tentação e cobra a mais para a entrega imediata faz mercado negro. Na medida em que os prazos de espera tornam-se maiores e para os fregueses *time is money*, o prêmio pela disponibilidade imediata cresce e a tentação de cobrar a mais se torna cada vez mais difícil de resistir.

Se a presente escassez pudesse ser rapidamente aliviada, seja por um adequado aumento de produção, seja por um crescimento menos intenso da demanda, o sistema de controle perderia algo da importância que tem hoje, mas poderia conservar melhor sua eficácia. É esta uma das características gerais da intervenção estatal nos mecanismos de mercado: ela é tanto mais eficaz quanto menos profunda. O mercado tolera bem intervenções destinadas a corrigir pequenos desvios. Porém, quando a intervenção contraria tendências básicas dos mecanismos de mercado, tais como a sensibilidade dos preços a desequilíbrios entre demanda e oferta, a reação do mercado pode ser tão forte que supera a intervenção e dá livre curso ao seu funcionamento espontâneo. Na situação atual da economia brasileira, o controle administrativo já não se limita a impedir abusos. Ele é *o instrumento* para reprimir uma inflação latente que se torna cada vez maior e, por isso, difícil de ser reprimida. Tudo depende, portanto, do curso futuro dessa inflação latente.

Muitos acreditam que essa inflação está sendo inteiramente importada do exterior, dada a recente escassez de matérias-primas no mercado mundial. Efetivamente, no ano passado (1972), coincidiram fases de forte expansão industrial nos Estados Unidos, Japão e países desenvolvidos da Europa, o que levou a demanda por matérias-primas a crescer de forma extraordinária este ano (1973). A elevação dos preços dessas matérias-primas deve ter atraído especuladores, que passaram a preferi-las como depósitos de valor em lugar das moedas conversíveis ou ex-conversíveis, cujo valor está seriamente ameaçado pela crise do sistema internacional de pagamentos. A intervenção dos especuladores ainda elevou mais os preços das matérias-primas acentuando sua escassez. Não há dúvida de que esse aumento de preços no mercado mundial afeta o Brasil, como aos demais países, mas é importante analisar por que o Brasil é hoje particularmente sensível a flutuações de preços naquele mercado.

Até há uns sete anos, o Brasil tinha uma economia relativamente fechada, pouco dependente do comércio exterior, como resultado de mais de três décadas de substituição de importações. A essa altura, o país tinha atingido autossuficiência em muitos ramos, havendo inclusive capacidade ociosa em algumas indústrias, como a siderúrgica, por exemplo. Mas, de 1968 em diante, a economia começou a crescer intensamente, a taxas de 9% a 11% ao ano, o que fez que a capacidade ociosa fosse eliminada em poucos anos. Para que o crescimento pudesse prosseguir, sem que surgissem pontos de estrangulamento, ou seja, ramos em que a oferta não pode ser expandida rapidamente porque toda a capacidade de produção já está sendo utilizada, seria necessário que as inversões crescessem muito, a ponto de expandir-se a capacidade *antes* que a escassez se manifeste. Dado o longo período de maturação principalmente de inversões na indústria de base (uma siderurgia, por exemplo, leva vários anos para ser construída), essa inversão antecipada requer um planejamento setorial específico que não existe no país e talvez nem seja compatível com uma economia de mercado. Na verdade, não houve investimentos antecipados em escala suficiente, a não ser em alguns ramos, como o da energia elétrica, por exemplo, de modo que realmente surgiram pontos de estrangulamento, muitos dos quais, no entanto, foram neutralizados por um aumento das importações. Assim, em muitos ramos onde já tínhamos sido autossuficientes voltamos a depender da oferta externa, e em outros tal dependência aumentou. A expansão das importações, que foi notável nestes últimos cinco ou seis anos, foi possibilitada pelo grande aumento de nossas exportações e por entradas maciças de capital estrangeiro. Tanto as exportações como as inversões e financiamento estrangeiros foram favorecidos pela conjuntura do mercado mundial e por medidas de política econômica destinadas a incrementá-los.

A economia brasileira sustentou taxas de crescimento bastante altas nos últimos anos sem sofrer pressões inflacionárias excessivas porque pôde complementar com folga a oferta interna de muitos produtos, sobretudo insumos para a indústria e a agricultura, com importações. A súbita escassez e a consequente alta de preços no mercado mundial este ano (1973) encontraram a economia brasileira numa situação particularmente vulnerável, porque a orientação dada ao nosso desenvolvimento, por assim dizer, a "abriu", integrando-a mais na divisão internacional do trabalho.

Porém, seria um erro atribuir as atuais pressões inflacionárias, que estão crescendo apesar de reprimidas, apenas à atual conjuntura internacional. Elas resultam também de um ritmo excessivo que está sendo imprimido tanto ao consumo quanto às inversões e que está ultrapassando a disponibilidade de recursos reais. É o que se pode perceber, por exemplo, no mercado de trabalho em São Paulo e em outros pontos onde se concentram as inversões: começa a escassear mão de obra pouco qualificada, cujos níveis de remuneração já estão superando o salário mínimo legal, coisa que não acontecia no Brasil desde antes de 1952, quando o salário mínimo permaneceu congelado durante quase sete anos. Obviamente, o mercado está anulando a política oficial de contenção salarial. É provável que, *nessas áreas*, o nível de remuneração de trabalhadores mais qualificados também esteja subindo mais do que as porcentagens oficialmente fixadas para os reajustamentos salariais. Não é que estejamos atingindo uma situação de pleno emprego. Simplesmente, a deficiente mobilidade de nossa mão de obra no espaço cria pontos de estrangulamento regionais no mercado de trabalho que naturalmente não podem ser abertos por meio de importações. O que importa é que o ritmo de aumento da demanda efetiva cria, em determinadas áreas, uma demanda por força de trabalho maior do que a oferta, o que pode acarretar uma elevação de salários maior do que a prevista pela política oficial. Não há dúvida de que essa elevação acaba pressionando os custos e torna ainda mais difícil a aceitação das normas da Comissão Interministerial de Preços por parte das empresas.

Chegamos finalmente à causa básica das atuais tensões inflacionárias: o ritmo de crescimento da demanda efetiva. Esta depende não apenas da política econômica governamental, mas também do comportamento das empresas e dos consumidores. As empresas tiveram anos muito lucrativos, acumularam bastante capital sob a forma de lucros retidos e fundos de depreciação, e estão ansiosas para invertê-lo, o que significa adquirir mais matérias-primas, equipamentos e instalações e empregar mais trabalhadores. O sistema bancário recebe esses fundos acumulados e é obrigado a utilizá-los para financiar os planos de expansão das empresas, pois, enquanto permanecem retidos nos cofres dos bancos, eles não rendem juros. Os consumidores de renda elevada são envolvidos por feroz campanha publicitária, que os induz a trocar o primeiro carro e comprar um segundo, a comprar apartamentos com várias garagens em prédios cada vez mais bucólicos e luxuosos, a decorar esses apartamentos com móveis e objetos cada vez mais exóticos e inúteis, e assim por diante. O consumo de bens duráveis, além de estimulado pela propaganda, é amplamente financiado com fundos em geral provenientes de rendas individuais, de modo que o não consumo de uns facilita o aumento do consumo de outros. O setor público responde às pressões das empresas, programando amplas inversões em obras de infraestrutura – transporte, energia, saneamento –, e se lança a ambiciosos planos de desenvolvimento regional na Amazônia etc. É necessário reconhecer que todas essas demandas, as quais, somadas, constituem a demanda efetiva, se dirigem a um mesmo fundo de recursos reais: mão de obra disponível, terra para agricultura, capacidade de importar, capacidade instalada na infraestrutura e nos vários ramos de produção etc. Dado o contínuo aumento da demanda efetiva, é quase fatal que ela acabe por levar ao esgotamento dessa capacidade, ou seja, dos recursos cuja multiplicação é necessariamente mais lenta.

Uma outra forma de entender o problema é lembrar o provérbio de que "a velocidade do comboio é a do navio mais lento". A economia é como um comboio, cujos componentes têm que viajar juntos. O conjunto da produção não pode crescer mais depressa do que certos elementos estratégicos dela, como a mão de obra, por exemplo, cuja oferta só pode aumentar ao ritmo do crescimento demográfico de cerca de 3% ao ano ou de transferência intersetorial (como do campo à cidade), que também é limitado. Também há um ritmo máximo para expandir a rede rodoviária, a rede de armazéns e silos, a capacidade de produzir aço, refinar petróleo, produzir energia elétrica etc. A questão é que em uma economia de mercado não há qualquer mecanismo para ajustar a demanda efetiva à capacidade instalada nem de calibrar crescimento da demanda à possibilidade de crescimento real da capacidade. Quando a demanda aumenta menos que a capacidade, parte dela fica ociosa, o desemprego aumenta e se produz uma recessão. Quando a demanda aumenta mais que a capacidade há plena utilização dessa demanda e pleno emprego da mão de obra, porém uma parte da demanda fica insatisfeita, o que provoca tensões inflacionárias, as quais, quando não reprimidas, levam ao aumento dos preços. Quando as tensões são reprimidas, como está acontecendo atualmente no Brasil, elas não surgem à tona, mas os sintomas de escassez se multiplicam, ocasionando os problemas aos quais aludimos no início deste artigo.

A situação atual da economia brasileira configura um auge conjuntural que dificilmente poderá ser mantido a médio prazo. A perspectiva imediata é que a inflação latente continue se agravando e que a sua repressão, mediante o controle administrativo dos preços, se torne cada vez menos eficaz. É possível que, em breve, a continuação desse tipo de política, que força o governo a antagonizar camadas cada vez maiores do empresariado, se torne politicamente insustentável. Nesse caso, a virtude do livre funcionamento dos mecanismos de mercado será redescoberta, a inflação se explicitará em aumentos de preços e medidas tendentes a limitar a expansão da demanda efetiva serão adotadas. O equilíbrio entre demanda e oferta será restaurado da forma clássica capitalista, com o sacrifício, pelo menos transitório, do desenvolvimento no altar da estabilidade. É provável, portanto, que estejamos na véspera de um ponto de inflexão conjuntural, carregado de implicações políticas, pois ele poderá ser aproveitado para uma redefinição em profundidade do papel do Estado na arena econômica. Quando chega a hora de apertar os freios, é sempre a ideologia liberal que fornece as melhores justificativas...

V
Da inflação à recessão*

Do ano passado para cá, a discussão sobre a economia brasileira deu pelo menos um passo à frente: já se admite que a inflação voltou a crescer e que, em função disso, mudanças táticas tiveram que ser feitas na política econômica. Infelizmente, o entendimento do que se passa é obscurecido pelo papel exagerado que se atribui à conjuntura no mercado internacional como origem das dificuldades enfrentadas atualmente pela nossa economia. Na realidade, a inflação tornou-se visivelmente mais intensa a partir do começo de 1973, muito antes que a chamada "crise do petróleo" fornecesse uma espécie de álibi aos surtos inflacionários em quase todos os países. Inegavelmente, a conjuntura internacional influiu no sentido de estimular a inflação no Brasil: numa primeira fase, a partir do início do ano passado, pela elevação dos preços de nossos produtos de *exportação* (tais como a carne, a soja etc.) e, numa segunda, a partir do começo deste ano, pela elevação dos preços dos produtos que *importamos* (principalmente do

---

* Sob o título "Enfrentando as dificuldades depois do crescimento", este estudo foi publicado em 22 jul. 1974 em *Opinião*, n.89.

petróleo e derivados). Embora a política de estímulos à exportação tenha tornado a economia brasileira muito mais sensível às variações da conjuntura externa, não há por que exagerar os seus efeitos. Nossa inflação ter-se-ia agravado mesmo que as mencionadas pressões do exterior não existissem. São fatores decorrentes da dinâmica interna da economia que estão gerando pressões inflacionárias cada vez maiores, sendo a inflação mundial apenas uma perigosa cortina de fumaça a encobrir problemas que a atual estruturação da economia não permite enfrentar.

Esses fatores são os que decorrem do crescimento acelerado da produção, que gera desequilíbrios setoriais de difícil e, sobretudo, *lenta* solução. Veja-se, por exemplo, o caso da barrilha: "Sem condições para atender o mercado, por falta de barrilha, os vidreiros nacionais têm consentido que seus clientes importem embalagens de vidro, eventualmente sem proteção aduaneira... Enquanto procuram lá fora a barrilha que – esperam – estará chegando ao Brasil dentro de quatro meses, os vidreiros aproveitam para reformar fornos ociosos. Mas não esperam que as atuais importações diretas resolvam todos os seus problemas. Os preços externos da barrilha vidreira oscilam entre 340 e 400 dólares/t FOB (contra aproximadamente 178 dólares/t da CNA) e a disponibilidade é pequena. A solução definitiva é aguardada para 1977, quando a nova fábrica... entrar em operação em Macau (RN) (v. *Análise da Economia Brasileira*, v.III, n.25, 26 jun.-2 jul.1974). Está claro o que houve: a procura por vidro e, em decorrência, a procura por barrilha cresceu mais depressa que o previsto, tanto no Brasil como em outros países. Daí a escassez do produto no mercado internacional, a brutal elevação do seu preço (de 50 dólares para mais de 300 dólares/t) e a consequente crise de nossa indústria vidreira. Há um evidente descompasso de três anos (1974 a 1977) entre a expansão programada da oferta e o crescimento efetivo da demanda pelo produto.

A barrilha não é um caso único. Descompasso idêntico se verifica quanto ao alumínio, cujos produtores nacionais adotaram o sistema de cotas para os clientes antigos, sendo que novos só poderão ser atendidos em 1977. Dificuldades análogas de abastecimento interno se verificam em relação ao aço, ao papel branco e para embalagem, à celulose, aos fertilizantes nitrogenados, ao estanho, a peças forjadas e fundidas para tratores etc.

O ministro da Fazenda, em seu pronunciamento no Senado, no fim do mês passado, atribui a multiplicação dos desequilíbrios setoriais a uma "demanda superexcitada", resultante da excessiva expansão monetária durante o ano passado. Esse tipo de análise não é muito satisfatório, pois não explica o porquê da expansão dos meios de pagamento. A alusão ao superávit do balanço de pagamentos obviamente não basta, pois o governo dispunha de recursos para limitar aquela expansão, seja barrando a entrada no país de empréstimos em moeda, seja "enxugando" o excesso de liquidez mediante operações de *open market*. A expansão dos meios de pagamento, no ano passado, já foi uma consequência da elevação de preços causada pelos pontos de estrangulamento. Dada a escassez real, que foi surgindo em numerosos pontos da economia, os preços passaram a subir mais depressa (apesar das tentativas de controle da CIP) e, provavelmente, a tendência a formar estoques especulativos se acentuou, o que acabou resultando numa maior demanda por meios de pagamento. O governo, ante tal demanda, só teria duas alternativas: atendê-la (o que em parte aconteceu) ou desencadear uma crise de crédito, com consequências deletérias para o crescimento da produção.

Obviamente, a maneira ideal de enfrentar os problemas decorrentes do crescimento acelerado da economia seria uma alocação eficiente das inversões de modo a "prever" a expansão da demanda em cada setor estratégico, criando condições para satisfazê-la sem descompassos. Mas isso seria pedir demais a uma economia de mercado que se orgulha de preservar a liberdade de iniciativa, princípio de direito que permite a cada empresário tomar decisões sem harmonizá-las previamente com as demais. A ideologia da liberdade de iniciativa pressupõe que os mecanismos de mercado cuidem dessa harmonização e eles efetivamente o fazem, mas com crises, desequilíbrios e recessões. Assim, por exemplo, quando os fabricantes de bebidas e medicamentos, que usam vasilhames de vidro, resolveram expandir sua produção, não se preocuparam em saber se a oferta interna e externa de barrilha permitiria aos fabricantes de vasilhames efetivamente atender suas necessidades. Como cada fabricante usuário de vidro formulou seus planos de produção separado dos demais – e fazê-lo de outro modo constituiria um conluio monopolista! –, a ideia de harmonizá-los com os de seus fornecedores e estes com a indústria de barrilha estava de antemão excluída. Desse modo, criou-se uma "demanda superexcitada" de vidro, que está sendo parcialmente satisfeita com importações a preços mais altos, e uma "demanda superexcitada" de barrilha, que também acarreta importações, como vimos, a preços substancialmente maiores.

É preciso deixar claro que problemas dessa espécie são muito mais frequentes quando a economia cresce depressa, como a nossa, cujo produto tem aumentado a taxas de 9% a 11% ao ano. Essas porcentagens são médias que englobam ritmos de crescimento muito diferentes. Basta lembrar que nos últimos anos a indústria tem crescido 12% a 15% ao ano, mas a agricultura a apenas 5% ou 6%. Porém estas ainda são médias. Para se ter uma ideia das variações convém examinar a evolução das vendas de eletrodomésticos e eletrônicos entre 1972 e 1973: enquanto as de autorrádios diminuíram 13%, as de aspiradores aumentaram 10,7%, as de enceradeiras aumentaram 10,5%, as de rádios transistorizados cresceram 47,3%, as de ventiladores se elevaram 72,9% e as de fonógrafos e radiofonógrafos subiram 10%. Dada essa enorme variedade de taxas de expansão, não é de espantar que setores cuja capacidade de produção leva anos para ser ampliada se transformem em pontos de estrangulamento.

Dessa maneira, pode-se dizer que uma economia de mercado tem um ritmo máximo de crescimento que é dado *não* propriamente pela *disponibilidade* de recursos reais – mão de obra, equipamentos, matérias-primas, fontes de energia etc. –, mas pela capacidade de combinar esses recursos de modo a manter os desequilíbrios dentro de limites manejáveis. Quando os desequilíbrios ultrapassam esses limites – que são dados por parâmetros políticos –, o nível geral de preços dispara e o balanço de pagamentos torna-se deficitário. É precisamente o que acabou por acontecer à economia brasileira.

Numa situação como essa, não resta outro caminho a não ser diminuir o ritmo de expansão econômica, já que não há formas institucionais para reduzir apenas aquelas demandas que esbarram em ofertas (provisoriamente) inelásticas. O instrumento mais poderoso para esse fim é o controle do crédito, que está sendo severamente restringido desde o fim do ano passado. De acordo com os dados fornecidos pelo ministro da Fazenda em sua exposição no Senado, os empréstimos bancários ao setor privado aumentaram apenas 14,4% durante os primeiros cinco meses deste ano. Considerando-se que nesse período os preços subiram cerca de 20% em média e o valor real da produção pelo menos 3% ou 4%, é fácil de ver que a restrição ao crédito não é insignificante. O problema não consiste apenas na redução de liquidez real em si, mas em seu caráter geral, pois ela atinge tanto setores em que há oferta insuficiente como setores em que há capacidade ociosa. A ideia de aplicar uma seleção ao crédito é politicamente inviável, pois ela atribuiria aos banqueiros atribuições de planificação econômica incompatíveis com os princípios da iniciativa privada. (Na verdade, uma seleção setorial de crédito do tipo agricultura × indústria é viável, mas ela não pode ser tão específica a ponto de tornar-se efetiva como instrumento de discriminação entre ramos e empresas.)

Dado o caráter geral da restrição ao crédito, ela não pode deixar de atingir o dinamismo da economia, o que faz surgir o espectro da recessão. Desde o fim do ano passado, circulam notícias de sensível queda da demanda de bens de consumo duráveis (eletrodomésticos e eletrônicos, automóveis) e semiduráveis (tecidos). Os índices de produção ainda se mantêm elevados (pelo menos até maio), porém uma inversão de conjuntura não parece estar longe. Mesmo que a marca mágica dos 10% de crescimento do PIB seja atingida em 1974 graças às boas colheitas esperadas para este ano, parece quase impossível evitar uma certa queda do ritmo de crescimento a prazo um pouco mais longo. Isso resulta da própria estratégia de combate à inflação adotada pelo governo, a qual prevê, entre outras coisas, equilíbrio orçamentário e prosseguimento da política salarial. O primeiro ponto implica limitação dos gastos governamentais, o que deverá ter repercussões negativas em setores estratégicos, como o da construção civil. Se houver queda do nível de atividade, a receita tributária (pesadamente dependente de impostos indiretos como o IPI e o ICM) tenderá a cair, o que acarretará novas restrições, com efeitos cumulativos, às despesas públicas. O segundo ponto significa na prática que os salários continuarão sofrendo reajustamentos inferiores ao aumento do custo de vida. Segundo os dados oferecidos pelo ministro da Fazenda ao Senado, o custo de vida subiu 27,3% no Brasil nos últimos 12 meses. Embora essa estimativa seja inferior à do Dieese de São Paulo, que alcança 35%, ela está acima da média dos reajustamentos salariais, os quais, obedecendo a diretrizes oficiais, estão contidos ao redor de 20%. Isso quer dizer que os assalariados de menores rendas estão sofrendo perda de poder aquisitivo (os outros, em geral, se beneficiam de aumentos por "mérito" ou trocam de emprego). Sem considerar os aspectos éticos da questão, que não deixam de ser ponderáveis, deve-se assinalar que a concentração da renda salarial deve afetar negativamente a demanda por bens de consumo, somando seus efeitos à restrição ao crédito e à limitação das despesas governamentais.

Resta finalmente considerar que, se a inflação caísse rapidamente a níveis baixos, seria possível ao governo reverter os aspectos mais depressivos de sua política econômica antes que ela lançasse a economia numa recessão real. Essa possibilidade não pode ser descartada, mas ela parece excessivamente otimista. As novas normas de controle de preços da CIP, que requerem que as empresas "absorvam" uma parte do incremento de custos, parecem ser de difícil aplicação, prometendo gerar novos conflitos entre áreas empresariais e os órgãos de controle. Além disso, nos mercados em que predominam oligopólios, uma eventual queda da demanda deverá levar as empresas a operar em nível inferior à plena capacidade, o que aumenta os custos fixos, determinando novas elevações de preços. Este é o mecanismo que, em outros países, vem ocasionado a conhecida "estagflação", ou seja, queda do nível da atividade acompanhada por elevação de preços. Não há nenhuma razão para que algo semelhante não se dê aqui. Por isso não parece provável que a inflação ceda logo nem que o governo possa reverter rapidamente sua estratégia de combate a ela. Convém tomar em conta essa realidade para que as análises da economia brasileira não caiam num círculo vicioso de meias-verdades, em que as dificuldades só são reconhecidas quando já se supõe terem sido superadas.

VI

Vida, paixão e morte de um modelo*

O "modelo brasileiro de desenvolvimento" foi, de certo modo, uma criação da grande imprensa nacional e internacional, num período em que as elevadas taxas de crescimento econômico verificadas aqui contrastavam com a ocorrência de recessões e crises na balança de pagamentos em numerosos países capitalistas desenvolvidos. A partir de 1971, sobretudo, quando a desvalorização do dólar coroou a crise do sistema internacional de pagamentos, afetando inclusive a até então invulnerável economia japonesa, o desempenho de nossa economia consagrou o "modelo brasileiro" como uma forma original de crescimento acelerado, em condições de inflação intensa, mas estável ou mesmo decrescente. A ideia do "modelo" é que o Brasil tinha encontrado um modo *sui generis* de escapar às vicissitudes das crises internacionais, mantendo ao mesmo tempo taxas inéditas de expansão do produto.

As características do "modelo" eram bem conhecidas: abertura da economia ao exterior, mediante estímulos às exportações e ampla

---

* Publicado antes em *Opinião*, n.113, 3 jan. 1975, sob o título "A reciclagem".

importação de capital, tanto sob a forma de investimentos como de empréstimos; expansão do crédito ao consumidor; estímulo à poupança interna mediante a correção monetária das taxas de juros; política salarial e trabalhista capaz de proporcionar às empresas mão de obra barata, abundante e bem disciplinada. Supunha-se que, graças a essas características, a economia brasileira poderia manter indefinidamente elevadas taxas de crescimento, sem a ameaça de graves desequilíbrios já que todas as variáveis relevantes estavam sob controle.

Na verdade, o "modelo" começou a fazer água em 1973, quando a inflação, que vinha declinando vagarosamente, voltou a crescer com ímpeto. Descobriu-se então que a correção monetária, um dos dispositivos mais festejados do "modelo", só funcionava a contento quando a inflação tendia a cair; quando ela se eleva, a correção – que sempre se faz *a posteriori* – tende a ampliar seus efeitos, acelerando ainda mais sua ascensão. Durante algum tempo tentou-se esconder o sol com a peneira, resultando daí um hiato cada vez maior entre a inflação real e a inflação oficial, que acabou engolindo todo o sistema de controles de preços, juros e salários. Já em fins daquele ano, o "modelo" girava num vazio: a economia inegavelmente continuava crescendo, mas o processo produtivo começava a engasgar em tantos pontos que mudanças profundas na política econômica se impunham.

Se 1973 foi o ano da inflação reprimida, 1974 foi o ano da inflação aberta. Segundo os dados do Dieese, em São Paulo, o custo de vida subiu cerca de 27% em 1973, contra 22% em 1972, o que representa uma aceleração inflacionária de primeira grandeza. O fato de essa aceleração não ser reconhecida oficialmente impedia que ela fosse devidamente incorporada à política econômica, o que gerava não poucos pontos de atrito. Com a mudança de governo, em 1974, a primeira coisa que se fez, portanto, foi deixar que a inflação viesse à tona, de modo a suscitar suficiente apoio político a uma política econômica que desse máxima prioridade ao combate à inflação. Essa política consistia, sobretudo, na contenção da oferta de meios de pagamento, o que provocou severa restrição de crédito. Além disso, os salários foram reajustados, ao menos durante o primeiro semestre de 1974, em níveis bem inferiores à elevação do custo de vida, fato que foi posteriormente reconhecido e compensado mediante o abono de 10%, concedido a partir de dezembro último.

O resultado geral dessas medidas foi, como não podia deixar de ser, uma queda acentuada da demanda, que se refletiu numa redução cada vez mais grave, a partir de julho, das vendas de bens de consumo tanto duráveis (automóveis, eletrodomésticos) como semiduráveis (tecidos, roupas). Essa diminuição do consumo atingiu proporções graves a partir do último trimestre do ano, ensejando a formação de estoques indesejados no comércio, sem afetar ainda de modo generalizado a produção. Mas, a não ser que a liberação do crédito e o abono de emergência se traduzam numa rápida recuperação da demanda, é provável que a recessão de vendas deste ano se transforme numa recessão de produção (e de emprego) em 1975.

Se o efeito da política adotada a partir de março foi depressivo sobre o nível de atividade, ela não deixou de atingir seu objetivo primordial, qual seja, o de moderar o aumento dos preços. Efetivamente, a partir do segundo semestre, a taxa mensal de aumento do custo de vida girou ao redor de 2%, o que permitiu conter a inflação em cerca de 34% em 1974 e talvez permita fazer com que diminua algo em 1975. Dessa maneira, um dos traços essenciais do "modelo" caiu: em lugar de crédito abundante e controle administrativo dos preços e da correção monetária, voltou-se a recorrer à restrição ao crédito para o combate à inflação, o qual novamente passou a ter maior prioridade que o crescimento acelerado. É importante salientar aqui que essa mudança não deve ser atribuída à troca do comando da política econômica: na verdade, a política de controle administrativo da inflação já tinha pifado em 1973 e não restava outra alternativa – nos quadros institucionais vigentes – que a volta à chamada "ortodoxia financeira".

Outro traço do "modelo" que teve que ser remodelado foi a abertura ao exterior. Ainda em 1973, a economia brasileira estava sofrendo de um influxo excessivo de capitais estrangeiros, o que acarretava emissões indesejadas de cruzeiros (utilizados na conversão desses recursos em moeda nacional) e formação exagerada de reservas cambiais. Para se defender desse excesso de capitais forâneos, o Brasil chegou a adotar diversas medidas restritivas, de caráter creditício e fiscal. A situação mudou, no entanto, 180 graus em 1974: nossa balança comercial foi atingida pelo aumento do preço do petróleo e por uma forte expansão especulativa das importações, o que levou a um déficit monumental de cerca de 5 bilhões de dólares.

Quando se analisa esse problema, é costume dar excessiva ênfase à "crise do petróleo", a qual, no entanto, só é responsável pela metade desse déficit. A outra metade provém do seguinte: em 1973, houve escassez generalizada de matérias-primas no mercado internacional, cujos preços sofreram gigantesca alta. No Brasil, verificou-se a falta de muitos insumos essenciais, cujos preços estavam controlados pelo CIP, o que não impediu que muitos comerciantes pudessem vendê-los no mercado negro, alcançando provavelmente lucros astronômicos. Em 1974, os países desenvolvidos entraram em recessão, reduzindo bastante a sua demanda por matérias-primas, as quais passaram novamente a estar disponíveis. Nessas circunstâncias, os importadores, supondo haver ampla demanda reprimida no país, expandiram fortemente as compras no exterior. Como, no entanto, a demanda efetiva também caiu aqui (como vimos), formaram-se estoques indesejados de várias matérias-primas. Aço e fertilizantes são casos notórios.

O grande déficit na balança comercial atingiu o país num momento em que o mercado financeiro internacional passava a se ressentir da falta de recursos. Esta era ocasionada, de um lado, pela acumulação de "petrodólares" em mãos de um pequeno número de países, que os repunham em circulação em quantidades insuficientes e a prazos curtos; de outro, pelas medidas anti-inflacionárias adotadas pelos países desenvolvidos, que, restringindo o crédito e elevando as taxas de juros, contribuíam para "enxugar" os recursos do mercado financeiro internacional. Nessas circunstâncias, o Brasil fez o óbvio: necessitando urgentemente de capitais estrangeiros, aboliu as medidas de restrição que havia adotado, criando até incentivos fiscais (redução do imposto de renda sobre os juros de empréstimos estrangeiros) à sua entrada. Seu êxito, no entanto, foi apenas parcial. Somando-se ao déficit da balança comercial o da balança de serviços (estimado em 2 bilhões de dólares), chega-se a um total de 7 bilhões de dólares, que deveria ser coberto pela entrada líquida de capitais. Apesar de o Brasil ser um dos pouquíssimos países que não sofreu recessão profunda em 1974, o nosso saldo na balança de capitais deve ter alcançado não mais de 6 bilhões de dólares em 1974, o que terá resultado em um déficit de 1 bilhão de dólares em nosso balanço de pagamento. Esse déficit sai de nossas reservas cambiais, cujo total deverá ter caído durante este ano de 6,5 bilhões de dólares para 5,5 bilhões de dólares.

É claro que, nessas condições, mesmo se fosse possível expandir as exportações (o que num mundo em recessão é pouco provável), não se pode mais sustentar que "exportar é a solução". Na verdade, a solução é conter e disciplinar as importações, e nesse sentido o governo tomou algumas medidas, embora algo tardias e de alcance limitado: as importações "inessenciais" tiveram suas tarifas aduaneiras aumentadas, numerosas isenções tarifárias foram revogadas e as importações por órgãos governamentais foram algo disciplinadas. Mais importante, no entanto, foi a retomada da política de substituição de importações, que tinha sido abandonada como prioridade precisamente pelo "modelo". Este jogava na integração crescente do país na divisão internacional do trabalho, como produtor especializado não só de matérias-primas, mas também de produtos semiprocessados e manufaturas de baixo "conteúdo" tecnológico, o que pressupunha dependência crescente do exterior em outras esferas, como a de bens de capital. A mudança da conjuntura internacional tornou essa opção inviável, ou melhor, incompatível com o crescimento econômico acelerado. Para que este seja assegurado, a médio prazo, é preciso mudar a nossa estratégia de industrialização, o que já começou a ser feito com a criação de fundos de apoio à indústria pesada por parte do governo.

Como se vê, pouco resta do chamado "modelo", o qual não passou de um elenco de políticas econômicas ajustadas a uma fase de alta conjuntural da economia. O *boom* começou a esgotar-se em 1973 e a mudança de conjuntura em 1974 forçou a mudança da política econômica. Se se quiser, um novo "modelo" está em gestação, embora seja duvidoso que ele venha a ter o mesmo *glamour* do que acaba de ser enterrado. É que as opções que se abrem ao país são mais incertas. A inflação está longe de estar domada e o anseio geral por justiça social, que explodiu nas eleições de novembro, deve dificultar a adoção de políticas de contenção do consumo dos grupos de baixa renda, que constituem a grande maioria da população. Por outro lado, a solução do problema do balanço de pagamentos, que ressurge com maior dramaticidade devido ao peso de uma dívida externa que deverá chegar a 20 bilhões de dólares, está num aumento da acumulação interna, o que também não é fácil, dado o elevado nível de consumo improdutivo que o país prematuramente incorporou. Nessas circunstâncias, para se evitar o perigo da "estagflação", é preciso mais do que um "modelo". O que se impõe, na verdade, é uma revisão, em profundidade, das premissas em que se funda a política econômica, com a definição de um papel mais ativo do Estado e do setor público da economia, num processo planejado de redistribuição dos benefícios do desenvolvimento e de redução da dependência do exterior. Não é difícil perceber que há hoje uma vontade popular manifesta nesse sentido. Resta ver como os que detêm o comando da vida econômica responderão a ela.

Referências bibliográficas

A EMPRESA nacional fortalecida. *Planejamento & Desenvolvimento*, ano 1, encarte, n.12, jun. 1974.
ALTVATER, Elmar. The Lean Years. *International Socialist Journal*, v.4, n.19, fev. 1967.
ANÁLISE DA economia brasileira para o homem de negócios, jul.-out. 1973.
BAER, Werner. *A industrialização e o desenvolvimento econômico no Brasil*. Rio de Janeiro: FGV, 1966.
_____; KERSTENETZKY, I. Some Observations on the Brazilian Inflation. In: *Inflation and Growth in Latin America*. New Haven: Yale University Press, 1964.
_____; _____. Patterns of Brazilian Economic Growth. In: CONFERENCE THE NEXT DECADE OF LATIN AMERICAN DEVELOPMENT. Cornell University, abr. 1966. (mimeo.)
BRAGA, Teodomiro. O segredo da Usiminas. *Opinião*, Rio de Janeiro, n.81, p.4, 27 maio 1974. Disponível em: https://memoria.bn.gov.br/docreader/DocReader.aspx?bib=123307&pagfis=1816. Acesso em: 31 jul. 2024.
BRASIL. Ministério do Planejamento. *A industrialização brasileira*: diagnóstico e perspectivas. Rio de Janeiro: Imprensa Oficial, 1969.
BRONFENBRENNER, M. (org.). *Is the Business Cycle Obsolete?* Nova York: Wiley Interscience, 1969.
CANDAL, A. *A industrialização brasileira*: diagnóstico e perspectiva. Rio de Janeiro: Ministério do Planejamento, 1969.

CHATAIN, Jean. Données sur le capitalisme monopoliste d'état japonais! *Economie et Politique*, v.203, p.35-68, jun. 1971. Disponível em: https://pandor.u-bourgogne.fr/archives-en-ligne/functions/ead/detached/EP/EP_1971_06_n203.pdf. Acesso em: 31 jul. 2024.

DEAN, Warren. *A industrialização de São Paulo*. São Paulo: Difel, 1971.

DEPARTAMENTO INTERSINDICAL DE ESTATÍSTICA E ESTUDOS SOCIOECONÔMICOS (Dieese). Família assalariada: padrão e custo de vida. *Estudos Sócio-Econômicos*, n.2, jan. 1974.

DEPPE, Frank. Workers and Trade Unions in Post-War Germany. *International Socialist Journal*, v.4, n.19, p. 83-83, fev. 1967.

DUARTE, José Carlos. *Aspectos da distribuição da renda no Brasil em 1970*. Piracicaba, 1971. Dissertação (Mestrado) – Escola Superior de Agricultura "Luiz de Queiroz" (Esalg), Universidade de São Paulo (USP). (mimeo.)

FISHLOW, A. Algumas reflexões sobre a política econômica brasileira após 1964. *Estudos Cebrap*, n.7, jan.-mar. 1974.

FUNDAÇÃO GETÚLIO VARGAS (FGV). *Revista Conjuntura Econômica*. várias edições.

HUNT, E. K.; SHERMAN, H. J. *Economics*: An Introduction to Traditional and Radical Views. Nova York: Harper & Row, 1972.

INSTITUTO BRASILEIRO DE GEOGRAFIA E ESTATÍSTICA (IBGE). *Anuário Estatístico do Brasil*. v.35. Rio de Janeiro: IBGE, 1974.

JALÉE, P. *El imperialismo en 1970*. México: Siglo XXI, 1970.

LEFF, N. *Economic Policy-Making and Development in Brazil*: 1947-1964. Nova York: Wiley, 1968.

LEMONNIER, Victor. L'Imperialisme japonais: ses perspectives. *Economie et Politique*, n.206, set. 1971.

LESSA, C. *Quinze anos de política económica*. Santiago: Cepal; BNDES, [s./d.]. (mimeo.)

LEWIS, W. A. Economic Development with Unlimited Supplies of Labor. In: AGARWALA, A. N.; SINGH, S. P. (orgs). The Economics of Underdevelopment. Nova York: Oxford University Press, 1963.

MAGDOFF, H. *The Age of Imperialism*. Nova York: Moder Reader, 1969.

MANESCHI, A. The Brazilian Public Sector. In: ROETT, R. *Brazil in the Sixties*. Nashville: Vanderbilt University Press, 1972.

MOOSMAYER, Erhard. Der Lohnfaktor in den Ländern der Montan-Union. *Funken*, ano 10, n.2, fev. 1959.

OLIVEIRA, Francisco de. *A economia brasileira*: crítica à razão dualista. São Paulo: Cebrap, 1972.

ORGANIZAÇÕES DAS NAÇÕES UNIDAS (ONU). *External Finacing in Latin America*. Nova York: ONU, 1965.

QUEM É quem na economia brasileira. *Visão*, p.373-6, ago. 1971.

SERRANO, L. R. As mais altas médias do mundo. *Opinião*, n.83, p.4, 10 jun. 1974. Disponível em: https://memoria.bn.gov.br/DocReader/docreader.

aspx?bib=123307&pasta=ano%20197&pesq=&pagfis=1856. Acesso em: 31 jul. 2024.

SERRANO, L. R.; BRISOLA, D. Aumentando a velocidade das máquinas. *Opinião*, n.56, p.3, 10 dez. 1973. Disponível em: https://memoria.bn.gov.br/DocReader/docreader.aspx?bib=123307&pasta=ano%20197&pesq=&pagfis=1313. Acesso em: 31 jul. 2024.

SIMÃO, A. *Sindicato e Estado*. São Paulo: Dominus, 1966.

SINGER, Paul. A reciclagem. *Opinião*, n.113, p.15, 3 jan. 1975. Disponível em: https://memoria.bn.gov.br/docreader/DocReader.aspx?bib=123307&pagfis=2542. Acesso em: 31 jul. 2024.

_____. A economia brasileira depois de 1964. *Debate e Crítica*, Hucitec, n.4, nov. 1974.

_____. A conjuntura econômica: enfrentando as dificuldades, depois do crescimento. *Opinião*, n.89, p.12, 22 jul. 1974. Disponível em: https://memoria.bn.gov.br/docreader/DocReader.aspx?bib=123307&pagfis=1984. Acesso em: 31 jul. 2024.

_____. Inflação: as tensões reprimidas. *Opinião*, n.54, p.7, 19 nov. 1973. Disponível em: https://memoria.bn.gov.br/docreader/DocReader.aspx?bib=123307&pagfis=1257. Acesso em: 31 jul. 2024.

_____. As contradições do milagre. *Estudos Cebrap*, n.6, abr.-jun. 1973.

_____. Chile: a inflação diferente. *Opinião*, n.9, p.8, 1º a 8 jan. 1973. Disponível em: https://memoria.bn.gov.br/docreader/DocReader.aspx?bib=123307&pagfis=204. Acesso em: 31 jul. 2024.

SUZIGAN, W. et al. *Crescimento industrial no Brasil*. Rio de Janeiro: Ipea, 1974.

TAVARES, Maria Conceição. *Natureza e contradições do desenvolvimento financeiro recente no Brasil*. Rio de Janeiro: Ibmec, 1971. (mimeo.)

_____. The Growth and Decline of Import Substitution in Brazil. *Economic Bulletin for Latin America*, v.9, n.1, p.1-59, mar. 1964.

*Guia da inflação
para o povo**

---

* Originalmente publicado como livro em 1980, o *Guia da inflação para o povo* utilizava alguns termos correntes à época – hoje, porém, pouco conhecidos. Fez-se, assim, um esforço por explicá-los em notas de rodapé. Embora o sentido geral do texto esteja bastante claro, pode ser que uma ou outra palavra ainda apresente dificuldade, o que se procurará corrigir em futura reedição. (Nota dos organizadores)

Introdução

Um dos grandes mistérios da vida econômica é o voo cego dos preços, rumo ao infinito, que o povo conhece como "carestia" e os meios mais bem informados chamam de "inflação". Todo mundo sente seus efeitos, mas ninguém sabe suas causas. É um mal execrado universalmente. Uma maravilhosa unanimidade une governo e oposição, patrões e empregados, conservadores, liberais e socialistas no anseio de que esse "mal" seja combatido. No entanto, quando o governo adota medidas de combate à inflação – restringindo o crédito, aumentando impostos, controlando preços, arrochando salários –, imensa grita de todos os prejudicados se levanta, como se os remédios contra a inflação fossem – e, em geral, *são* – piores que a própria doença.

"Todo mundo reclama do mau tempo, mas ninguém toma qualquer providência", disse uma vez Mark Twain. Da inflação se pode dizer quase o mesmo. No debate sobre o assunto, cada grupo ou facção atribui a culpa ao adversário. Os consumidores se queixam dos comerciantes, estes atribuem a responsabilidade aos industriais, que por sua vez acusam os banqueiros de cobrar juros extorsivos.

Os trabalhadores acusam os patrões de elevar os preços, os patrões respondem dizendo que a isto são forçados pelos aumentos de salários. Os banqueiros reclamam da estatização do crédito e das medidas governamentais que o restringem. A oposição denuncia o governo por aumentar os impostos e emitir moeda e o governo se defende dizendo que os culpados pela inflação somos todos nós.

É mais ou menos óbvio que, nessa ciranda de acusações e contra-acusações, há muita insinceridade e enorme fé na ignorância do público. Fé que se justifica na medida em que as relações entre o lado "real" e o lado "monetário" dos preços são realmente complicadas e por isso a sua discussão se trava exclusivamente entre "especialistas". De modo que, quando o debate é para valer, os diretamente interessados, isto é, os trabalhadores, são deixados de lado. O que justifica a persistência das práticas autoritárias, a continuada prepotência da tecnocracia estatal e patronal, apesar da tão propalada "abertura" democrática.

Nesse sentido, a democracia capitalista se baseia num mal-entendido. O povo tem liberdade de eleger seus representantes, os quais, nessa qualidade, devem exercer o poder. Só que, dos assuntos que realmente afetam a grande maioria da população, ou seja, da temática econômica – em particular da inflação, que se relaciona com a alocação de recursos e com a repartição da renda –, nem o povo nem os seus representantes entendem. A sua resolução é deixada aos "técnicos" sem mandato, cuja ideologia os leva a dar prioridade *sempre* aos interesses do capital. De modo que, seja qual for a ideologia do partido que vença as eleições, a condução da política econômica e, sobretudo, o controle da inflação continua nas mãos dos que acreditam apenas na "verdade" revelada pelo mercado, atuando como meros intérpretes dele. Dá para se pensar que esse quiproquó é uma condição necessária para compatibilizar uma democracia formal, por cujas regras nada de importante se resolve, com o capitalismo, que continua sobrevivendo porque o seu verdadeiro funcionamento não é conhecido.

Este modesto guia pretende ser uma arma na luta contra esse estado de coisas. Ele parte da hipótese de que o cidadão é inteligente e que, quando tem acesso a explicações, é capaz de entender, inclusive quando a questão é complicada. A inteligência, na realidade, não é inata. Como qualquer qualidade do espírito, precisa ser cultivada e, para tanto, necessita de informação. Não é à toa que os governos utilizam seus serviços de inteligência, que recolhem, analisam e interpretam os fatos para eles. O cidadão inteligente também precisa ter acesso aos fatos e suas interpretações. Neste guia, lhe oferecemos um sumário apanhado sobre como se conceitua, mede, interpreta e sobretudo combate a inflação. Sua finalidade não é tanto ilustrar o leitor, como ajudá-lo a entender o fenômeno e se posicionar perante ele.

A inflação é hoje a síntese superficial, aparente, gritantemente visível, das consequências da maior das contradições da vida econômica. Os desequilíbrios do balanço de pagamentos, as dificuldades do abastecimento alimentar, o esgotamento dos recursos não renováveis (do petróleo, para começar), até mesmo o atravancamento do tráfego – tudo isso contribui para a inflação. Desde que o capitalismo se dotou de uma moeda de oferta elástica, suas contradições podem, num primeiro momento, ser resolvidas mediante aumentos de preços. Só que esses aumentos tendem, inevitavelmente, a se acumular, provocando a avalanche inflacionária. A inflação nada mais é do que a prova de que as contradições continuam aí para ser *de fato* resolvidas, no lado *real* da economia, ou seja, mediante a realocação do trabalho social. Afinal, qualquer solução *real* de uma carência ou desequilíbrio implica fazer que uma parte do potencial de trabalho humano (que, por sinal, é a única coisa verdadeiramente escassa) seja utilizada para produzir o que falta. Ora, essa realocação de trabalho social é difícil quando as demandas são muitas, os mecanismos de mercado não são mais aceitáveis socialmente e o Estado não dispõe de instrumentos políticos – nem quer dispor – para atender as demandas da maioria e dos mais necessitados, em detrimento das minorias privilegiadas. Em essência, o problema da inflação é este.

Não tem sentido, portanto, procurar uma teoria "econômica" da inflação. Porém, como a livre manifestação das pressões inflacionárias requer a incontinência das autoridades monetárias (como se explica detalhadamente neste guia), os peritos costumam se socorrer de uma interpretação monetarista da inflação. Seria, mais ou menos, como atribuir o mau tempo aos postos meteorológicos por terem permitido que os barômetros indicassem baixa[1] pressão. A disciplina monetária, reclamada pelos monetaristas, só pode ser viabilizada por elevado teor de disciplina social. Ou essa disciplina é consentida (e nesse caso a alocação do trabalho social tem que ser decidida por métodos democráticos, abrindo-se mão da pretensão de que ela é dada pelos mercados) ou ela é imposta, o que implica ditadura, seja liberal-privatista (do tipo Pinochet),[2] seja social-planejadora (de alguma variedade burocrática). No mundo capitalista, os teóricos monetaristas têm mostrado clara preferência pelo primeiro tipo de ditadura...

Em suma, inflação é assunto grave demais para ser deixado só para economistas ou para qualquer tipo de burocrata diplomado. É preciso que os cidadãos tornados inteligentes intervenham em sua discussão com plena consciência do que está em jogo. Esperando ajudar nisso, acendemos esta vela, para não continuar apenas maldizendo a escuridão.

São Paulo, 18 de dezembro de 1979

Paul Singer

---

[1] Com agradecimentos ao prof. Pinguelli Rosa pela assessoria científica.
[2] Augusto Pinochet foi general do exército chileno e ditador que governou como presidente do Chile de 1973 a 1990. Assumiu o poder depois de liderar o golpe militar que depôs o governo democraticamente eleito do presidente Salvador Allende. Seu regime foi marcado por constantes violações de direitos humanos e uma política de liberalização econômica, incluindo estabilização da moeda e remoção das tarifas para a indústria local. Também colocou os sindicatos na ilegalidade e privatizou a seguridade social e empresas estatais. (Nota dos organizadores)

I
Custo de vida: o que é? como se mede?

Cada vez que aumenta o preço da carne ou a tarifa do ônibus, o custo de vida se eleva. Se a carne sobe 20% em determinado momento, muita gente acredita que o custo de vida subiu outro tanto. Quando lê que naquele mês, segundo o Dieese, a Fipe ou a Fundação Getulio Vargas, o custo de vida aumentou 3,9% por exemplo, a pessoa reclama: mas como? se só a carne subiu 20%?

Na verdade, não só de carne vive o homem. Consumimos dezenas de tipos de bens e serviços: alimentos, vestuário, transporte, escola, eletricidade, remédios etc. É verdade que essa variedade é tanto maior quanto mais alta a renda que se tem para gastar. Mas mesmo os mais pobres não vivem apenas com um ou dois produtos: consomem vários tipos de alimentos, de roupas, de serviços etc. O custo de vida é o custo de *todos* esses produtos.

De modo que, quando um desses produtos tem seu preço elevado, isto contribui para o aumento do custo de vida conforme o peso desse produto no orçamento doméstico. Imaginemos uma família que vive com 5.000 cruzeiros[1] por mês. Se essa família gasta 300 cruzeiros mensais com carne, esse produto representa 6% do seu dispêndio total. Se a carne aumenta 20%, essa família, para consumir a mesma quantidade de carne, terá que pagar, em vez de 300 cruzeiros, 360. Se os preços dos outros produtos não tiverem sofrido alta *nesse* mês, o gasto mensal dessa família terá subido de 5.000 para 5.060 cruzeiros, o que significa um aumento de 1,2%. Em outras palavras, um aumento de 20% da carne ocasiona um aumento de 1,2% no custo de vida de uma família que gasta com carne 6% de sua renda. A conta a fazer é a seguinte: 0,2 (20%) x 0,06 (6%) = 0,012 (1,2%).

É claro que em cada mês vários produtos sobem de preço, mas não todos. O custo de vida vai aumentando todos os meses, como resultado dos preços que aumentam e também dos que não aumentam. O cálculo feito é mostrado na Tabela 1.

Tabela 1

Produto	Peso dos produtos que aumentaram		Porcentagem de aumento dos preços		Aumento do custo de vida
A	5%	x	10%	=	0,5%
B	2%	x	20%	=	0,4%
C	0,5%	x	50%	=	0,25%
				Soma	1,15%

O produto A é de grande peso no orçamento doméstico. Por isso, um aumento de apenas 10% do seu preço representa bastante no custo de vida. Um exemplo desse produto poderia ser a carne ou o transporte público (ônibus ou trem). O produto C é de pequeno peso no gasto familiar. Um grande aumento de seu preço tem repercussão muito pequena no aumento do custo de vida. São em geral produtos consumidos apenas por um ou poucos membros da família ou só raramente (brinquedos, conserto de relógio).

---

[1] O Cruzeiro (Cr$) foi a moeda do Brasil de 1942 a 1967, de 1970 a 1986 e de 1990 a 1993. (Nota dos organizadores)

O problema mais importante para se calcular o aumento do custo de vida está em se determinar o peso dos diversos produtos no orçamento doméstico da maioria das famílias. É claro que esse peso é diferente conforme a renda de cada família. O peso dos alimentos é muito maior no orçamento das famílias pobres do que no das ricas. Isto se dá, não porque os pobres comem mais do que os ricos – todos sabem que o oposto é que é verdade –, mas porque aos pobres sobra muito pouco dinheiro para gastar em outra coisa que não seja comida. "Gastos com automóvel próprio (consertos, depreciação)", por exemplo, têm peso grande no orçamento das famílias bastante ricas para terem um ou mais carros e têm peso zero no orçamento das famílias que não podem ter carro. Portanto, o custo de vida sobe em proporções *diferentes* para cada família, conforme a sua renda.

Mas, mesmo se quiséssemos calcular o aumento do custo de vida das famílias pobres, digamos de todas que vivem com menos de três salários mínimos, haveria diferenças quanto ao peso dos diversos produtos no gasto mensal ou anual. Famílias com crianças pequenas têm gastos diferentes de famílias em que só há adultos. Há famílias que moram em casa própria, outras pagam aluguel etc. Para se resolver essa questão, faz-se uma pesquisa com uma amostra de famílias, digamos com mil famílias de um total de cerca de 2 milhões que moram em São Paulo. Essas mil famílias são escolhidas de tal modo que "representam" com suas características todos os 2 milhões. Os orçamentos domésticos dessas mil famílias são medidos – cada família anota seus gastos em cadernetas que depois são recolhidas – e dos resultados se tira um orçamento doméstico *médio*, a partir do qual se calcula o custo de vida para toda a população. Embora esse tipo de cálculo não seja exatamente igual ao custo de vida de nenhuma família concreta, ele não se afasta demais do "verdadeiro" da maioria das famílias.

A estimativa do custo de vida é mais realista se ela for calculada para famílias pobres, remediadas e ricas separadamente. É o que fez o Dieese, cujas estimativas do custo de vida são para três tipos de famílias: as que em 1970 (quando se fez a pesquisa) tinham mais de 1.000, de 500 a 1.000 e menos de 500 cruzeiros de renda mensal. Esses limites correspondem hoje a pouco mais de seis e de três salários mínimos. É claro que, conforme os produtos que têm seus preços aumentados –

se se trata da gasolina ou do leite por exemplo –, o custo de vida crescerá em proporções diferentes para famílias que têm renda menor que três salários mínimos do que para famílias que têm renda acima de seis salários mínimos.

Essas medidas do custo de vida não são perfeitas, mas servem para dar ideia da proporção em que o salário vai se desvalorizando, o que permite aos trabalhadores se unirem na reivindicação comum de que o reajustamento realmente devolva ao assalariado aquilo que a elevação do custo de vida lhe tirou. Se não houvesse índices do custo de vida, qualquer reivindicação poderia ser rejeitada, pelo governo ou pelos patrões, como sendo arbitrária. Eles são, por isso, elementos importantes para a luta dos trabalhadores.

II
Carestia e inflação

Como vimos no capítulo anterior, o custo de vida se mede pelos preços de todas as mercadorias consumidas pela população, cada uma tendo um "peso" conforme a porcentagem do orçamento doméstico gasta com o referido artigo. Mas, além dos bens e serviços de consumo, que entram no custo de vida, existem outras mercadorias, que podem ser classificadas em dois grupos: 1) os bens intermediários e serviços de produção, que são usados para a produção de bens de uso final: o trigo, com o qual se faz o pão, o tecido, com o qual se confeccionam roupas, ou transporte por trem ou caminhão que é usado para levar matérias-primas às fábricas e produtos terminados aos mercados; 2) os bens de capital, que são construções e equipamentos utilizados na produção agrícola (galpões, arados), industrial (fábricas, tornos) ou transportes (vagões, navios). É claro que nem bens intermediários, nem bens de capital são comprados pelas famílias, portanto não entram no cálculo do custo de vida. Mas, para saber como se comportam os preços de *todas* as mercadorias, tanto bens de consumo como bens de produção (intermediários e de capital), é calculado um índice geral de preços. Quase sempre a variação do índice geral de preços não é muito diferente do índice do custo de vida, pois, quando os preços dos bens de consumo sobem numa certa proporção, os preços dos bens e serviços de produção sobem em proporção parecida.

O aumento rápido do custo de vida é conhecido entre nós como "carestia"; o aumento também rápido do índice geral de preços é chamado de "inflação". Inflação e carestia não são bem sinônimos, pois no cálculo da inflação entra um número bem maior de mercadorias – cada uma com seu "peso", conforme a proporção que ela ocupa no gasto geral de todo o país –, mas as duas estão estreitamente ligadas. Pode-se dizer que quase sempre a carestia é fruto da inflação. Quando há inflação, isto é, quando *todos* os preços aumentam depressa, é quase certo que os preços dos bens de consumo também se elevam com rapidez, havendo, portanto, carestia. Nos últimos anos,[1] no Brasil, a inflação esteve ao redor de 50%-60% e a carestia também.

A carestia é resultado da inflação porque, numa economia capitalista como a nossa, cada mercadoria é produzida por meio de outras mercadorias. Mesmo o trabalho humano é uma mercadoria que o empregado vende ao patrão em troca do salário. De modo que no custo de cada mercadoria entram os preços dos bens intermediários, serviços de produção, salários, além do desgaste dos bens de capital. Isto produz o que os economistas chamam "solidariedade dos preços". Cada aumento de preço influi sobre os preços de outras mercadorias. Se sobe o preço da gasolina, por exemplo, mais cedo ou mais tarde vai subir o preço do ônibus, do táxi e do transporte por caminhão. Este último vai fazer com que aumentem os preços dos gêneros transportados, e assim por diante. Mais tarde discutiremos melhor como funciona a "solidariedade dos preços". No momento importa saber que ela existe.

É preciso entender que, quando há inflação, é impossível deixar de haver carestia. Quando todos os preços sobem, os dos bens de consumo não podem deixar de subir também. Isto permite perceber que é impossível congelar certos preços – digamos os dos gêneros de primeira necessidade – sem deter a subida dos preços das outras

---

1 Nos últimos anos da década de 1970. (Nota dos organizadores)

mercadorias, ou seja, sem acabar com a inflação. Digamos que se resolva congelar o preço do leite. Mas se os preços das mercadorias com que se produz o leite – o preço da vaca e da ração da vaca – continuarem a subir, é inevitável que a produção de leite dê menos lucro, o que acaba provocando sua redução. Nessas condições, o congelamento do preço do leite acabaria produzindo escassez de leite e eventualmente seu desvio ao mercado negro, onde seria negociado a preços exorbitantes.

Isso quer dizer que a palavra de ordem de congelamento dos preços dos gêneros de primeira necessidade poderia, se fosse levada à prática sem mais cuidados, redundar em prejuízos à população, resultado exatamente oposto ao que se pretende. A história das tentativas de congelamento dos preços de alguns gêneros mostra precisamente isso. Essas tentativas foram frequentes antes de 1964 e mesmo mais recentemente, em 1973, quando a elevação do custo de vida foi subestimada porque, no cálculo pelos órgãos oficiais, tomaram-se por base os preços tabelados, quando os que vigoravam eram muito maiores. Esse episódio mostra como o congelamento, feito para combater a carestia, pode prejudicar os assalariados. De forma geral, quando se tenta congelar determinados preços enquanto a inflação prossegue, as consequências são sempre as mesmas: escassez dos gêneros, mercado negro e, no fim, o órgão controlador dos preços acaba *tendo* que conceder o aumento, o que faz que ele pareça o responsável pela carestia, mistificando a opinião pública.

Isto não quer dizer, porém, que a reivindicação de congelamento dos gêneros de primeira necessidade deva ser inteiramente abandonada. Ela é válida em duas circunstâncias: 1) se se exigir que o governo subsidie a produção dos gêneros de preços congelados, ou seja, desde que o governo pague aos produtores uma quantia igual ao aumento de seus custos, já que esse aumento não poderá ser descarregado sobre os preços. Argumenta-se contra isso que o governo vai ter que tirar o dinheiro correspondente ao subsídio dos contribuintes, por meio de impostos maiores, o que no fim daria no mesmo que o aumento dos preços. Mas esse argumento não é válido se os impostos que forem aumentados incidirem sobre as grandes fortunas, os altos rendimentos ou o consumo de luxo. Dessa maneira, os ricos seriam levados a pagar uma parte do preço do leite, da carne ou do feijão consumidos pela grande massa que vive de baixos salários. Seria, portanto, uma forma de redistribuição de renda, de cuja necessidade hoje em dia ninguém, nem mesmo o governo, discorda. Portanto, o correto seria reivindicar congelamento dos preços dos gêneros de primeira necessidade mediante seu subsídio pelo governo, com recursos obtidos, por exemplo, do aumento do imposto de renda e do imposto sobre produtos industrializados (IPI) de luxo; 2) se se exigir que o congelamento dos preços dos gêneros de primeira necessidade se faça no quadro de um combate à inflação. Como esse combate poderia ser feito é um assunto bastante complicado, que abordaremos em outros capítulos.

III
Moeda e preços

Como já vimos, o incessante aumento do custo de vida que sofremos atualmente é parte de uma alta geral de preços, denominada inflação. É interessante observar que a inflação assume, em diferentes países e em diversas épocas, dimensões muito variadas. Hoje, nos Estados Unidos e na Alemanha Ocidental, uma inflação de 10% *ao ano* já é considerada alarmante, ao passo que na Argentina e no Chile a inflação chegou a atingir de 10 a 20% *ao mês*, o que dá taxas anuais de mais de 500%. No Brasil, a inflação chegou a cerca de 90% em 1964, depois caiu até o nível de 20%-25% entre 1967 e 1972 e durante os últimos anos voltou a superar os 50%.[1]

Essa grande variação das taxas de inflação já mostra que ela não pode ser apenas um fato econômico. O nível de produção ou de emprego numa economia pode crescer no máximo 10% a 15% por ano ou diminuir na mesma proporção. A partir desse âmbito de variação, jamais se poderia explicar uma inflação que pula de 20% num ano para mais de 40% ou 50% no seguinte, como costuma acontecer.

---

[1] Os últimos anos da década de 1970. (Nota dos organizadores)

Na realidade, a inflação é um fato econômico que resulta de uma *política*. Ou seja, da "política monetária" posta em prática pelo governo. Essa política é que determina o volume de meios de pagamento, ou seja, de *moeda* que estará circulando no país.

Vejamos, para começar, o que são meios de pagamento. Estes são, como diz o nome, "coisas" com as quais se podem fazer pagamentos. Bem, diria alguém: tudo o que tem valor serve para fazer pagamentos. Eu posso pagar uma casa com um automóvel ou um par de sapatos com certa quantidade de ovos. Isso, responderíamos, é verdade, mas, na prática, quase nunca acontece. A troca de mercadoria por mercadoria (chamada "escambo") dá muito trabalho: imagine o esforço para encontrar alguém que queira vender uma casa do jeito que você a deseja e que, ao mesmo tempo, queira o automóvel que você lhe pode dar em troca. É muito mais fácil achar duas pessoas: uma que lhe queira comprar o automóvel e outra que lhe venda a casa. Essa solução só é possível porque existe uma forma de valor – a moeda – que *todos*, sem exceção, aceitam como pagamento. Desde que eu consiga vender meu automóvel por cruzeiros, posso ter certeza de que qualquer vendedor de casas aceitá-los-á em pagamento.

Meios de pagamento são, portanto, valores de aceitação geral ou, como dizem os economistas, de máxima liquidez. Eles são emitidos pelo governo sob a forma de *moeda legal* (no Brasil: cruzeiros) e pelos bancos sob a forma de *moeda escritural* (ou depósitos bancários). Os pagamentos de pequeno valor são feitos geralmente com *notas*, cuja emissão é monopólio do governo, que lhes confere *curso forçado*. Isto significa que ninguém, no Brasil, pode se recusar a receber cruzeiros em pagamento. Ao mesmo tempo, cruzeiros que não são emitidos pelo governo são considerados moeda falsa e seus autores estão sujeitos às penas da lei. Dessa maneira, assegura o governo que o papel impresso que ele põe em circulação seja aceito como moeda legal do país e ao mesmo tempo que o volume total desse papel seja mantido sob o seu controle.

Os pagamentos de grande valor, no entanto, não são feitos com notas, mas com cheques. O meio de pagamento nesses casos são os depósitos bancários à vista. Na realidade, a maior parte do volume de meios de pagamento é constituída por depósitos bancários, ou seja, moeda escritural. Em fins de 1977, o total de moeda legal em circulação era de 57.094 milhões de cruzeiros, ao passo que a moeda escritural – isto é, a soma de todos os depósitos bancários – alcançava 237.650 milhões. O volume dos depósitos bancários depende da moeda legal depositada em bancos, que é multiplicada pelos reempréstimos feitos pelos bancos. Quando alguém deposita 1.000 cruzeiros, esse valor é emprestado a juros a outra pessoa ou empresa. O banco não pode emprestar a totalidade do depósito porque precisa manter uma reserva de moeda legal (notas de cruzeiros) para pagar eventuais saques dos depositantes. Suponhamos que para essa reserva, chamada encaixe, o banco destina 10% de cada depósito. Ele pode, portanto, emprestar 900 cruzeiros do depósito inicial de 1.000 cruzeiros. Esses 900 cruzeiros são transferidos ao devedor mediante um depósito aberto em nome dele. Se o devedor utiliza o empréstimo para fazer pagamentos, os que os recebem farão, muito provavelmente, *novos* depósitos no valor de 900 cruzeiros, dos quais 90% podem ser reemprestados pelo banco respectivo. Não importa que os novos depósitos sejam feitos em outros bancos. Para o *conjunto* do sistema bancário, 1.000 cruzeiros que entram vão gerar uma corrente de empréstimos, cada um 10% menor que o anterior, se esta for a margem de encaixe. No fim, o volume de depósitos terá aumentado, não apenas de 1.000 cruzeiros, mas de uma soma igual a: 1.000 + 900 + 810 + 729 + 656,1 + 590,5... que deverá ser aproximadamente igual a 10 mil cruzeiros.

A criação da moeda escritural se dá, portanto, do seguinte modo: o governo emite moeda legal e a usa fazendo pagamentos (por exemplo, de ordenados de funcionários ou a fornecedores etc.). Essa moeda legal será, em grande medida, depositada em bancos, os quais vão multiplicar esse valor pelo mecanismo descrito, criando um volume total de depósitos bem maior. Entre janeiro e outubro de 1977, a moeda legal emitida foi de 10.000 milhões de cruzeiros aos quais correspondeu um aumento do volume de moeda escritural de 63.198 milhões de cruzeiros.[2] Vê-se por aí que, para cada cruzeiro emitido pelas autoridades monetárias, os bancos criaram 6,32 cruzeiros de moeda escritural.

---

2 Dados de *Conjuntura Econômica*, dez. 1977.

Embora a criação da moeda legal seja responsabilidade dos bancos, o governo tem algum controle sobre ela porque fixa o tamanho mínimo do encaixe, que os bancos são obrigados a manter sob a forma de depósitos no Banco Central. Quanto maior a proporção dos depósitos que os bancos comerciais têm que manter no Banco Central, tanto menor será o multiplicador da moeda legal em moeda escritural. De modo que a política monetária do governo consiste num controle direto sobre o volume de meios de pagamento (a emissão de cruzeiros) e um controle indireto, mediante a fixação da porcentagem dos depósitos obrigatórios no Banco Central.

É claro que o volume de meios de pagamento é a causa *imediata* de qualquer inflação. Quando aquele volume cresce muito mais do que a produção, a capacidade de fazer compras do governo, das empresas e dos particulares aumenta mais do que a quantidade de mercadorias que se encontram à venda. Desse desequilíbrio entre a chamada "demanda monetária" e a oferta decorre o aumento generalizado de preços. Isto não pretende ser uma explicação completa da inflação, mas apenas introduzi-la. Sem que haja um aumento forte do volume de meios de pagamento num país, não pode haver inflação. Resta saber por que tais aumentos se verificam o tempo todo e por que o governo, que deveria poder impedi-los, não o faz embora sempre declare ser contra a inflação.

IV
A demanda por moeda para transações

Vimos que a expansão dos meios de pagamento é obra conjunta do governo, que emite e lança na circulação "moeda legal" (notas de cruzeiros) e dos bancos, que criam "moeda escritural" (depósitos bancários). O governo tem meios de regular diretamente a criação de moeda legal e indiretamente a de moeda escritural, ao impor aos bancos um limite – a margem de depósitos obrigatórios no Banco Central – à expansão dos depósitos. Desse modo, se o volume total de meios de pagamento cresce, em determinado ano, muito mais do que a produção e, em consequência, todos os preços sobem, a responsabilidade primeira pela inflação é do governo ou, se quiserem, das chamadas "autoridades monetárias". E é, na verdade, o que os economistas da corrente "monetarista" (como o sr. Milton Friedman, nos Estados Unidos, ou o sr. Roberto Campos, no Brasil) não se cansam de dizer: se o governo deseja reduzir a inflação basta que ele retenha a expansão do volume de meios de pagamento.

O que esses economistas não explicam, no entanto, é *por que* os governos não conseguem aplicar uma receita tão simples. É difícil aceitar que isso se deva meramente à incompetência ou à bagunça administrativa, já que, hoje em dia, a inflação perturba a vida econômica da grande maioria das nações capitalistas, inclusive das mais adiantadas, como os Estados Unidos, a Grã-Bretanha e o Japão. O que ocorre, de fato, é que as autoridades monetárias se encontram sob a pressão das empresas, dos órgãos do governo e dos particulares (famílias), que precisam de dinheiro para realizar compras. A soma dessas necessidades é denominada "demanda por meios de pagamento". Quando as autoridades monetárias não atendem as pressões por mais crédito, as consequências para a economia são muito sérias, como veremos a seguir.

A demanda por meios de pagamento se compõe de três partes: a) moeda para transações; b) moeda para contingências; e c) moeda para especulação. Vejamos cada uma delas.

Transações

Esta é a maior parte da demanda por meios de pagamento. Todas as mercadorias produzidas no país – casas, automóveis, feijão, roupas, viagens de ônibus, jogos de futebol profissional, ligações telefônicas etc. – são compradas e vendidas, algumas delas mais de uma vez. O feijão, por exemplo, é produzido pelo agricultor e vendido ao atacadista, que o transporta, armazena, reembala (em saquinhos de plástico) e vende ao varejista, que por sua vez o vende ao consumidor. Cada vez que o feijão muda de dono, isto é, cada vez que ele é *transacionado*, há necessidade de se fazer um pagamento: o comprador precisa dispor de uma certa quantidade de cruzeiros, em notas ou depósitos num banco, para pagar o vendedor. Em 1976, a safra brasileira de feijão foi de 1.842.262 toneladas. Suponhamos que o atacadista pagou 5 cruzeiros, o varejista 10 cruzeiros e o consumidor 20 cruzeiros por quilo de feijão. Nesse caso, o valor total dos pagamentos teria sido o seguinte:

dos atacadistas aos agricultores:	Cr$ 9.211.310.000,00
dos varejistas aos atacadistas:	Cr$ 18.422.620.000,00
dos consumidores aos varejistas:	Cr$ 36.845.240.000,00
soma	Cr$ 64.479.170.000,00

Esse exemplo, muito simplificado, mostra como um único produto determina a necessidade de um valor bastante avultado de pagamentos. O mesmo acontece com todas as demais mercadorias.

Não é verdade, porém, que a produção e comercialização de feijão necessitaram, em 1976, de uma soma de 64,5 bilhões de cruzeiros para que todos os pagamentos fossem efetuados. O mesmo cruzeiro pode servir para que o atacadista pague ao agricultor e o varejista pague ao atacadista. Para que isso aconteça, basta que o agricultor gaste parte do dinheiro que recebeu pelo feijão no supermercado ou na mercearia, comprando outras mercadorias. Nesse caso, certa soma de cruzeiros, que o atacadista pagou ao agricultor, passa às mãos do varejista, que pode utilizá-la para, por sua vez, pagar o atacadista. Assim, a mesma moeda (escritural ou legal) serve para liquidar várias transações sucessivamente. Imaginemos que os 9,2 bilhões pagos aos agricultores sejam utilizados para fazer compras dos varejistas, que os usam para, por sua vez, pagar os atacadistas e que os 18,4 bilhões que estes recebem sejam pagos aos consumidores (por meio de pagamentos de salários), sendo que estes usam esses cruzeiros para comprar o feijão dos varejistas. Teríamos, então, a seguinte demanda por meios de pagamento:

dos atacadistas para pagar os agricultores:	Cr$ 9.211.310.000,00
dos varejistas para pagar os atacadistas:	Cr$ 9.211.310.000,00
dos consumidores para pagar os varejistas:	Cr$ 18.422.620.000,00
soma	Cr$ 36.844.240.000,00

Os varejistas só precisam da metade dos cruzeiros para fazer seus pagamentos, pois a outra metade já a receberam como pagamentos dos agricultores. E o mesmo se dá com os consumidores, que receberam a metade do que vão pagar pelo feijão, como salários, dos atacadistas. Desse modo, pagamentos no valor de 64,5 bilhões, num ano, poderiam ser efetuados com o uso de apenas 36,8 bilhões. Em média, cada cruzeiro teria sido utilizado para fazer pagamentos, durante o ano (1976), no valor de 1,75 cruzeiro. Esse valor para toda a economia do país seria a relação entre a soma de todos os pagamentos feitos durante um ano e o volume de meios de pagamentos à disposição dos que efetuaram pagamentos (empresas, governo, famílias) e é chamado *velocidade média de circulação da moeda*. Ela exprime o fato de que os pagamentos são feitos sucessivamente, o que permite a utilização da mesma moeda (nota ou depósito bancário) em vários deles.

Poder-se-ia supor que, quando os meios de pagamentos se tornam escassos, a velocidade média de circulação aumenta, de modo que um volume igual de cruzeiros serve para realizar uma soma maior de pagamentos, mas isto não é verdade. Não se sabe muito bem do que depende a velocidade de circulação, mas é improvável que ela se altere a ponto de anular a política monetária, de restrição ou de expansão, que esteja sendo praticada.

O que interessa aqui é que a demanda por meios de pagamentos para transações depende dos seguintes fatores: a) da quantidade de mercadorias; b) da quantidade de vezes que elas passam de mão em mão; c) dos preços de cada mercadoria; e d) da velocidade de circulação. Se chamarmos a demanda para transações de T, a quantidade de mercadorias de Q, o número de vezes *médio* em que cada mercadoria é transacionada de N, os seus preços de P e a velocidade de circulação de V, a fórmula pela qual se determina a demanda de moeda para transações seria:

$$T = \frac{Q \times N \times P}{V}$$

No exemplo do feijão, Q = 1.842.262 toneladas, N = 3, P = 11,66 (média de 5, 10 e 20 cruzeiros) e V = 1,75. Multiplicando 1.842.262 por 3 e por 11,66 e dividindo o produto por 1,75, obtém-se um resultado igual aos 36.844.240.000 cruzeiros, já calculados acima.

Fica claro, desde já, que um elemento muito importante na determinação da demanda por meios de pagamentos é o próprio preço das mercadorias. Quando este sobe, a necessidade de cruzeiros para transacioná-las não pode deixar de aumentar. Dessa maneira, quando há inflação, a pressão sobre o governo para que ele aumente o volume de meios de pagamentos é naturalmente muito grande. No próximo capítulo, examinaremos as outras partes da demanda por meios de pagamento: de moeda para contingências e de moeda para especulação.

V
A demanda por moeda para contingências e para especulação

No capítulo anterior foi visto que a demanda por meios de pagamento pode ser dividida em três partes: a) moeda para transações; b) moeda para contingências; e c) moeda para especulação. Vimos, ainda, que a demanda por moeda para transações é o produto do volume de mercadorias compradas e vendidas vezes os seus preços vezes o número de vezes em que, em média, cada mercadoria é transacionada, dividido pela "velocidade média de circulação da moeda". Vamos, agora, examinar as outras duas partes da demanda por meios de pagamento.

Contingências

A procura por moeda para contingências é resultado do fato de que todos – famílias, empresas e órgãos governamentais – estão sujeitos a contingências imprevisíveis que acarretam gastos. Assim, membros das famílias podem adoecer ou sofrer acidentes, firmas podem ser obrigadas a fazer reparações urgentes e órgãos de governo podem vir a necessitar de bens ou serviços em caráter de emergência. Em qualquer um desses casos, pode tornar-se necessário fazer pagamentos à vista, sem que haja tempo de liquidar alguma aplicação financeira. Por isso, tanto famílias como empresas e órgãos governamentais mantêm reservas de dinheiro ou depósitos à vista, que só são jogados na circulação quando uma emergência dessas ocorre. A soma de todos esses "tesouros", que se encontram em casas de família, empresas e órgãos do Estado, constitui a procura por moeda para contingências.

Convém notar que essa soma deve crescer tanto com a multiplicação de domicílios, firmas etc., como com a elevação dos preços, pois ela depende do *valor* dos pagamentos de emergência que se deseja garantir. Assim, por exemplo, uma família trata de ter sempre à mão dinheiro para pagar uma consulta médica e uma corrida de táxi. Se esses serviços passarem a custar mais, a quantidade de cruzeiros para pagá-los, em caso de necessidade, tem que aumentar na mesma proporção. Fica claro, portanto, que, havendo inflação, a demanda por moeda para contingências deve crescer mais ou menos na mesma medida que aumentam os preços. A não ser, é claro, que a inflação desvalorize os salários das famílias mais pobres a tal ponto que elas tenham que abrir mão de qualquer reserva de dinheiro, tornando-se dessa maneira incapazes de enfrentar uma desgraça, se ela vier a acontecer.

Especulação

Das três partes da demanda por meios de pagamento, a mais interessante é a terceira, a procura por moeda para especulação. Como vimos, as duas primeiras – para transações e para contingências – crescem mais ou menos junto com a inflação. Mas a demanda por moeda para especulação cresce *antecipando* a inflação. O fato que está por detrás dessa demanda é que, num sistema econômico como o nosso, o dinheiro tende quase sempre a ser desvalorizado, mas numa proporção que ninguém sabe de antemão qual será. Isso faz que os que têm algum dinheiro sobrando especulem com ele. Assim, por exemplo, muita gente e firmas colocam dinheiro no chamado *open market*, que é um sistema de empréstimos a prazos muito curtos (no tipo *overnight*, o prazo é de um dia), garantidos por títulos do governo. O dinheiro no *open market* é praticamente o mesmo que dinheiro vivo e constitui uma reserva para especulação. Embora pareça o contrário, o dinheiro no *open market* rende juros baixos. A sua grande vantagem é que, se surgir uma oportunidade de aplicar a uma taxa de juros considerada favorável, o dinheiro pode ser prontamente retirado dele e utilizado nessa aplicação mais rendosa. Há sempre famílias (naturalmente só as ricas), empresas de toda espécie (indústrias, bancos, redes de lojas etc.) e até órgãos governamentais que mantêm dinheiro no *open market* ou em depósitos bancários à vista ou até mesmo embaixo do colchão, esperando que o câmbio baixe para comprar moeda estrangeira, ou que as ações baixem para aplicar na bolsa de valores ou que a regulamentação das cadernetas de poupança seja alterada para depositar nelas. Todo esse dinheiro "entesourado" sob uma forma ou outra constitui a demanda por moeda para especulação.

A procura por moeda para especulação aumenta quando os especuladores têm razões para acreditar que a inflação vai se acelerar. Digamos que a inflação está, como agora, em cerca de 70% ao ano. Isto faz que a taxa de juros para empréstimos, seja em depósitos a prazo fixo, letras de câmbio, cadernetas de poupança etc., deve estar um pouco acima daquela porcentagem, digamos 75% ou 80%. O dinheiro assim aplicado servirá para ser emprestado a pessoas ou firmas que o utilizarão para fazer pagamentos de *transações*. Mas, se os possuidores de reservas de moeda acreditarem que a inflação vai subir de 70% para, digamos, 80%, de modo que a taxa de juros provavelmente também vai aumentar de 70% ou 80% para, digamos, 85% ou 90%, o que eles vão fazer é retirar o dinheiro das aplicações à taxa de juros atual, mantendo-o no *open market* ou em depósitos bancários à vista, à espera de que a taxa de juros aumente de fato. Dessa maneira, cresce a demanda por moeda para especulação e diminui o dinheiro disponível para transações.

Fica claro, portanto, o que significa *demanda por meios de pagamento*: é a utilização da moeda legal, emitida pelo governo, e da moeda escritural, criada por meio do sistema bancário, por parte dos consumidores (as famílias), das empresas e dos órgãos do governo. Resumindo, pode-se dizer que essa utilização pode ser para: a) pagar compras de bens ou serviços; b) formar reservas para contingências; e c) especular com a taxa de juros.[1]

Quando o governo emite moeda legal (imprime e lança na circulação notas de cruzeiros) e controla a criação de moeda escritural (depósitos bancários), ele está atendendo as pressões dessa demanda, a qual, como vimos, cresce com a inflação e tende a antecipá-la. Se os preços crescem, digamos, numa média de 3% ao mês, a demanda por moeda para transações e para contingências também cresce 3% ao mês. Se, além disso, a produção de mercadorias aumenta 0,5% ao mês (isto é, 6% ao ano), a demanda por moeda para transações cresce mais 0,5% ao mês. Se a política monetária for a de atender essa demanda, ou seja, de fazer que o volume de meios de pagamento aumente 3,5% ao mês, é provável que a inflação se mantenha no mesmo nível. Nesse caso, os especuladores não terão motivos para esperar que a taxa de juros vá subir, de modo que a demanda por moeda para especulação não aumentará.

Mas a política monetária não basta para impedir que a inflação cresça. Para que isso se dê, é preciso que os preços não disparem para cima por outros motivos, que *não têm nada* que ver com a política monetária. São as chamadas *causas autônomas* ou *reais* da inflação que serão examinadas no próximo capítulo.

---

1 Uma outra maneira de entender a demanda por moeda para especulação é identificá-la com a utilização de meios de pagamentos para liquidar *transações financeiras*: operações de *open market*, compra e venda de ações, títulos da dívida pública, letras de câmbio etc. Assim como parte dos meios de pagamento é utilizada para transacionar *mercadorias*, outra parte serve para transacionar *empréstimos*. Quem vende um título da dívida pública (ORTN, por exemplo) ou uma letra de câmbio, está "preferindo liquidez", ou seja, quer manter o valor em questão sob a forma *de moeda*, possivelmente para, mais tarde, aplicá-lo a uma taxa de juros mais alta. Nisto consiste a especulação. [Obrigação Reajustável do Tesouro Nacional era um título público federal emitido entre os anos de 1964 e 1986. Nota dos organizadores]

VI
As causas "reais" da inflação

Pelo que foi visto até agora, os preços sobem à medida que o montante de meios de pagamento aumenta e esse montante é produzido pelo Estado em conjunto com a rede bancária em resposta a uma demanda por moeda legal e escritural; essa demanda, por sua vez, se compõe de três partes: duas (a demanda por moeda para transações e para contingências) cresce com os próprios preços e a terceira (a demanda por moeda para especulação) cresce antecipando a inflação futura. Dessa maneira, se o governo puser em prática uma política monetária que atenda a demanda por moeda, a inflação tende a se perpetuar. É óbvio, portanto, que tentar explicar a inflação *apenas* mediante a multiplicação dos meios de pagamento leva a um círculo vicioso: a inflação é produto do ritmo de crescimento desses meios de pagamento, o qual, por sua vez, é determinado pela inflação. O mecanismo monetário não passa de uma correia de transmissão das chamadas "pressões inflacionárias", as quais têm sua origem em outras áreas da economia, e que cabe examinar agora, para que se possa entender como a inflação é gerada e por que, em certas situações, ela tende a se acelerar.

Há, na verdade, uma grande quantidade de pressões inflacionárias de diferentes tipos. Para facilitar a exposição, vamos classificá-las em duas espécies: "conjunturais" e "políticas". Inicialmente serão estudadas as pressões conjunturais.

Uma economia capitalista, como é a nossa, depende, para o seu funcionamento, das flutuações de preços, que devem indicar aos que dirigem as empresas que mercadorias estão mais em falta. Como não há um planejamento *geral* de atividade econômica, cada empresário só pode saber se a quantidade de mercadorias que ele produz é a "certa", isto é, se ela corresponde às necessidades e desejos dos consumidores, por meio do preço pelo qual ele consegue vendê-las. Se esse preço baixar, a quantidade que ele e seus colegas estão produzindo é exagerada, os lucros diminuem e alguns deles vão substituir esse produto por algum outro que dê lucros maiores. Se o preço aumentar, a quantidade que está sendo levada ao mercado é insuficiente, os preços em elevação tornam essa produção mais lucrativa, estimulando os empresários a aumentá-la e talvez atraindo outros empresários para esse mercado.

Imaginemos, por exemplo, que em determinado ano o preço da soja suba 50% e o feijão caia 30%. É claro que muitos agricultores vão, no ano seguinte, semear mais soja e menos feijão. Como a produção total de soja e de feijão não é planejada e cada agricultor age de modo inteiramente independente dos outros – é a *livre* iniciativa –, é quase certo que, na safra do ano seguinte, haverá excesso de soja, cujo preço cairá, e escassez de feijão, cujo preço vai subir que nem rojão. Como se vê, num sistema como esse, os preços *têm* que oscilar, servindo como orientação aos empresários e pequenos produtores, o que não impede que as quantidades produzidas se afastem, às vezes até bastante, das quantidades demandadas pelos consumidores.

No exemplo de produtos como soja e feijão, a resposta da produção aos preços é dada com retardo de um ano, o tempo que leva para que uma nova safra amadureça. Se a escassez de um produto agrícola, como esses, for muito grande, como está acontecendo agora [1979] com a cebola, cujo preço subiu algo como 600% (seis vezes), a única providência que pode ser tomada é importar o produto de outros países. No caso de produtos industriais, uma elevação relativamente pequena dos preços pode suscitar um aumento quase imediato da produção desde que as fábricas do setor tenham capacidade ociosa, ou seja, desde que elas *possam* expandir sua produção fazendo os operários trabalhar horas extras ou empregando novos trabalhadores que, digamos, utilizarão as máquinas à noite. Dessa maneira, a produção de mercadorias como roupas ou aparelhos domésticos, por exemplo, poderia ser prontamente aumentada, desde que uma pequena elevação dos seus preços indicasse que a demanda estava subindo.

Mas há mercadorias cuja oferta dificilmente pode ser aumentada em pouco tempo. Produtos de culturas permanentes, como o café ou a laranja, só podem ter sua quantidade acrescida mediante a expansão das plantações ou pomares, o que sempre leva vários anos. Assim, as geadas que destruíram parte de nossos cafezais, em 1975, ocasionaram uma queda da produção de café que já dura anos e só vai ser superada quando os novos cafezais, plantados posteriormente, entrarem em plena produção. Também produtos industriais têm oferta chamada "inelástica" quando as fábricas ou usinas estão operando à plena capacidade, ou seja, estão funcionando 24 horas por dia, com dois ou três turnos de operários, de modo que a produção só pode ser ampliada com a expansão dessas fábricas ou a construção de novas. Em muitos casos, o tempo que leva para aumentar a produção é de vários anos. É o que ocorreu com o aço, por exemplo. Percebeu-se, em 1971, que a produção nacional era menor que a procura. Formulou-se então um plano para se atingir a autossuficiência nesse setor, mediante a ampliação das usinas existentes e a construção de novas, mas até agora, sete anos depois, ainda dependemos de aço importado. Os setores em que a produção só pode ser aumentada a longo prazo, por meio da ampliação da capacidade de produção, constituem por isso "pontos de estrangulamento".

Cada ponto de estrangulamento gera uma pressão inflacionária porque o preço apresenta a tendência a aumentar durante um período mais ou menos longo, sem que a produção aumente em resposta. Como já foi visto, cada preço representa também, na maioria dos casos, um *custo* da produção de outras mercadorias. Quando o preço do aço sobe, devido a uma situação de escassez que não pode ser remediada a curto prazo, os custos das mercadorias produzidas com aço – máquinas, automóveis, tratores, trilhos, arame, casas – se elevam, o que por sua vez causa um aumento de seus preços. Portanto, à medida que os pontos de estrangulamento se multiplicam e se agravam, as pressões inflacionárias também se multiplicam e agravam, acelerando a subida de *todos* os preços, isto é, da inflação.

É verdade que muitos pontos de estrangulamento podem ser aliviados mediante a importação das mercadorias faltantes. Desse modo, temos importado, nos últimos anos,[1] quantidades cada vez maiores de petróleo, aço, equipamento industrial, fertilizantes, trigo etc. Mas essas importações têm que ser pagas com exportações. Quando o país importa mais do que exporta, como o Brasil tem feito nos últimos anos, ele se endivida. Precisa, então, pagar os juros da dívida, o principal e ainda as importações tornadas indispensáveis pelos pontos de estrangulamento. Quando o país não consegue expandir as exportações em ritmo suficiente para pagar suas importações e o serviço da dívida externa (juros e amortizações), a própria balança de pagamentos se torna um ponto de estrangulamento. É o que acontece no Brasil. O único jeito, então, é limitar o crescimento das importações, o que se faz tornando-as mais *caras*. Uma forma de lograr isso, utilizada no Brasil, foi obrigar os importadores a fazer um empréstimo sem juros ao governo – o chamado "depósito compulsório" – no mesmo valor das compras no exterior. Outra forma é aumentar o tributo sobre as importações (a tarifa aduaneira). Seja como for, se as importações ficam mais caras, isto *acelera* a elevação geral de preços, pois os produtos importados são, em grande parte, matérias-primas cujo custo entra nos preços de numerosos produtos. Quando os bens importados servem diretamente ao consumo (como o trigo, por exemplo) a subida de seus preços faz que aumente o custo de vida.

---

[1] Final dos anos 1970. (Nota dos organizadores)

VII

Causas econômicas, sociais e políticas da inflação

Como vimos, pressões inflacionárias resultam dos pontos de estrangulamento da economia, ou seja, dos setores que não podem aumentar sua produção a curto prazo. Aliás, pensando numa economia tão ampla e diversificada como é a brasileira hoje, fica claro que o crescimento da produção nunca poderia ocorrer no mesmo ritmo em todos os setores, ou melhor, num ritmo tal que os desejos dos consumidores fossem prontamente atendidos. Para que isso fosse possível, seria necessário um cuidadoso planejamento a longo prazo, em que, por exemplo, a construção de obras públicas e de residências seria ajustada à oferta de cimento e de aço, a fabricação de automóveis, à abertura de vias públicas e de áreas de estacionamento, o cultivo de arroz e de feijão à disponibilidade de adubos e de inseticidas e assim por diante. É óbvio que esse tipo de planejamento não pode ser feito numa economia capitalista, na qual as prerrogativas da "iniciativa privada", ou seja, de cada empresa privada, estão acima do interesse coletivo.

É curioso notar que, mesmo no Brasil, o planejamento é feito cada vez mais, mas *dentro* das empresas. Qualquer pessoa que trabalha numa firma grande, em que várias seções contribuem para a produção de determinado artigo, sabe que a carga de trabalho de cada seção é determinada com precisão, de modo que a nenhuma delas faltem componentes ou materiais provenientes das outras. Mas esse ajustamento nas relações *entre* as empresas é deixado ao mercado, que só pode denunciar os desequilíbrios por meio da alta dos preços das mercadorias em falta. Os defensores da economia de mercado, isto é, do capitalismo, afirmam que essa alta dos preços é útil porque ela suscita inversões que no futuro irão eliminar a escassez. O que eles esquecem é que, enquanto isto não se dá, o aumento de preços se difunde pela economia e gera uma inflação que acaba *ocultando* os verdadeiros pontos de estrangulamento. Quando todos os preços crescem a uma taxa de 60%-75% ao ano, como tem acontecido[1] entre nós, as altas indicadoras de escassez específica são percebidas como meros sintomas de uma inflação generalizada.

Mas a inflação não ocorre sempre nas economias capitalistas. Ela só aparece quando há crescimento. Uma economia estagnada em geral tem poucos pontos de estrangulamento porque a demanda pelas mercadorias permanece a mesma, não exigindo súbitos ou rápidos aumentos de produção. Quando, porém, a economia cresce e a um ritmo cada vez mais rápido, como é normal, pois o crescimento gera lucros maiores e estes são acumulados, acelerando o crescimento, então os pontos de estrangulamento se multiplicam, contribuindo para uma inflação cada vez mais rápida também. É por isso que no capítulo anterior dissemos que as pressões inflacionárias que resultam dos pontos de estrangulamento são "conjunturais": é que elas só aparecem na fase de alta da conjuntura, ou seja, quando a economia está se expandindo de modo desordenado e acelerado. Na fase de baixa da conjuntura, quando a economia estagna, a inflação tende em geral a diminuir porque a demanda em queda deixa de estrangular os pontos fracos da economia. No Brasil, no ciclo mais recente, a fase de alta durou de 1968 a 1974 e desde então nos encontramos na de baixa.

Outra causa "real" da inflação é a própria política econômica posta em prática pelo Estado. Num país como o Brasil, uma grande

---

[1] Final dos anos 1970. (Nota dos organizadores)

parte da economia está sob responsabilidade governamental, desde os serviços sociais (previdência social, saúde, educação), a pesquisa tecnológica e os serviços de infraestrutura (transporte, saneamento, comunicações) até a exploração do petróleo, a mineração do ferro, a siderurgia, a petroquímica etc. O governo tem interesse em angariar popularidade, expandindo os seus serviços. Mas, para isso, precisa de recursos cada vez maiores, que são obtidos mediante o fisco. Ora, aumentar os impostos não é nada popular. Um meio politicamente mais fácil é "criar" os recursos faltantes emitindo moeda legal ou abrindo créditos aos órgãos do governo, ou seja, multiplicando a moeda escritural. Aparentemente, o Estado consegue assim apresentar mais serviço sem cobrar nada de ninguém.

Quando o governo usa o dinheiro assim criado para fazer pagamentos (de salários, de empreiteiros de obras, de fornecedores), surge uma demanda por parte das empresas e dos consumidores que não corresponde a qualquer aumento da produção. Como a produção não pode aumentar de chofre, por causa dos pontos de estrangulamento, a pressão dessa demanda acrescida só pode ser inflacionária. Nossa inflação do período 1956-1964 foi desse tipo. Pressões inflacionárias "políticas" são muito comuns em épocas de guerra (externa ou intestina): o Estado necessita de armas e munições, além de combustíveis, veículos, provisões. Dada a urgência dessa necessidade, o governo não vai esperar um aumento da renda tributária para fazer suas encomendas. O recurso à emissão é inevitável, assim como a inflação resultante.

Situações de guerra mostram bem como a inflação é um traço inevitável do capitalismo. Havendo guerra, o Estado se sente autorizado a planejar globalmente a atividade econômica, sujeitando as empresas a esquemas de racionamento, quotas de produção e controle de preços. Isto não evita totalmente a inflação, mas a limita bastante. O impacto da guerra desequilibra fortemente a economia ao transferir trabalhadores e recursos da produção civil para a produção bélica. Não fosse o planejamento, as pressões inflacionárias seriam enormes. Mas a inflação de tempo de guerra tem sido, nos países industrializados, bastante moderada.

A explicação é que o estado de guerra cria uma situação política excepcional, na qual os interesses dos capitalistas são subordinados a um fim maior. Mas, tão logo retorna a paz, esses interesses voltam a ganhar prioridade, o planejamento é abandonado e a economia é novamente sujeita aos mecanismos de mercado. E, junto com a "normalidade", estoura a inflação.

Outra causa "real" da inflação está ligada à luta de classes e ao grau de monopólio imperante na economia. Quando a economia se encontra em crescimento, o desemprego diminui, o que permite aos sindicatos operários obter aumentos de salário *real*, isto é, acima da inflação. As empresas pequenas e médias, que atuam em mercados concorrenciais, nem sempre têm condições para repassar aos preços dos produtos que vendem a elevação total dos seus custos com salários. Mas as grandes firmas monopolistas, que são muito menos pressionadas pela concorrência, podem fazê-lo e o fazem, alimentando dessa maneira a chamada "espiral preços-salários".

Se se quiser entender uma inflação em determinado país e em determinado momento – por exemplo no Brasil, agora – é preciso examinar as pressões inflacionárias que estão atuando, que podem ser "conjunturais" ou "politicas" ou dos dois tipos simultaneamente. De forma geral, elas exprimem a contradição entre o esforço para se atingir determinados objetivos econômicos ou políticos e os obstáculos a vencer que, numa economia capitalista, não podem ser removidos de modo sistemático e deliberado.

VIII

Diagnóstico da inflação no Brasil

Estamos em condições agora de examinar as raízes da inflação que assola o Brasil atualmente. Nossos preços estão aumentando em média 60%-70% ao ano. Este é o ritmo da inflação no último ano (1979) e ele não dá mostras de diminuir. É uma inflação elevada, mesmo diante de nossa já longa experiência inflacionária, que impõe pesados sacrifícios aos assalariados, os quais, por lei, só têm direito a um reajustamento semestral dos seus salários.

A causa básica de nossa inflação é uma estrutura de produção extremamente distorcida, que resultou sobretudo de um período de crescimento acelerado e anárquico, que foi chamado de "Milagre Brasileiro". Nesse período (1968-1973), expandiu-se de modo acentuado a produção de automóveis e outros bens duráveis de consumo – geladeiras, aparelhos de TV, de ar-condicionado e muitos outros – sem que se tenha ampliado, na proporção correspondente, a produção de aço, alumínio, cobre, materiais plásticos, nem de máquinas e motores. Os milhões de automóveis lançados às ruas de nossas cidades não têm espaço nem para trafegar nem para estacionar. Com isso, o trânsito emperrou, tornando mais longas e fatigantes as viagens dos coletivos, nos quais os trabalhadores, cujos salários não lhes permitem comprar um carro, têm que ir e voltar do emprego. Para remediar essa situação, numerosas obras públicas têm que ser realizadas – alargamento de ruas, construção de viadutos, elevados, garagens, áreas de estacionamento – e que naturalmente absorvem elevados recursos.

Ao mesmo tempo, a expansão industrial atraiu grandes massas de trabalhadores às metrópoles, vindos de cidades menores e do campo. Para alojá-los surgiram vilas, favelas, cortiços e cidades-dormitórios na periferia das metrópoles, que não dispõem de condução, telefone, iluminação pública, sem falar de escolas, postos de assistência médica, policiamento etc. Os governos estaduais e municipais se veem pressionados para atender essas necessidades básicas, mas sem contar com os recursos correspondentes. O aumento da mortalidade infantil em nossos centros mais adiantados, consequência da subnutrição e da falta de saneamento básico, é bem um testemunho dos desequilíbrios criados. No mesmo sentido, pode-se lembrar do drama dos transportes ferroviários dos subúrbios, que não dão vazão à massa crescente de trabalhadores condenada a usá-los. Ou o crescimento da criminalidade, que se explica pelas condições desumanas de vida da população pobre das cidades, pela dissolução da família operária, na qual todos os adultos têm que trabalhar e não sobra ninguém para cuidar das crianças, e ainda pela falta de recursos materiais e humanos dos serviços educacionais, de assistência social e de policiamento que, em vez de prevenir e reprimir a criminalidade, na verdade só podem reproduzi-la em escala cada vez maior.

Ter-se-ia que mencionar ainda a agricultura, que se defronta com uma demanda crescente pelos seus produtos, tanto para exportação – é afinal com nossa soja, milho, café que pagamos as importações de matérias-primas e equipamentos industriais – como para alimentar uma população urbana em rápida expansão. Nessa situação, a agricultura se expandiu por novas áreas, no Centro-Oeste e no Norte, o que requer a construção de rodovias, armazéns, portos, além de novas cidades em que se alojam os trabalhadores agrícolas (muitos dos quais "boias-frias") e se estoca e comercializa a produção. Nas áreas mais antigas e próximas dos grandes centros urbanos, a carência de braços levou a uma modernização tumultuada da produção agrícola, com grande aumento da utilização de tratores, colheitadeiras, debulhadoras, adubos químicos, herbicidas, inseticidas, sem que a produção de tudo isso pudesse se ampliar no ritmo necessário.

E para terminar este resumo, sem dúvida incompleto, é preciso lembrar que tanto os automóveis como os tratores são movidos por derivados de petróleo, cujo consumo cresceu acentuadamente sem que a produção de petróleo pudesse ser aumentada, pelo esgotamento das jazidas em exploração e a demora (inevitável) da entrada em produção de novas.

O "Milagre Brasileiro" significou, portanto, uma vasta multiplicação de pontos de estrangulamento que não poderiam deixar de provocar a inflação que está aí e que não poderá ser debelada por artifícios monetários nem pela continuação do arrocho salarial. Esta é uma contradição inescapável que acompanha o crescimento de qualquer economia moderna, na qual não há uma coordenação central das decisões que comandam sua marcha.

O mal, evidentemente, não está no crescimento em si, mas no modo anárquico com que é realizado. O planejamento governamental não tem qualquer possibilidade de remediá-lo. Esse planejamento se limita ao setor público da economia e mesmo neste a sua efetividade é precária. É impossível planejar com eficiência um pedaço de uma economia que, no seu todo, é comandada por impulsos imprevisíveis vindos tanto do exterior como do interior dela. Como planejar, por exemplo, os serviços de infraestrutura nos próximos dez anos (prazo mínimo de realização das obras), se em tal período a economia poderá crescer 30%, 50% ou 100%? E como dimensionar os recursos necessários, se o nível de preços no futuro é imprevisível? A inflação, no fundo, decorre da anarquia da produção que é inevitável consequência da liberdade de iniciativa, traço essencial do capitalismo.

Estamos pagando, com inflação, a euforia do "Milagre". Enquanto a economia estava crescendo a taxas de 10% ao ano, a inflação foi relativamente moderada, oscilando entre 20% e 25%. Mas isto se deveu à folga que havia sido acumulada nos vários setores de produção no período anterior de crises e recessões, que se estendeu de 1962 a 1967. O crescimento frenético do período seguinte se deu sem grandes obstáculos enquanto essa folga estava sendo aproveitada. Quando ela começou a se esgotar, por volta de 1973, a inflação voltou a aumentar, como reflexo do estrangulamento cada vez maior da economia, e se ela não subiu ainda mais foi porque o ritmo de crescimento foi reduzido à metade. O capitalismo não pode deixar de oscilar entre esses dois extremos: crescimento acelerado gerador de desequilíbrios e estagnação. A aceleração da inflação marca a passagem do crescimento cada vez mais tolhido para a recessão.

A atual inflação brasileira [1979] é resultante de causas internas, mas que são agravadas por fatores externos, causadores de uma crescente *inflação mundial*, consequência da chamada "crise do petróleo". Há muitos anos já que o consumo de petróleo em todo o mundo está aumentando mais rapidamente do que suas reservas, que previsivelmente deverão se esgotar em algumas décadas. Esse fato permitiu que os países exportadores de petróleo, organizados como cartel na Opep, pudessem não só elevar fortemente os preços do combustível como estabilizar e até reduzir a produção, tendo em vista preservar as suas reservas.

Para o Brasil, a escassez e o encarecimento do petróleo representaram um imenso ponto de estrangulamento, dada a grande dependência do país de derivados de petróleo como fonte de energia, sobretudo para o transporte. A incapacidade do conjunto dos países capitalistas de resolver essa crise, que já dura desde 1973, mediante a contenção planejada do consumo de petróleo e sua paulatina substituição por outras fontes de energia, mostra claramente como o planejamento econômico nesses países é precário. No Brasil, as delongas do chamado Plano Nacional do Álcool,[1] destinado a substituir parte da gasolina, e o semifracasso do programa de energia nuclear[2] mostram a mesma coisa.

---

1 O Proálcool (Programa Nacional do Álcool) foi criado em 1975 pelo governo brasileiro para intensificar a produção de álcool combustível (etanol) como resposta à crise mundial do petróleo, durante a década de 1970, que elevou o preço do produto com grande peso nas importações do país. O Proálcool ofereceu vários incentivos fiscais e empréstimos bancários com juros abaixo da taxa de mercado para os produtores de cana-de-açúcar e para a indústria automobilística. (Nota dos organizadores)
2 Em 1974, a Nuclebrás foi encarregada de implementar o programa nuclear, promovendo a criação de empresas para a construção e o fornecimento de serviços

Sendo a crise do petróleo de origem externa e de caráter mundial, ela serve magnificamente de escusa para o descalabro inflacionário em que entramos, sobretudo desde 1979. Sem negar o caráter de agravante dessa crise, é preciso constatar, no entanto, que a inflação brasileira se acelerou desde 1973, ou seja, *antes* que o preço do petróleo começasse a disparar e que os profundos desequilíbrios que a era do "Milagre" ensejou são, sem dúvida, a causa principal do atual descontrole inflacionário.

---

para as usinas nucleares. Em 1975, o Brasil celebrou acordo com a Alemanha Ocidental que previa a transferência de conhecimento operacional sobre reatores. Parte deste acordo foi a construção do reator Angra 2 em 1976. No entanto, o projeto enfrentou atrasos na construção e aumentos de custos, os quais motivaram profundas críticas no Brasil, ensejando a criação de uma CPI (Comissão Parlamentar de Inquérito) em 1978. (Nota dos organizadores)

IX

O combate monetário à inflação

Como já foi visto no início deste livro, a causa imediata da inflação é sempre um aumento do volume de meios de pagamento. É impossível que os preços de *todas* as mercadorias aumentem sem que os compradores disponham de dinheiro suficiente para pagar os preços mais elevados. Esse fato é, em geral, mal compreendido porque, se uma determinada mercadoria se torna escassa, seu preço sobe sem que os consumidores tenham mais dinheiro para gastar com ela.

Suponhamos que, por exemplo, a safra de feijão se reduza, por alguma razão, de 50%. O preço desse alimento sobe porque o seu consumo tem que ser reduzido. Se ele dobrar, o dinheiro gasto com feijão será exatamente o mesmo que seria dispendido se a safra fosse normal e o preço continuasse o mesmo. Com uma safra normal, suponhamos de 1.850 milhões de quilos, sendo o preço do feijão 10 cruzeiros por quilo, o gasto total seria de 18.500 milhões de cruzeiros. Caindo a safra para 925 milhões de quilos e o preço subindo para 20 cruzeiros por quilo, o gasto total continuaria sendo de 18.500 milhões de cruzeiros.

A situação, no entanto, é completamente diferente se os preços de *todas* as mercadorias sobem, digamos, 60% em média durante um ano. O dispêndio total só ficaria o mesmo se o volume de mercadorias caísse durante esse ano cerca de 37,5%.[1] Ora, nossa inflação, que já está superando os 60%, de modo algum está associada a uma queda dessa ordem da disponibilidade de mercadorias. Vimos que a falta de produtos se verifica em determinados setores – os chamados pontos de estrangulamento – e que os seus efeitos se irradiam sobre o conjunto da economia. Mas esta continua crescendo. Durante o ano de 1979, em que os preços subiram, em média, 60%, a produção total de mercadorias no Brasil, que se mede pelo produto interno bruto (PIB), *cresceu* a um ritmo anual de 4% a 5%. É óbvio que a quantidade de mercadorias transacionadas aumentou e que o volume de meios de pagamento utilizado para liquidar essas transações teve que aumentar ainda muito mais (pelo menos 65%) devido à inflação.

Como é o governo que cuida da expansão do volume de meios de pagamento, seja emitindo moeda legal (cruzeiros), seja permitindo ao sistema bancário ampliar a massa de moeda escritural (depósitos bancários), é claro que é o governo que, em última análise, "permite" que os preços possam subir algo como 60% num ano. Se o governo quisesse, poderia limitar a expansão dos meios de pagamento, o que tornaria a inflação impossível, ao menos no ritmo em que ela está ocorrendo. Dessa maneira, é o governo responsável pela inflação e também pelo aumento do custo de vida. Mas, se pelo mero manejo dos instrumentos da política monetária (emissão de cruzeiros, depósitos compulsórios no Banco Central) fosse possível reduzir a inflação ou até mesmo eliminá-la, por que será que o governo não faz isso ou já não o fez há muito tempo?

Vimos já que a expansão dos meios de pagamento não responde apenas aos objetivos do governo, mas a uma demanda por moeda, que é a soma de três partes: demanda para transação, demanda para contingências e demanda para especulação. A resposta à pergunta

---

[1] O cálculo é o seguinte: se o índice de preços sobe de 100 para 160, a quantidade de mercadorias transacionadas teria que ser 100%/1,6 = 62,5% da inicial, para que o valor das transações se mantivesse constante. 100% – 62,5% =37,5%.

acima formulada se resume precisamente nas consequências de não atender à demanda por meios de pagamento. Em outras palavras, o governo só pode combater a inflação por *meios monetários*, negando-se a expandir o volume de meios de pagamento na mesma medida em que cresce a demanda pelos mesmos. Já foi visto, nos capítulos anteriores, que se aquele volume for aumentado, atendendo plenamente a demanda, a inflação tende no mínimo a permanecer no ritmo em que se encontra. Há que examinar, portanto, o que acontece quando o governo põe em prática uma política de restrição ao crescimento do volume de meios de pagamento. Essa política se utiliza principalmente do aumento dos depósitos compulsórios dos bancos comerciais no Banco Central e é conhecida por isso como "política de contenção de crédito".

Como o nome já indica, a sua consequência imediata é que os bancos têm que restringir os empréstimos que fazem a empresários e a consumidores. Sendo mais escassos, os empréstimos ficam mais caros, ou seja, sobe a taxa de juros. No Brasil, essa taxa é fixada pelo governo para os bancos comerciais, mas, quando o crédito fica escasso, os bancos exigem que parte do empréstimo fique depositado no próprio banco (a chamada exigência do "saldo médio"), de modo que os juros pagos em relação à parte realmente utilizada do empréstimo correspondem a uma taxa bem maior que a oficial.

De todos os modos, havendo contenção de crédito, o volume de empréstimos que os bancos podem fazer será menor que a demanda pelos mesmos por parte de empresários e consumidores. Os empresários que têm lucros suficientemente elevados continuarão recebendo os empréstimos de que necessitam, pagando juros mais altos e, portanto, transferindo para os bancos, ou melhor, para o capital financeiro, uma parcela maior dos seus lucros. Em consequência, seus investimentos vão diminuir. As empresas ampliam sua capacidade de produção comprando mais equipamentos, mais matérias-primas e mais força de trabalho e pagam essas compras com lucros acumulados e com dinheiro emprestado. Caindo o lucro do capital produtivo – industrial, agrícola, de transportes etc. – a acumulação tem que diminuir, o que vai fazer que o crescimento da produção também diminua. As empresas com lucros reduzidos, que não podem pagar os juros mais elevados, têm de reduzir o valor dos empréstimos que tomam dos bancos e, consequentemente, reduzir o âmbito de suas atividades. As mais fracas não conseguem pagar suas dívidas e abrem falência. É por isso que, quando o governo põe em prática uma política de restrição de crédito, o número de concordatas e de falências aumenta fortemente.

Quanto aos consumidores, acontece o mesmo. Os mais ricos continuam comprando automóveis e outros bens duráveis, pagando-os à vista ou dando entrada maior e pagando prestações mais altas. Os que não têm dinheiro para fazer isso são obrigados a não efetuar as compras que desejariam fazer se o crédito fosse mais fácil. A contenção do crédito reduz, portanto, a demanda por mercadorias que são em geral adquiridas a prazo. É claro que a queda das vendas desses produtos vai induzir os industriais a reduzir sua produção.

Fica claro, portanto, que combater a inflação por meios monetários acarreta uma queda no nível de produção, no nível de investimentos e no nível de emprego. Transfere renda do capital produtivo para o capital financeiro, prejudica sobretudo as empresas menores e economicamente mais fracas, aumenta o desemprego e faz cessar o desenvolvimento. Não é de estranhar que os governos geralmente hesitem em aplicar esse método no combate à inflação. *As consequências são piores do que o mal que se pretende eliminar.* No entanto, não há muitas outras alternativas, dentro dos limites de economia de mercado, para combater a inflação.

X
Os limites do combate à inflação

Vimos que a forma mais "natural" de lutar contra a inflação no capitalismo é a contenção do volume de meios de pagamento *abaixo* da demanda pelos mesmos. Isto ocasiona simultaneamente uma queda das inversões das empresas, do nível de atividade (as empresas com menos recursos ficam estranguladas pela falta de crédito e reduzem a produção e muitas quebram) e das compras à prestação. O resultado geral é que a economia entra em recessão e, se a situação se prolonga muito, em crise.

Na realidade, quando há inflação forte, como a que estamos sofrendo agora [1979], os pontos de estrangulamento são numerosos e não há outro remédio a não ser diminuir a demanda por aquelas mercadorias que não podem ser produzidas ou importadas em maior quantidade. A questão é que, numa economia de mercado, é muito difícil, se não impossível, *discriminar* as medidas de política. Vejamos, por exemplo, o caso do petróleo. Como não é possível aumentar a produção nacional a curto prazo, nem expandir as importações, devido ao estrangulamento do balanço de pagamentos, não há outra saída, por enquanto, que restringir o consumo de derivados de petróleo. A forma adotada para se conseguir isso foi aumentar fortemente o preço da gasolina, o que acabou atingindo tanto os que a usam para trabalhar como os que a usam para se divertir. Foram obrigados a reduzir o seu consumo os que têm menos dinheiro. Além do mais, a solução foi inflacionária, pois o aumento do preço da gasolina encareceu as mercadorias que são transportadas em veículos movidos por esse combustível. A única discriminação feita foi manter o preço do óleo "diesel" mais baixo, de modo a onerar menos o transporte por ônibus, trem e caminhões "diesel". Obviamente, uma solução superior seria racionar os derivados de petróleo de tal modo que apenas o consumo *socialmente* prioritário fosse preservado, mas essa solução é difícil de aplicar num sistema econômico como o nosso, além de ser impopular. É provável que o racionamento faria surgir um mercado negro de cupons de gasolina, de modo que as pessoas ricas conseguiriam o combustível de qualquer modo. A experiência mostra que tentar introduzir medidas parciais de justiça social num sistema em que há enormes contrastes sociais acaba sendo muitas vezes contraproducente.

O mesmo se aplica à contenção de crédito. O ideal seria reduzir o crédito apenas nos setores estrangulados, permitindo que os demais continuassem a se expandir. Continuando no exemplo do petróleo, seria justificado diminuir o crédito para a comercialização de veículos movidos a gasolina, particularmente os destinados a uso privado. Ou para a importação de artigos considerados supérfluos, inclusive a produção de bens que, sem serem indispensáveis, têm componentes importados (aparelhos de TV em cores, por exemplo). Mas esse tipo de racionamento de crédito daria aos órgãos que controlam o sistema bancário um poder de interferir no funcionamento das empresas privadas que a classe capitalista dificilmente poderia tolerar. Um programa dessa espécie tornaria os dirigentes do Banco Central e dos grandes bancos estatais os árbitros da concorrência entre os capitais particulares, com capacidade de decidir que setores estão autorizados a acumular capital e quais não estão. É uma proposição inviável no âmbito de um sistema capitalista. Como essas pessoas não têm um mandato político para exercer essas funções, é provável que se corromperiam, transformando a seleção de crédito num escandaloso exercício de usura com fins de proveito pessoal. Convém recordar que o sistema de "licenças de importação", adotado logo após a Segunda Guerra Mundial, deu exatamente nisso: os encarregados de decidir que importações deveriam ser consideradas prioritárias acabaram por substituir os critérios nacionais pelos seus interesses pessoais, recebendo "por fora" para conceder as licenças de importação.

Dessa maneira, as medidas adotadas, como a restrição ao crédito, são *gerais*, atingindo todos os setores e algumas vezes chegam até a adiar a abertura de graves pontos de estrangulamento. A quase paralisação da "Ferrovia do Aço"[1] é um exemplo nesse sentido.

Isto não quer dizer, porém, que todos os grupos sociais sofram com o combate à inflação da mesma maneira. A contenção dos reajustamentos salariais é mantida em nome da luta anti-inflacionária. É claro que o arrocho atinge com muito maior peso os baixos salários, pois os que assim sofrem a queda do seu poder aquisitivo são obrigados a renunciar ao consumo de produtos essenciais, como carne e leite, por exemplo. Ao mesmo tempo, o arrocho dos salários altos meramente resulta em diminuição do consumo supérfluo ou mais provavelmente na redução da poupança. A atual política salarial nasceu sob o signo da luta contra a inflação e é mantida até hoje em nome dela. Ela é perfeitamente congruente com as medidas de política econômica "gerais" que constituem o resto do repertório do combate à inflação.

Nesse sentido, reivindicar meramente aumento geral de salários não é suficiente, mesmo porque essa demanda se expõe à crítica de que ela tende a acelerar a inflação. Parece mais adequado pedir um

---

1 A ferrovia foi concebida na época do milagre econômico, para o transporte principalmente de minério de ferro, ligando municípios dos estados de Minas Geraes e Rio de Janeiro. Ainda em 1976 começaram os primeiros sintomas de crise econômica, e o ritmo das obras, que era intenso, foi bastante reduzido a partir de fevereiro de 1977, tornando impossível cumprir o prazo previsto de mil dias para conclusão das obras. A situação econômica foi gradativamente piorando e as obras foram suspensas em 1978. O governo do general-presidente João Baptista Figueiredo retomou as obras em julho de 1979, mas adiando indefinidamente a construção do trecho entre Belo Horizonte e Jeceaba, com 108 quilômetros. (Nota dos organizadores)

aumento geral *fixo* de salários – digamos de 3 mil cruzeiros – com redução correspondente aos reajustamentos proporcionais, de modo que a soma dos salários pagos não aumenta mais que a inflação. Isto ajudaria os assalariados mais pobres, sendo que o aumento do seu consumo poderia ser compensado pela redução do consumo de luxo dos mais ricos.

Em resumo, a inflação no capitalismo é o resultado do modo anárquico de crescimento econômico e não pode ser detida a não ser freando esse crescimento. Se se deseja que esse crescimento seja mais duradouro e socialmente mais justo, há que propor medidas de mudança nas regras de jogo econômico, o que significa subordinar a liberdade de iniciativa do capital às necessidades da maioria. Mas medidas assim não podem ser definidas e aplicadas segundo os critérios da tecnocracia governamental. Elas teriam que ter caráter democrático, com participação direta dos interessados, tanto em sua formulação como sobretudo em sua efetivação.

XI

Como lutar contra o aumento do custo de vida

Não se pode combater a inflação nos limites do sistema capitalista sem, ao mesmo tempo, causar uma recessão, com queda da produção e aumento do desemprego. As alternativas são poucas e dependem da situação concreta de cada economia. No Brasil, assistimos a um combate "gradualista" contra a inflação, o que significa uma "moderada" restrição ao crédito, um "moderado" corte das inversões públicas, um "moderado" arrocho dos salários e, como resultado, um crescimento mais lento do produto e uma inflação que recentemente [1979] está galopando para além dos 60% anuais.

Nessas circunstâncias, formular um programa alternativo de luta anti-inflacionária que seja favorável aos interesses da classe trabalhadora requer um rompimento com as regras de jogo capitalista que consagram a autonomia de cada empresa particular para decidir o que e quanto vai produzir, a que preços vai vender seus produtos e em que vai inverter seus lucros acumulados. Um programa assim teria que propor um verdadeiro planejamento da economia do país que obedecesse a prioridades democraticamente definidas, ou seja, que desse máxima prioridade às necessidades da grande maioria da população.

Poder-se-ia supor que entre essas prioridades estariam a melhoria das condições de nutrição, de moradia, de saneamento, de educação e de recreação das camadas mais pobres da população. Definidas essas prioridades, seria preciso identificar as barreiras ou pontos de estrangulamento que se opõem ao aumento da produção das mercadorias e serviços de que a população pobre necessita. É possível que parte dessas barreiras seja de caráter institucional, como a propriedade do solo ou a estrutura de intermediação comercial. A reforma agrária provavelmente ajudaria a eliminar obstáculos ao aumento da produção de alimentos de grande consumo popular, ao proporcionar aos camponeses terras para plantar, que hoje são mantidas improdutivamente nos latifúndios. Mas experiências de outros países têm mostrado que a contribuição de uma reforma agrária para o barateamento dos produtos agrícolas está longe de ser imediata e decorre principalmente do avanço técnico que eleve a produtividade do trabalho agrícola, avanço esse que poderá ser facilitado ou dificultado pela reforma agrária, tudo dependendo do tipo de estrutura produtiva, mais individualista ou coletivista, que ela instituir. Uma reforma agrária, sem dúvida, é justificada no Brasil, mas tendo em vista sobretudo os justos anseios do homem do campo. Ela dificilmente, por si só, resolverá os problemas do abastecimento alimentar das cidades, em curto prazo.

Mais que a reforma agrária, é a reforma urbana uma medida de fundamental importância para resolver não só o problema de moradia do trabalhador, mas também o do acesso a serviços básicos, tais como os de água, esgotos e transporte. A concentração da propriedade da terra nas nossas maiores cidades em mãos de especuladores imobiliários é importante fator do afastamento das camadas mais pobres para a periferia ou o seu confinamento em cortiços e favelas. Um programa consequente de luta contra o aumento do custo de vida deveria colocar a reforma urbana, ou seja, um elenco de medidas de socialização dos imóveis urbanos como um dos seus primeiros itens.

Além das barreiras institucionais, haveria que cuidar dos pontos de estrangulamento econômicos. A esse respeito, a principal medida seria orientar o fluxo de investimentos para a abertura desses pontos de estrangulamento, mesmo que se sacrifiquem setores menos prioritários. Assim, pode-se tornar necessário ampliar os investimentos na produção de leite, sacrificando-se a produção de outros laticínios mais sofisticados e caros, como os iogurtes. Ou, talvez, se devesse restringir muito mais o gasto de divisas com turismo e importação de produtos de luxo (uísque, perfumes, carros) ou de componentes de produtos de luxo, de modo a reservar maior parte delas à importação de produtos indispensáveis, como máquinas ou remédios. No que se refere a estes últimos, há muitas propostas concretas no sentido de coibir as imensas margens de exploração comercial da indústria farmacêutica, mediante o estabelecimento de uma *verdadeira* central de medicamentos que pudesse atender as necessidades da população de poucos recursos mediante a redução drástica dos preços dos remédios ou mesmo sua distribuição grátis.

No campo da saúde há outras propostas de reformas de base, tais como o treinamento de leigos para o desempenho de muitas tarefas para as quais não é necessário o longo e custoso aprendizado da medicina, que poderiam contribuir de forma decisiva para a baixa do custo de vida. O mesmo ocorre com o transporte coletivo. Especialistas nessa área informam que, caso se pudesse dobrar a velocidade dos ônibus, seria possível, com a *mesma frota*, dobrar o número de viagens e, portanto, atender duas vezes mais usuários, o que reduziria o abarrotamento dos coletivos e tornaria as viagens mais curtas e menos cansativas (além de se poder pagar melhores salários aos motoristas e cobradores, sem aumentar o preço da passagem). Mas dobrar a velocidade dos ônibus requer ou ampliar ruas e avenidas mediante obras de elevado custo ou retirar das vias públicas grande parte dos automóveis que atravancam o tráfego. Haveria que se encontrar meios de induzir a grande maioria dos automobilistas a se servir de um sistema de transporte coletivo grandemente melhorado.

Há naturalmente muitos outros aspectos de um programa de luta contra o aumento do custo de vida e que devem ser discutidos pelos especialistas com os diretamente interessados, ou seja, com os que estão empenhados em mobilizar o povo para essa luta. Dessas discussões deverão surgir soluções criadoras que poderão se transformar em reivindicações concretas de um movimento cada vez mais amplo.

Ao mesmo tempo que um programa desses se elabora com a participação crescente dos trabalhadores, é preciso pensar em medidas imediatas para aliviar a situação dos que se encontram sufocados pelo crescimento inexorável dos preços. Nesse sentido, só há uma saída: aumento dos salários mais baixos – um abono de emergência de valor igual para todos –, além de abrir caminho a medidas de proteção dos salários reais mediante a conquista da livre negociação coletiva dos reajustamentos salariais com direito de greve e escala móvel de salários.

A luta contra o aumento do custo de vida só será vitoriosa se puder contar com a participação da grande maioria do povo. É preciso que o povo possa abrir um diálogo amplo e democrático em seu próprio seio para exprimir seus verdadeiros anseios. Uma campanha contra o custo de vida pode ser um dos canais que leve a esse diálogo.

SOBRE O LIVRO

FORMATO
13,5 x 21 cm

MANCHA
24,9 x 41,5 paicas

TIPOLOGIA
Coranto 10/14

PAPEL
Off-white 80 g/m² (miolo)
Cartão Triplex 250 g/m² (capa)

1ª Edição Editora Unesp: 2024

EQUIPE DE REALIZAÇÃO

EDIÇÃO DE TEXTO
Tulio Kawata (Copidesque)
Angélica Ramacciotti (Revisão)

PROJETO GRÁFICO
Marcos Keith Takahashi (Quadratim)

CAPA
Quadratim

EDITORAÇÃO ELETRÔNICA
Eduardo Seiji Seki

ASSISTENTE DE PRODUÇÃO
Erick Abreu

ASSISTÊNCIA EDITORIAL
Alberto Bononi
Gabriel Joppert

Rua Xavier Curado, 388 • Ipiranga - SP • 04210 100
Tel.: (11) 2063 7000
rettec@rettec.com.br • www.rettec.com.br